Machado de Assis foto Irmãos Bernardelli

Machado de Assis afrodescendente

Antologia e Crítica

Eduardo de Assis Duarte

Seleção, notas, ensaios

3ª edição revista e ampliada

1ª reimpressão

Copyright © 2020 Editora Malê. Todos os direitos reservados.
ISBN 978-85-92736-60-6

Capa : Bruno Francisco Pimentel
Editoração: Maristela Meneghetti
Editor: Vagner Amaro
Revisão: Léia Coelho

Texto revisado segundo o novo Acordo Ortográfico da Língua Portuguesa.
Proibida a reprodução, no todo, ou em parte, através de quaisquer meios.
Dados internacionais de catalogação na publicação (CIP) Vagner Amaro
CRB-7/5224

M149   Machado de Assis afrodescendente: antologia e crítica. 3. ed. rev. ampl. / seleção, notas e ensaios de Eduardo de Assis Duarte —
Rio de Janeiro: Malê, 2020.
352 p.; 23 cm.
ISBN 978-85-92736-60-6

1. Machado de Assis — Crítica e interpretação 2. Literatura brasileira — Crítica e interpretação I. Título II. Duarte, Eduardo de Assis

CDD – B869.09

Índice para catálogo sistemático: Literatura brasileira – Crítica e interpretação B869.09

Todos os direitos reservados à Malê Editora e Produtora Cultural Ltda.
www.editoramale.com.br
contato@editoramale.com.br
2020

Sumário

Nota à Terceira Edição 9

Narrativas do cativeiro

Poesia
Sabina (1875) 17
13 de Maio (1888) 27

Crônicas
Diário do Rio de Janeiro – 1864 31
Diário do Rio de Janeiro – 04 de abril de 1865 33
Semana Ilustrada – 1871 35
Ilustração Brasileira – História de Quinze Dias – 1º de outubro de 1876 36
Ilustração Brasileira – História de Quinze Dias – 15 de junho de 1877 37
O Cruzeiro – 14 de julho de 1878 39
Gazeta de Notícias – Balas de Estalo – 07 de novembro de 1883 41
Gazeta de Notícias – Balas de Estalo – 23 de novembro de 1885 43
Gazeta de Notícias – Gazeta de Holanda – 30 de agosto de 1887 45
Gazeta de Notícias – Gazeta de Holanda – 27 de setembro de 1887 49
Gazeta de Notícias – Bons Dias – 11 de maio de 1888 53
Gazeta de Notícias – Bons Dias – 19 de maio de 1888 56
Imprensa Fluminense – Bons Dias – 20-21 de maio de 1888 59
Gazeta de Notícias – Bons Dias – 27 de maio de 1888 63
Gazeta de Notícias – Bons Dias – 01 de junho de 1888 66
Gazeta de Notícias – Bons Dias – 26 de junho de 1888 69
Gazeta de Notícias – A semana – 15 de maio de 1892 72
Gazeta de Notícias – A semana – 16 de outubro de 1892 73

Gazeta de Notícias – A semana – 1 de janeiro de 1893.................................77

Gazeta de Notícias – A semana – 14 de maio de 1893..............................79

Gazeta de Notícias – A semana – 04 de novembro de 1897....................82

Crítica teatral

José de Alencar: Mãe – 1860..87

O Teatro de José de Alencar – 1866..93

Contos

Virginius (Narrativa de um advogado, 1864).......................................99

Mariana (1871)...115

A mulher pálida (1881)...133

O espelho: esboço de uma nova teoria da alma humana (1882).....149

O caso da vara (1899)...159

Pai contra mãe (1906)...167

Romances (excertos)

Ressurreição (1872)..181

Helena (1876)...183

Iaiá Garcia (1878)...205

Memórias póstumas de Brás Cubas (1881).......................................213

Casa velha (1885-86)..227

Quincas Borba (1891)..230

Dom Casmurro (1899)...235

Esaú e Jacó (1901)..239

Memorial de Aires (1908)..245

A poética da dissimulação
Eduardo de Assis Duarte

Raça, estigma, literatura 261
O jornalismo como tribuna 275
A capoeira literária de Machado de Assis 283
Narrativas de escravização e branquitude 295
A morte do senhor e as memórias póstumas da escravidão 311
O caramujo e o carcará: vozes negras na luta antiescravista 331
Fotos 333
Referências bibliográficas 349

Nota à terceira edição

O presente volume é fruto da releitura da obra de Machado de Assis, com vistas à pesquisa das manifestações de afrodescendência, expressas, sobretudo, nos posicionamentos textuais a respeito da escravização e das relações inter-raciais existentes no Brasil do século XIX. Indagar a respeito da porção afrodescendente de uma figura como Machado de Assis – um dos grandes escritores da língua portuguesa e seguramente o maior ficcionista da literatura brasileira – até recentemente soava estranho para muitos de seus leitores. Não só as literaturas lusófonas do século XIX foram, desde sempre, consideradas um espaço esteticamente branco, onde pontificam heróis construídos a partir de uma perspectiva europeia, portadora quase sempre de uma axiologia cristã, mas, também, a própria tradição literária que vige no Brasil nos remete à Europa e não à África.

Ademais, o perfil social e a configuração literária do primeiro presidente da Academia Brasileira de Letras permanecem em nossa história intelectual como sendo de um integrante ilustre do mundo acima descrito: poliglota, conhecedor erudito da literatura e da cultura "universais", tradutor de Dante, Victor Hugo e tantos outros, autor de textos que dialogam com Shakespeare, Sterne, Flaubert, Tolstói, Gógol. Em suma, para uns, um "heleno"; para outros, um "proustiano antes de Proust"...

O perfil literário fez-se tão ocidental que acabaria deixando suas marcas na imagem pública construída ao longo do tempo, e até mesmo na aparência física, transformada em efígie emblemática do processo de embranquecimento identitário ocorrido nas terras ao Sul do Equador. Estabeleceu-se, a partir de alguns biógrafos e estudiosos, que Machado de Assis não só buscou integrar-se à cidade letrada dos brancos, como o próprio cidadão esteve presente muito mais nos espaços das elites do que nos do mundo pobre de onde proveio. Por esta razão, muitos ainda estranham a afirmação de Harold Bloom (2003, p. 687) entronizando o autor como o "maior literato negro surgido até o presente" ... Sendo Machado de Assis o que nos informa a tradição canônica, onde estariam os traços de afrodescendência no homem e, mais ainda, na obra?

Como é sabido, o escritor nasce em 1839, no Morro do Livramento, no Rio de Janeiro, filho de um operário mulato e uma imigrante açoriana. Menino pobre, e já na infância órfão, teve uma educação irregular, compensada pelo afã autodidata com que procurou desde cedo superar a subalternidade inerente às origens étnica, social e econômica, visíveis na condição de "homem livre na ordem escravocrata", e, sobretudo, na pele escura herdada dos avós afro-brasileiros. Ainda na adolescência, trabalha como aprendiz de tipógrafo na Imprensa Nacional, passando logo depois à redação do *Diário Oficial* e à atividade de cronista em diversos periódicos, onde escreveu ao longo de toda a vida. Adulto, ingressou na carreira burocrática, galgando postos de importância na hierarquia do Estado.

À trajetória do cidadão agrega-se o sucesso do escritor perante um público que, em sua grande maioria, estava longe de situar-se entre as classes populares. Deste modo, sua biografia mostra a ascensão de um afrodescendente, vindo das margens da estrutura social, para se aproximar da elite de seu tempo: imprensa, literatura, máquina governamental. Alguns desafetos atacaram esse "aburguesamento", que, para eles, corresponderia à assunção das práticas sociais e literárias dominantes. Afirmou-se, inclusive, que o uso de barba e bigode, quase obrigatório entre os homens de seu tempo, teria como objetivo o disfarce dos traços negroides. Isto sem falar dos polêmicos retoques para clarear a pele nos estúdios dos fotógrafos da época. Tais lugares-comuns, somados à ausência de um herói negro em seus romances, fundamentam em grande medida a tese do propalado absenteísmo machadiano quanto à escravidão e às relações interétnicas existentes no Brasil do século XIX.

No entanto, é preciso destacar que o perfil de indiferente ou de omisso perante os problemas de seu tempo é, antes de tudo, uma *leitura* e, como tal, uma *construção*, fruto do processo de recepção literária, e sujeita a contestações inúmeras. Todavia, essa é a imagem que acabou preponderando, a partir tanto de biógrafos como Mário Mattos (1930), Lúcia Miguel Pereira (1936) e Augusto

Meyer (1952), como de outros estudiosos. E que se reproduz no discurso de intelectuais do movimento negro, como Ironides Rodrigues:

> [Machado] exprimia-se como um escritor branco que não sentisse o mínimo de sangue negro correndo em seu coração. É o patrono da Academia Brasileira de Letras, numa prova de sua branquitude de inspiração, ficando à margem e pouco se preocupando com movimentos sociais do seu tempo, como a Abolição e a República. (RODRIGUES, 1997, p. 256)

Rodrigues sintetiza a opinião equivocada que, ao longo do tempo, cristalizou a imagem do cidadão omisso e do homem de letras denegador de suas origens nas atitudes, na escrita e no pensamento. Contudo, leituras mais rigorosas, como as de Magalhães Júnior, Roberto Schwarz, John Gledson, Sidney Chalhoub, entre outros, vêm sendo feitas e polemizam com o suposto "alheamento" ou "absenteísmo" da obra machadiana, conforme veremos.

Quanto à proclamação da República, basta atentar para a descrição do 15 de Novembro, bem como para a antológica passagem da troca das tabuletas, presentes ambas em *Esaú e Jacó*, para se ter uma dimensão do distanciamento crítico que pautava o olhar do escritor. Nessas, bem como em momentos saborosos do *Memorial de Aires*, pode-se detectar quão distante o golpe encabeçado pelo Marechal Deodoro ficou de um verdadeiro "movimento social".

No que toca à escravatura e à abolição, vejamos primeiro a postura do homem para depois cuidarmos do escritor. Machado de Assis trabalhou por vários anos na segunda seção da Diretoria da Agricultura do Ministério da Agricultura, órgão que se ocupava justamente da política de terras e do acompanhamento da aplicação da Lei do Ventre Livre, e que chegou a ser dirigido pelo escritor. Apoiado em minuciosa pesquisa de fontes primárias, Chalhoub (2003) destaca os inúmeros pareceres e réplicas escritas por Machado na "arena de luta" constituída nos escalões burocráticos do poder imperial. E ressalta seu papel de cidadão empenhado em fazer cumprir o preceito que libertava os filhos de escravos nascidos depois do 28 de setembro de 1871.[1]

---

[1] Astrojildo Pereira (1991, p. 79) cita depoimento do jornalista Francisco de Paula Barros, publicado na revista *Il Brasile*, em agosto de 1888: "o trabalho do elemento servil foi sempre um dos mais bem cuidados da Secretaria da Agricultura. (...) A esse grupo de distintos funcionários deve-se a liberdade de milhares de escravos, liberdade que provinha da fiscalização vigilante dos dinheiros públicos, e da qual resultava grande aumento do número de alforrias pela diminuição do exagerado valor do escravo, pela irregularidade de matrículas e não cumprimento de preceitos legais".

Além disso, é preciso destacar que o autor, mesmo sem assumir uma militância explícita, a exemplo dos líderes do movimento, empenhou-se a seu modo na luta pela abolição, não apenas como colunista e colaborador ativo, mas também como acionista da *Gazeta de Notícias* – um dos jornais de maior circulação na Corte –, cujas posições eram francamente contrárias à escravatura, conforme atesta Magalhães Júnior (1957).

Já a respeito do homem de letras, convidamos o leitor a percorrer as páginas que se seguem e tirar suas próprias conclusões. Nelas encontrará desde o Machado dos primeiros escritos até o escritor maduro, sintonizado com a nascente modernidade literária ocidental. A presente antologia contempla tanto o "ameno" folhetinista que, todavia, se utiliza da crônica para tocar nas chagas sociais do Segundo Império, quanto o romancista irônico, que experimenta os muitos caminhos da ficção a fim de compor um retrato sem retoques de seu tempo e de seu país. Traz ainda os versos que falam do impossível amor da escrava Sabina pelo filho de seu senhor e os contos que abordam as tensas relações entre os membros da família patriarcal e seus subordinados afrodescendentes. A fim de não avançar o sinal tentando demarcar previamente a leitura de cada um, guardamos um número maior de observações para quando retomarmos essa discussão nos textos críticos componentes da segunda parte deste volume.

Na organização da antologia, cotejamos o maior número possível de edições de cada um dos textos, desde aquelas presentes nas *Obras completas* da Jackson e da Nova Aguilar, até a edição crítica preparada pela Comissão Machado de Assis e publicada pelo Instituto Nacional do Livro juntamente com a Civilização Brasileira. Excetuando-se esta última, aqui e ali descobrimos em muitas delas gralhas e deslizes de revisão dos quais esperamos que as páginas que se seguem estejam livres. Pensando no leitor contemporâneo, cometemos o que Machado talvez classificasse como "pecadilho" e procedemos à atualização ortográfica de alguns poucos termos como "dous", "doudo" ou "cousa".

A presente coletânea parte de um fio condutor temático para reunir textos completos e excertos recolhidos ao longo da obra. Isto nos obrigou à composição de notas de rodapé, seja com o objetivo de agregar informações de natureza histórica, no caso específico das crônicas, seja para contextualizar os trechos selecionados nos meandros das tramas romanescas recortadas pela seleção que realizamos. Esperamos não enfadar o leitor com detalhes secundários ou redundantes para os mais bem informados. Nesses casos, resta sempre o recurso de passar adiante e ignorar as notas.

Para esta terceira edição, foram incorporados o conto "A mulher pálida", de 1881, e, também, textos críticos conhecidos, como "A capoeira literária de Machado de Assis", que está no número 3 da *Machado de Assis em Linha*, ou "Memórias póstumas da escravidão", presente na coletânea de ensaios organizada por Bernardo, Michael e Schäffauer, *Machado de Assis e a escravidão*. Em paralelo, procedemos à ampliação de tópicos constantes no posfácio das edições anteriores, agora desenvolvidos como itens do segmento "A poética da dissimulação", que compõe a segunda parte deste volume. São reflexões que podem ser lidas isoladamente, mas que no conjunto se complementam, cumprindo o objetivo maior do livro: apresentar e discutir escritos machadianos sobre a presença do negro no Brasil da segunda metade do século XIX e sobre a sociedade que os escravizava a partir dos pressupostos da branquitude racista, então hegemônicos.

Impõe-se, por fim, agradecer à inestimável colaboração de Elisângela Aparecida Lopes, imprescindível na pesquisa e revisão do material; aos comentários precisos de Oséias Silas Ferraz; à presença companheira e estimulante de Constância Lima Duarte, com suas sugestões e questionamentos sempre pertinentes; às intervenções provocadoras dos estudantes bolsistas e pesquisadores do projeto integrado de pesquisa; bem como às dos participantes da disciplina "Machado de Assis Afrodescendente", ministrada na Faculdade de Letras da UFMG. Esses apoios fundamentais e a escuta dessas vozes tão inquietas quanto estimulantes foram fundamentais para a existência do livro.

Eduardo de Assis Duarte

Narrativas do cativeiro

Poesia

Sabina[2]

Sabina era mucama da fazenda;
Vinte anos tinha; e na província toda
Não havia mestiça mais à moda,
Com suas roupas de cambraia e renda.
Cativa, não entrava na senzala,
Nem tinha mãos para trabalho rude;
Desbrochava-lhe a sua juventude
Entre carinhos e afeições de sala.
Era cria da casa. A sinhá moça,
Que com ela brincou sendo menina,
Sobre todas amava esta Sabina,
Com esse ingênuo e puro amor da roça.
Dizem que à noite, a suspirar na cama,
Pensa nela o feitor; dizem que, um dia,
Um hóspede que ali passado havia,
Pôs um cordão no colo da mucama.
Mas que vale uma joia no pescoço?
Não pôde haver o coração da bela.
Se alguém lhe acende os olhos de gazela,
É pessoa maior: é o senhor moço.
Ora, Otávio cursava a Academia.
Era um lindo rapaz; a mesma idade
Coas passageiras flores o adornava
De cujo extinto aroma inda a memória

---

[2] O nome da personagem remete à lenda das Sabinas, mulheres de uma primitiva comunidade italiana raptadas pelos romanos nos começos da fundação da cidade e vítimas de violência sexual. Sabina é também o nome da irmã de Brás Cubas, do livro homônimo.

Vive na tarde pálida de outono.
Oh! vinte anos! Ó pombas fugitivas
Da primeira estação, por que tão cedo
Voais de nós? Pudesse ao menos a alma
Guardar consigo as ilusões primeiras,
Virgindade sem preço, que não paga
Essa descolorida, árida e seca
Experiência do homem!

Vinte anos

Tinha Otávio, e a beleza e um ar de corte
E o gesto nobre, e sedutor o aspecto;
Um vero Adônis, como aqui diria
Algum poeta clássico, daquela
Poesia que foi nobre, airosa e grande
Em tempos idos, que ainda bem se foram...
Cursava a Academia o moço Otávio;
Ia no ano terceiro, não remoto
Via desenrolar-se o pergaminho,
Prêmio de seus labores e fadigas;
E uma vez bacharel, via mais longe
Os curvos braços da feliz cadeira
Donde o legislador a rédea empunha
Dos lépidos frisões do Estado. Entanto,
Sobre os livros de estudo, gota a gota
As horas despendia, e trabalhava
Por meter na cabeça o jus romano
E o pátrio jus. Nas suspiradas férias
Volvia ao lar paterno; ali no dorso
De brioso corcel corria os campos,
Ou, arma ao ombro, polvorinho ao lado,
À caça dos veados e cutias.

Ia matando o tempo. Algumas vezes
Com o padre vigário se entretinha
Em desfiar um ponto de intrincada
Filosofia, que o senhor de engenho,
Feliz pai, escutava glorioso,
Como a rever-se no brilhante aspecto
De suas ricas esperanças.

Era

Manhã de estio; erguera-se do leito
Otávio; em quatro sorvos toda esgota
A taça de café. Chapéu de palha,
E arma ao ombro, lá foi terreiro fora,
Passarinhar no mato. Ia costeando
O arvoredo que além beirava o rio,
A passo curto, e o pensamento à larga,
Como leve andorinha que saísse
Do ninho, a respirar o hausto primeiro
Da manhã. Pela aberta da folhagem,
Que inda não doura o sol, uma figura
Deliciosa, um busto sobre as ondas
Suspende o caçador. Mãe-d'água fora,
Talvez, se a cor de seus quebrados olhos
Imitasse a do céu; se a tez morena,
Morena como a esposa dos Cantares,
Alva tivesse; e raios de ouro fossem
Os cabelos da cor da noite escura,
Que ali soltos e úmidos lhe caem,
Como um véu sobre o colo. Trigueirinha,
Cabelo negro, os largos olhos brandos
Cor de jabuticaba, quem seria,
Quem, senão a mucama da fazenda,

Sabina, enfim? Logo a conhece Otávio,
E nela os olhos espantados fita
Que desejos acendem. – Mal cuidando
Daquele estranho curioso, a virgem
Com os ligeiros braços rompe as águas,
E ora toda se esconde, ora ergue o busto,
Talhado pela mão da natureza
Sobre o modelo clássico. Na oposta
Riba suspira um passarinho; e o canto,
E a meia luz, e o sussurrar das águas,
E aquela fada ali, tão doce vida
Davam ao quadro, que o ardente aluno
Trocara por aquilo, uma hora ao menos,
A Faculdade, o pergaminho e o resto.
Súbito erige o corpo a ingênua virgem.
Com as mãos, os cabelos sobre a espádua
Deita, e rasgando lentamente as ondas,
Para a margem caminha, tão serena,
Tão livre como quem de estranhos olhos
Não suspeita a cobiça...Véu da noite,
Se lhos cobrira, dissipara acaso
Uma história de lágrimas. Não pode
Furtar-se Otávio à comoção que o toma;
A clavina que a esquerda mal sustenta
No chão lhe cai; e o baque surdo acorda
A descuidada nadadora. Às ondas
A virgem torna. Rompe Otávio o espaço
Que os divide; e de pé, na fina areia,
Que o mole rio lambe, ereto e firme,
Todo se lhe descobre. Um grito apenas
Um só grito, mas único, lhe rompe
Do coração; terror, vergonha... e acaso

Prazer, prazer misterioso e vivo
De cativa que amou silenciosa,
E que ama e vê o objeto de seus sonhos,
Ali com ela, a suspirar por ela.[3]
"Flor da roça nascida ao pé do rio,
Otávio começou – talvez mais bela
Que essas belezas cultas da cidade,
Tão cobertas de joias e de sedas,
Oh! não me negues teu suave aroma!
Fez-te cativa o berço; a lei somente
Os grilhões te lançou; no livre peito
De teus senhores tens a liberdade,
A melhor liberdade, o puro afeto
Que te elegeu entre as demais cativas,
E de afagos te cobre! Flor do mato,
Mais viçosa do que essas outras flores
Nas estufas criadas e nas salas,
Rosa agreste nascida ao pé do rio,
Oh! não me negues teu suave aroma!"
Disse, e da riba os cobiçosos olhos
Pelas águas estende, enquanto os dela,
Cobertos pelas pálpebras medrosas
Choram, – de gosto e de vergonha a um tempo, –
Duas únicas lágrimas. O rio
No seio as recebeu; consigo as leva,
Como gotas de chuva, indiferente
Ao mal ou bem que lhe povoa a margem;
Que assim a natureza, ingênua e dócil

---

[3] A passagem lembra a cena do primeiro encontro entre Martim e Iracema, no romance homônimo de José de Alencar, onde a natureza tropical compõe o cenário idílico para exposição da nudez feminina perante os olhos cobiçosos do homem branco. Outra semelhança: a virgem morena é vinculada ao campo semântico da natureza, enquanto o jovem senhor está ligado aos signos da cultura, fato que remete ao sistema de dominação patriarcal presente na história social brasileira desde o descobrimento.

Às leis do Criador, perpétua segue
Em seu mesmo caminho, e deixa ao homem
Padecer e saber que sente e morre.
Pela azulada esfera inda três vezes
A aurora as flores derramou, e a noite
Vezes três a mantilha escura e larga
Misteriosa cingiu. Na quarta aurora,
Anjo das virgens, anjo de asas brancas,
Pudor, onde te foste? A alva capela
Murcha e desfeita pelo chão lançada,
Coberta a face do rubor do pejo,
Os olhos com as mãos velando, alçaste
Para a Eterna Pureza o eterno voo
Quem ao tempo cortar pudera as asas
Suster a hora abençoada e curta
Se deleitoso voa? Quem pudera
Da ventura que foge, e sobre a terra
O gozo transportar da eternidade?
Sabina viu correr tecidos de ouro
Aqueles dias únicos na vida
Toda enlevo e paixão, sincera e ardente
Nesse primeiro amor d'alma que nasce
E os olhos abre ao sol. Tu lhe dormias,
Consciência; razão, tu lhe fechavas
A vista interior; e ela seguia
Ao sabor dessas horas mal furtadas
Ao cativeiro e à solidão, sem vê-lo
O fundo abismo tenebroso e largo
Que a separa do eleito de seus sonhos,
Nem pressentir a brevidade e a morte!
E com que olhos de pena e de saudade
Viu ir-se um dia pela estrada fora

Otávio! Aos livros torna o moço aluno,
Não cabisbaixo e triste, mas sereno
E lépido. Com ela a alma não fica
De seu jovem senhor. Lágrima pura,
Muito embora de escrava, pela face
Lentamente lhe rola, e lentamente
Toda se esvai num pálido sorriso

De mãe.

Sabina é mãe; o sangue livre
Gira e palpita no cativo seio
E lhe paga de sobra as dores cruas
Da longa ausência. Uma por uma, as horas
Na solidão do campo há de contá-las,
E suspirar pelo remoto dia
Em que o veja de novo... Pouco importa,
Se o materno sentir compensa os males.

Riem-se dela as outras; é seu nome
O assunto do terreiro. Uma invejosa
Acha-lhe uns certos modos singulares
De senhora de engenho; um pajem moço,
De cobiça e ciúme devorado,
Desfaz nas graças que em silêncio adora
E consigo medita uma vingança.
Entre os parceiros, desfiando a palha
Com que entrança um chapéu, solenemente
Um Caçanje ancião refere aos outros
Alguns casos que viu na mocidade
De cativas amadas e orgulhosas
Castigadas do céu por seus pecados,
Mortas entre os grilhões do cativeiro.

Assim falavam eles; tal o aresto
Da opinião. Quem evitá-lo pode
Entre os seus, por mais baixo que a fortuna
Haja tecido o berço? Assim falavam
Os cativos do engenho; e porventura
Sabina o soube e o perdoou.

Volveram

Após os dias da saudade os dias
Da esperança. Ora, quis fortuna adversa
Que o coração do moço, tão volúvel
Como a brisa que passa ou como as ondas,
Nos cabelos castanhos se prendesse
De donzela gentil, com quem atara
O laço conjugal: uma beleza
Pura, como o primeiro olhar da vida,
Uma flor desbrochada em seus quinze anos.
Que o moço viu num dos serões da corte
E cativo adorou. Que há de fazer-lhes
Agora o pai? Abençoar os noivos
E ao regaço trazê-los da família.

Oh! longa foi, longa e ruidosa a festa
Da fazenda, por onde alegre entrara
O moço Otávio conduzindo a esposa.
Viu-os chegar Sabina, os olhos secos
Atônita e pasmada. Breve o instante
Da vista foi. Rápido foge. A noite
A seu trêmulo pé não tolhe a marcha;
Voa, não corre, ao malfadado rio,
Onde a voz escutou do amado moço.
Ali chegando: "Morrerá comigo.

O fruto de meu seio; a luz da terra
Seus olhos não verão; nem ar da vida
Há de aspirar..."

Ia a cair nas águas,
Quando súbito horror lhe toma o corpo;
Gelado o sangue e trêmula recua,
Vacila e tomba sobre a relva. A morte
Em vão a chama e lhe fascina a vista;
Vence o instinto de mãe. Erma e calada
Ali ficou. Viu-a jazer a lua
Largo espaço da noite ao pé das águas,
E ouviu-lhe o vento os trêmulos suspiros;

Nenhum deles, contudo, o disse à aurora.
(In: *Americanas*, 1875)

13 de Maio[4]

Brasileiros, pesai a longa vida
Da nossa pátria, e a curta vida nossa:
Se há dor que possa remorder, que possa
Odiar uma campanha, ora vencida,
Longe essa dor e os ódios seus extremos:
Vede que aquele doloroso orvalho
De sangue nesta guerra não vertemos...
União, brasileiros! E entoemos

    O hino do trabalho.[5]

---

[4] Poema constante de panfleto distribuído à população por ocasião do cortejo cívico que, segundo MIRANDA (1999), ocupou as ruas do Rio de Janeiro no dia 20 de maio de 1888 em comemoração à promulgação da Lei Áurea. Há um exemplar no Arquivo Público Mineiro. Ver também FERREIRA (2004, p. 106-7) e CAMPOLINA *et alii*, *A escravidão em Minas Gerais* (1988, p. 121).

[5] Aqui o autor celebra o fim da escravidão e a forma incruenta como se deu a campanha, colocando-se ao lado dos vitoriosos e lembrando indiretamente a guerra civil que abalou os Estados Unidos. Machado explicita um apelo aos escravocratas, no sentido da superação das sequelas deixadas pelo episódio.

Crônicas

DUELO DE FILANTROPIA[6]

Era um leilão de escravos. Na fileira dos infelizes que estavam ali de mistura com os móveis, havia uma pobre criancinha abrindo os olhos espantados e ignorantes para todos. Todos foram atraídos pela tenra idade e triste singeleza da pequena. Entre outros, notei um indivíduo que, mais curioso que compadecido, conjeturava à meia-voz o preço por que se venderia aquele semovente. Travamos conversa e fizemos conhecimento; quando ele soube que eu manejava a enxadinha com que revolvo as terras do folhetim, deixou escapar dos lábios esta exclamação:

– Ah!

Estava longe de conhecer o que havia neste – ah! – tão misterioso e tão significativo. Minutos depois começou o pregão da pequena. O meu indivíduo cobria os lances com incrível desespero, a ponto de pôr fora de combate todos os pretendentes, exceto um que lutou ainda por algum tempo, mas que afinal teve de ceder. O preço definitivo da desgraçadinha era fabuloso. Só amor à humanidade podia explicar aquela luta da parte do meu novo conhecimento; não perdi de vista o comprador, convencido de que iria disfarçadamente ao leiloeiro dizer-lhe que a quantia lançada era aplicada à liberdade da infeliz. Pus-me à espreita da virtude. O comprador não me desiludiu, porque, apenas começava a espreitá-lo, ouvi-lhe dizer alto e bom som:

– É para a liberdade!

O último combatente do leilão foi ao filantropo, apertou-lhe as mãos e disse:

– Eu tinha a mesma intenção.

---

[6] Narrativa inserida em artigo publicado no *Diário do Rio de Janeiro* em 1864, ausente tanto da edição Jackson, quanto da Nova Aguilar. Encontramo-la em Magalhães Júnior, *Machado de Assis desconhecido*. 3 ed. Rio de Janeiro: Civilização Brasileira, 1957, p.154-5. O título não foi dado pelo autor, mas retirado das últimas palavras do texto.

O filantropo voltou-se para mim e pronunciou baixinho as seguintes palavras, acompanhadas de um sorriso:

– Não vá agora dizer lá na folha que eu pratiquei este ato de caridade.

Satisfiz religiosamente o dito do filantropo, mas nem assim me furtei à honra de ver o caso publicado e comentado nos outros jornais. Deixo ao leitor a apreciação daquele airoso duelo de filantropia.

(*Diário do Rio de Janeiro*, s/d, 1864)

4 DE ABRIL DE 1865

O *Correio Mercantil* publicou há dias um artigo em que se indicava os meios de dissolver as ordens religiosas do império.

Involuntariamente lembrou-nos aquele célebre soneto de Bocage:

> Se quereis, grande rei, ter bons soldados,
> Mandai desalojar esses conventos.

O autor, que assinou o artigo por iniciais, declarou que, se as ideias que emitia fossem discutidas por outro comunicante, voltaria ele à imprensa e desceria a fatos e minuciosidades.

Adivinhamos logo que o artigo ficaria sem resposta.

Só o *Cruzeiro do Brasil* impugnou domingo a medida do *Correio Mercantil*, confessando, porém, que o estado das corporações religiosas não é tão perfeito como devia ser.

Nós dizemos, como o *Correio Mercantil*, que é o mais deplorável deste mundo.

O projeto formulado pelo autor do artigo não é completo, é mesmo falho e inaceitável em alguns pontos; mas encerra uma ideia de evidente utilidade e clamorosa urgência. O corpo legislativo, que deve abrir-se daqui a dias, devia encarregar o governo dos exames necessários, se acaso ele já os não fez, de modo a encaminhar uma medida completa em tão melindroso assunto.

Os abusos indicados pelo artigo a que nos referimos bastam para abrir lugar à intervenção do Estado. Mas, não há, além dessas razões, e antes dessas razões, outras de ordem superior, filhas do tempo e oriundas da história?

Não é ao folhetim que cabe o desenvolver essas razões; cabe-lhe indicá-las. Os conventos perderam a razão de ser. A ideia, tão santamente respeitável ao princípio, degenerou, diminuiu, transformou-se, fez-se coisa vulgar.

Decerto ninguém pede hoje aos conventos uma reprodução da tebaida. A contemplação ascética, as penitências, as fomes, os suplícios daqueles pios cenobitas, nem são do nosso tempo, nem são dos nossos homens. Mas não sabemos por que, entre dois extremos, não haverá um meio preferível, mais próximo da gravidade monástica e da grandeza da religião.

São Bento e Santo Antônio nunca sonharam com fazendas e escravos; nunca administraram terras, nem assinaram contratos; foram uns pios solitários, que recebiam por milagre o pão negro de cada dia, e passavam muitos dias sem levar à boca nem uma migalha de pão, nem uma bilha d'água.

As virtudes monásticas de hoje estão longe daqueles modelos primitivos; mas, se não se lhes pede sacrifício igual, também não se lhes pode conceder uma existência anacrônica, sem objeto nem utilidade prática.

É a sorte de todas as instituições humanas trazerem em si o germe da sua destruição.

Estas palavras do membro da assembleia constituinte da Revolução Francesa, que deu parecer sobre a supressão dos conventos, são a mais resumida sentença das instituições monásticas. O primeiro motivo para suprimi-las é o de serem inúteis.

Sentimos que nem a natureza nem as dimensões destes escritos nos permitam outras considerações a este respeito. Também é quanto basta para definir o nosso pensamento e incorrer nas censuras dos reverendos padres e monges.[7]

[...]

(*Diário do Rio de Janeiro*, 4 de abril de 1865)

---

[7] Nesta crônica, publicada sem assinatura, Machado critica o aburguesamento do catolicismo e a conivência da Igreja com a ordem escravocrata.

O DR. PEÇANHA PÓVOA

– Não posso deixar de apertar a mão ao nosso amigo, o Sr. Dr. Peçanha Póvoa, pelos seus brilhantes e enérgicos artigos ultimamente publicados no *Jornal do Comércio*. Conquanto os seus estudos e trabalhos de advocacia desviem o seu espírito de outros assuntos, não deixa o Sr. Peçanha Póvoa de lhes prestar a devida atenção. Um dos que mais lhe têm chamado o espírito é a medida do Sr. Dr. Miguel Tavares contra as mulheres que forçam as escravas à prostituição.[8] Compreendeu logo, como moço talentoso que é, as reflexões que este simples fato despertava, e com a febril impaciência de quem se sente dominado por uma ideia generosa, atirou às colunas do *Jornal do Comércio* alguns artigos que o público leu com aprazimento. O Sr. Dr. Peçanha Póvoa é um caráter de boa têmpera; viu a fraqueza, a miséria ofendidas pela especulação, e saiu a campo, com o denodo que todos presenciamos, e se esses artigos vinham adornados com flores literárias, estou certo de que ele não as procurou; elas lhe caíram naturalmente. O seu principal objetivo era a punição pública dos traficantes. Um bravo ao nosso denodado colega.[9]

DR. SEMANA
(*Semana Ilustrada*, 1871)

---

[8] É sabido que, durante o período colonial e, em grande medida, também ao longo do século XIX, a prostituição era exercida majoritariamente por mulheres escravizadas, africanas ou brasileiras, exploradas por senhores inescrupulosos e confiantes na impunidade. São conhecidas histórias como a de Rosa Maria Egipcíaca, prostituída na região das minas até ser resgatada por um sacerdote. A forçada disponibilidade sexual de negras e mulatas acabou por alicerçar o mito em torno de seu exacerbado erotismo.

[9] Como se vê, antes de a campanha abolicionista ganhar força, Machado já abordava os problemas inerentes à escravatura e se colocava ao lado dos que a combatiam. As observações acima, publicadas, no início de 1871, (Magalhães Júnior, 1957, p. 161), demonstram a coerência de seus posicionamentos de cidadão, jornalista e escritor.

HISTÓRIA DE QUINZE DIAS

[...]

VIII

De interesse geral é o fundo da emancipação, pelo qual se acham libertados em alguns municípios 230 escravos. Só em alguns municípios![10]

Esperemos que o número será grande quando a libertação estiver feita em todo o império.

A lei de 28 de setembro fez agora cinco anos. Deus lhe dê vida e saúde! Esta lei foi um grande passo na nossa vida. Se tivesse vindo uns trinta anos antes, estávamos em outras condições.[11]

Mas há 30 anos, não veio a lei, mas vinham ainda escravos, por contrabando, e vendiam-se às escâncaras no Valongo. Além da venda, havia o calabouço. Um homem do meu conhecimento suspira pelo azorrague.

— Hoje os escravos estão altanados, costuma ele dizer. Se a gente dá uma sova num, há logo quem intervenha e até chame a polícia. Bons tempos os que lá vão! Eu ainda me lembro quando a gente via passar um preto escorrendo em sangue, e dizia: "Anda, diabo, não estás assim pelo que eu fiz!" Hoje...

E o homem solta um suspiro, tão de dentro, tão do coração... que faz cortar o dito. *Le pauvre homme!*[12]

MANASSÉS
(*Ilustração Brasileira*, 1 outubro de 1876)

---

[10] O autor faz a propaganda do "Fundo de Emancipação", no afã de ver ampliadas as adesões à coleta de recursos para a compra da liberdade dos escravizados. Defendia uma solução pacífica para o problema, provavelmente por não desejar para o Brasil um desfecho traumático como o da guerra civil estadunidense.

[11] Machado comemora os cinco anos de vigência da Lei do Ventre Livre, aprovada em 28 de setembro de 1871, que "emancipou" os filhos de escravizados nascidos a partir daquela data. No entanto, um dispositivo incluído pelos conservadores obrigava os filhos do "ventre livre" – então nomeados "ingênuos" – à "prestação de serviços" aos senhores até completarem 21 anos, caso fosse esse o desejo do "proprietário". De acordo com Chalhoub (2003), o autor, como funcionário graduado do Ministério da Agricultura, trabalhou intensamente em favor do pleno cumprimento da lei.

[12] Aqui o cronista, além de trazer à tona a condenável brutalidade dos castigos corporais que vitimavam os cativos, faz a sátira do senhor de escravos acostumado a exercer a violência inerente ao sistema. A expressão em francês é uma citação do *Tartufo*, de Molière, cujo protagonista, marcado pelo oportunismo e hipocrisia que caracterizam seu comportamento, é a todo instante desmascarado perante o público.

HISTÓRIA DE QUINZE DIAS

I

Achei um homem; vou apagar a lanterna. Lá nos Campos Elísios do teu paganismo, enforca-te, Diógenes, filósofo sem préstimo nem fortuna, arruador caipora, procurador de impossíveis. Eu, sim, eu achei um homem. E sabes por que, desastrado filósofo? Porque o não procurava, porque estava a tomar tranquilamente a minha xícara de café, à janela, a dividir os olhos entre as folhas do dia e o sol que se desembuçava. Quando menos esperava, ei-lo ante mim.

E quando digo que o achei, digo pouco, todos nós o achamos; não dei com ele sozinho, mas todos, a cidade em peso, se é que a cidade em peso não tem coisa mais séria em que cuidar, (os touros, por exemplo, o voltarete, o Cosmorama) o que de todo não é impossível.

E quando digo que o achei, erro; porque não o achei, não o vi, não o conheço, achei-o sem achar. Parece um enigma e é decerto enigma, mas dos que eu quisera ver-te fazer, leitor, se tens queda por tais ocupações.

Suponho no leitor uma alta dose de penetração, não me canso em explicar-lhe que o homem de que se trata é o incógnito benfeitor das órfãs da Santa Casa, o que deu 20:000$000, sem dar o seu nome.

Sem dar o seu nome! Este simples fato conquista a nossa admiração. Não que ela esteja acima das forças humanas; é essa justamente a condição da caridade evangélica, em nome da qual os filhos do Evangelho inventaram a caridade nas gazetilhas.

Mas, na realidade, o caso é raro. Vinte contos dados assim, com simplicidade, sem uma notícia nas folhas públicas, sem duas barretadas, sem uma ode, sem nada; vinte contos que caem da algibeira do benfeitor para as mãos dos beneficiados, sem passar pelos prelos, os bentos prelos, os adoráveis prelos, que tudo contam, até as ações mais recônditas? A ação é cristã; mas é tão rara, como as pérolas.

Por isso digo: achei um homem. O anônimo da Santa Casa é o homem do Evangelho. Imagino-o com dois traços principais: o espírito de caridade, que deve ser e é anônimo, e um certo desdém para com os clarins da Fama, os rufos de tambor, os pífanos da publicidade. Pois bem, esses dois traços característicos são duas forças. Quem as tem possui já de si uma grande riqueza.

E saiba agora o leitor que o ato do benfeitor da Santa Casa inspirou a um amigo meu um ato bonito.

Tinha ele uma escrava de 65 anos, que já lhe havia dado a ganhar sete ou oito vezes o custo. Fez anos e lembrou-se de libertar a escrava de graça. De graça! Já isto é gentil. Ora, como só a mão direita soube do caso (a esquerda ignorou-o), travou da pena, molhou-a no tinteiro e escreveu uma notícia singela para os jornais indicando o fato, o nome da preta, o seu nome, o motivo do benefício, e este único comentário: "Ações desta merecem todo o louvor das almas bem formadas."

Coisas da mão direita!

Vai senão quando, o *Jornal do Comércio* dá notícia do ato anônimo da Santa Casa da Misericórdia, de que foi único confidente o seu ilustre provedor. O meu amigo recuou; não mandou a notícia às gazetas. Somente, a cada conhecido que encontra, acha ocasião de dizer que já não tem a Clarimunda.

– Morreu?

– Oh! Não!

– Libertaste-a?

– Falemos de outra coisa, interrompe ele vivamente, vais hoje ao teatro? Exigir mais seria cruel. [...]

MANASSÉS
(*Ilustração Brasileira*, 15 de junho de 1877)

NOTAS SEMANAIS

O tópico essencial da semana foi o congresso agrícola. Não trataram de outra coisa os jornais, nem de outra coisa se falou nos *bonds*, nas ruas, nas lojas, onde quer que três homens se reuniam para matar o bicho da curiosidade.

Era natural o alvoroço; vinha da novidade do caso e da importância do objeto, que congregou no salão da Tipografia Nacional os lavradores de quatro províncias, sem contar os representantes domiciliados nesta corte, e por último, os espectadores, que, no primeiro dia, eram em largo número. Antes e depois das sessões, viam-se na rua os fazendeiros, atirando lentamente os pés, a comparar as vidraças das lojas com as várzeas das suas terras, e talvez a pedir um Capanema, que dê mate à saúva do luxo. Um Capanema ou um cônego Brito: porque o agricultor deste nome declarou, em pleno congresso, que há já muitos anos sabe fabricar formicida, e que o privilégio dado ao formicida Capanema é nada menos que uma iniquidade. Nada menos.

Não sendo a saúva a principal causa da decadência da lavoura, o congresso tratou de outros formicidas menos contestados; e, no meio de algumas divagações, apareceram ideias úteis e práticas, umas de aplicação mais pronta, outras de mais tardio efeito, podendo-se desde os primeiros dias conhecer a opinião geral da assembleia acerca de vários pontos. Uma voz apenas se manifestou em favor da introdução de novos africanos; mas a unanimidade e o ardor do protesto abafaram para sempre essa opinião singular.[13] Discursos houve de bom cunho, e trabalhos dignos de nota. Uma circunstância, sobre todas, não escapou à minha atenção: reunidos os paulistas na noite de segunda-feira, até tarde, em comício

---

[13] Note-se a sutileza da passagem. Uma rápida menção ao regime é suficiente para destacar o isolamento dos que defendiam a reabertura do tráfico. Para tanto, basta que se compare a seleção vocabular adotada: "uma voz apenas", defensora de uma "opinião singular", se contrapõe à "unanimidade" dos presentes e ao "ardor do protesto". Fica patente a forma dissimulada e aparentemente *en passant* com que o escritor trata o problema. Logo desvia a atenção do leitor para outro tópico e, no final, aborda com afetado desdém sua atividade de cronista.

particular, apresentaram na sessão de terça-feira um longo trabalho refletido e metódico. Ingleses não andariam mais depressa.

E a assembleia correspondeu ao exemplo. Nos cinco dias de sessão, trabalhou muito, expendeu muito, discutiu muito – com serenidade, segundo a exata observação do Sr. presidente do conselho. Nem tudo seria pertinente; não o podia ser, não o é geralmente, quando uma reunião de homens trata de examinar questões complexas e difíceis; mas alcançou-se o principal.

Não pude assistir a nenhuma das sessões; não posso dar, portanto, uma ideia da fisionomia da sala. O que incumbe especialmente à crônica, – aonde ninguém desce a buscar ideias graves nem observações de peso. A crônica é como a poesia; *ça ne tire pas à conséquence*. Quem passa por uma igreja, descobre-se; quem passa por um botequim, não se dá a esse trabalho; entra a beber uma xícara de café ou um gole; pede duas lérias aos amigos, quer ouvir morder na pele do próximo; exige cócegas, pelo menos. É assim a crônica. Que sabes tu, frívola dama, dos problemas sociais, das teses políticas, do regime das coisas deste mundo? Nada; e tanto pior se soubesses alguma coisa; porque tu não és, não foste, nunca serás o jantar suculento e farto; tu és a castanha gelada, a laranja, o cálice de *Chartreuse*, uma coisa leve, para adoçar a boca e rebater o jantar.[14]

[...]

ELEAZAR
(*O Cruzeiro*, 14 de julho de 1878)

---

[14] Impossível não assinalar que, junto com a depreciação autoirônica do cronista e da crônica, Machado deixa implícita a crítica ao leitor burguês acomodado em seu conforto, para quem as notícias – boas ou más – publicadas na imprensa são consumidas como qualquer outra mercadoria e têm importância semelhante à da sobremesa, que só tem valor no momento em que é degustada.

BALAS DE ESTALO

Nascer rico é uma grande vantagem que nem todos sabem apreciar. Qual não será a de nascer rei? Essa é ainda mais preciosa, não só por ser mais rara, como porque não se pode lá chegar por esforço próprio, salvo alguns desses lances tão extraordinários, que a história toda se desloca. Sobe-se de carteiro a milionário; não se sobe de milionário a príncipe.

Entretanto, dado o caso de vocação (porque a natureza diverte-se às vezes em andar ao invés da sociedade), como há de um homem que sente ímpetos régios, combinar o sentimento pessoal com a paz pública? Aí está o caso em que nem o mais fino Escobar era capaz de resolver; aí está o que resolveram alguns cidadãos de Guaratinguetá.

Reuniram-se e organizaram uma irmandade de Nossa Senhora do Rosário, que é irmandade só no nome; na realidade, é um reino; e tudo indica que é o reino dos céus. Os referidos cidadãos acharam o meio de cingir a coroa sem vir buscá-la a S. Cristóvão: elegem anualmente um rei, e a coroa passa de uma testa a outra, pacificamente, alegremente, como no jogo do papelão. Aqui vai o papelão. O que traz o papelão?

No presente ano (1883-1884), o Rei da irmandade é o Sr. Martins de Abreu, nome pouco sonoro, mas não é de sonoridade que vivem as boas instituições. A Rainha é a Sra. D. Clara Maria de Jesus. Há um Juiz do Ramalhete, que é o Sr. Francisco Ferreira, e uma juíza do mesmo Ramalhete que é a Sra. D. Zelina Rosa do Amor Divino. Não há a menor explicação do que seja este ramalhete. É realmente um ramalhete ou é nome simbólico do principado ministerial?

Segue-se o Capitão do Mastro. Este cargo coube ao Sr. Antônio Gonçalvez Bruno, e não tem funções definidas. Capitão do Mastro faz cismar. Que mastro, e por que capitão? Compreendo o Juiz da Vara, compreendo mesmo o Alferes da Bandeira. Este é provavelmente o que leva a bandeira, e, para supor que o capitão tem a seu cargo carregar um mastro, é preciso demonstrar primeiramente a necessidade do mastro. Já não digo a mesma coisa do Tenente da Coroa, cargo desempenhado pelo Sr. João Marcelino Gonçalves. Pode-se notar somente a singularidade de ser a coroa levada por um tenente; mas, dadas as proporções limitadas do novo reino, não há que recusar. Há também um sacristão, que é alferes, o Sr. Alferes Bueno, e... Não; isto pede um parágrafo especial.

Há também um (digo?) Meirinho. O Sr. Neves da Cruz é o encarregado dessas funções citatórias e compulsivas, e provavelmente não é cargo honorífico; se o fosse, teria outro nome. Não; ele cita, ele penhora, ele captura os irmãos do Rosário. Assim, pois, esta irmandade tem um tesoureiro para recolher o dinheiro, um procurador para ir cobrá-lo e um meirinho para compelir os remissos. *Un capo d'opera.*

Agora, como é que se tratam uns aos outros esses dignitários? Não sei; mas presumo, pelo pouco que conheço da natureza humana, que eles não ficam a meio caminho da ficção. O Rei pode ter Majestade, e assim também a Rainha. E quando receberem os cumprimentos, adivinho que os receberão com certa complacência fina, certo ar digno e grande. Hão de chover os títulos – Vossa Majestade, Vossa Perfumaria, Vossa Mastreação... Em roda o povo de Guaratinguetá, e por cima a lua cochilando de fastio e sono.[15]

LÉLIO
(*Gazeta de Notícias*, 7 de novembro de 1883)

---

[15] Nesta crônica, o escritor volta sua ironia contra seus irmãos de cor, membros da irmandade de Nossa Senhora do Rosário, pela aculturação e imitação dos costumes brancos, em especial quanto aos cargos honoríficos e hierarquias sociais.

BALAS DE ESTALO

Participo aos meus amigos que vou abrir (ou erigir) um quiosque. Resta-me só escolher o lugar e pedir licença à Câmara.

Toda a gente sabe que o quiosque é um dos exemplos mais expressivos da lei de adaptação. Creio que na capital donde ele nos veio, é o lugar onde se mete uma mulher a vender jornais.

Aqui serve de abrigo a um ativo cidadão, que vende cigarros e bilhetes de loteria. Parece, à primeira vista, que um negócio desses não há de deixar grandes fundos. Pois deixa; e a prova é que ainda agora, a Câmara, concedendo um, para o Largo de S. Francisco de Paula, impôs ao pretendente uma entrada de quinhentos mil-réis para O *livro de ouro*.

Nunca as mãos lhe doam à Câmara. Vá fazendo as suas concessões, uma vez que sejam justas, com a cláusula, porém, de que os pretendentes hão de entrar para O *livro de ouro*, por onde se vão libertar escravos no dia 2 de dezembro. A última sessão rendeu-lhe uns seis contos. Só um dos concessionários tem de dar cinco contos de réis; os outros quinhentos mil-réis são do dono de um estábulo.

O único senão que se poderá notar nesse método, é que, ao lado da filantropia real, estamos vendo florescer uma filantropia artificial em grande escala; mas, depois do sol artificial do Sr. Dr. Costa Lopes e dos vinhos artificiais de outras pessoas, creio que podemos ir aposentando a natureza. A natureza está ficando velha; e o artifício é um rapagão ambicioso.

No *livro de ouro* há vinho puro, e sol verdadeiro. Há uma parte, que é do melhor vinho cristão, daquele que a mão esquerda ignora: os dez contos anônimos que o Sr. Conde de Mesquita para lá mandou. Mas como o vinho puro não chega para o festim da Câmara, lembrou-se ela – e em boa hora – de aceitar do outro, considerando que no fim dá certo, e os escravos ficam livres.

Também há dias um anônimo teve a ideia de aconselhar ao governo um modo de acabar com a escravidão. Era estabelecer uma escala de preços para os títulos nobiliários, e convidar as pessoas que quisessem admissão ou promoção na classe. O autor chegou a citar nomes de titulares conhecidos e até de senhoras. Marcou ele mesmo os preços: um marquesado custaria cinquenta contos, etc...

A ideia em si não é má. Dever um título à alforria de uns tantos escravos, pode ser menos heroico, mas não é menos cristão que devê-lo à tomada de Jerusalém. Acho a coisa perfeitamente justa; nem é por aí que a critico. Também José Clemente levantou o Hospício de Pedro II, por igual método; lucraram os infelizes, doidos, e lucramos todos nós, que podemos jantar à mesma mesa sem deitar os pratos à cara um dos outros; a presunção é que temos juízo; digo a presunção legal...

Não; o mal da ideia é que, por mais que acudissem aos títulos, o dinheiro que se recolhesse não chegaria para um buraco do dente da escravidão. O *livro de ouro*, da Câmara, é mais fácil de encher, porque é mais limitado.

Lá vou pôr os meus quinhentos mil-réis, ou mais, se mo pedirem, a troco do quiosque. Agora, principalmente, depois que li uma folha de S. Paulo, estou pronto a abrir os cordões da bolsa. A citada folha declara que se deve votar no Sr. Comendador Malvino Reis para deputado, por ser daqueles que aguentam com as despesas públicas. Eu até aqui, quando as lojas de fazendas me pediam alguma coisa mais pela roupa e me diziam que era por causa dos impostos, imaginava que elas e eu dividíamos a carga ao meio, e que lá entrava o triste de mim, indiretamente, com alguma coisa nos ordenados dos funcionários; mas, uma vez que é o Sr. Malvino que me paga a casa e a comida, sinto-me aliviado, e posso dar mais um tanto para a festa da Câmara.

LÉLIO
(*Gazeta de Notícias*, 23 de novembro de 1885)

GAZETA DE HOLANDA

Nº 25

Voilà ce que l'on dit de moi
Dans la "Gazette de Hollande".[16]

Eu, pecador, me confesso
Ao leitor onipotente,
E a grã bondade lhe peço
de ouvir pacientemente

Uma lenga-lenga longa,
Uma longa lenga-lenga,
Áspera, como a araponga,
E tarda como um capenga.

Saiba Sua Senhoria
Que, em cousas parlamentares,
A minha sabedoria
Vale a de um ou dois muares.

Não? Isso é bondade sua...
Modéstia minha? Qual nada!
Digo-lhe a verdade crua,
Nua e desavergonhada.

Não entendo patavina,

---

[16] Eis aqui o que se diz de mim / Na "Gazeta de Holanda". (Trad. nossa)

Eu, que entendo a lei mosaica,
Humana, embora divina,
Límpida, conquanto athaica.[17]

"E disse o Senhor: faze isto,
Moisés, faze aquilo, ordena,
Eu, com meu poder te assisto;
Põe esta pena e esta pena".

Eram assim leis sem voto,
Sem consulta, sem mais nada.
Deus falava ao grão devoto,
E vinha a lei promulgada.

Mas por que é que tanta gente,
Reunida numa sala,
Examina a lei pendente
Escuta, cogita e fala?

E por que vota? Pergunto...
Nisto abro uma folha, e leio
Bem explicado este assunto:
Era um discurso alto e cheio.

O orador, um deputado
Do Ceará, respondia
A um que o tinha acusado
De manter a escravaria.

---

[17] Machado faz referência ao profeta e legislador bíblico, e compara os procedimentos para a elaboração da "lei mosaica" [de Moisés] marcada pela imposição de preceitos morais e religiosos, com os que ocorriam nos embates políticos de seu tempo, em especial naqueles voltados para a difícil eliminação do regime escravista, tarefa dificultada a todo instante pela força política da classe senhorial.

Defendia-se, mostrando
Que, desde anos longos, fora
Dos que viveram chamando
A aurora libertadora.

Que a obra da liberdade
Era também obra sua,
Fê-la com alacridade,
Sem proclamá-lo na rua.

Votou, é certo, em contrário
Ao projeto com que o Dantas[18]
Criou o sexagenário
E umas outras coisas tantas.

Mas não foi porque o julgasse
Oposto ao que entende justo,
Nem porque ele lhe vibrasse
Qualquer sensação de susto.

Foi só porque o gabinete
Para o Ceará mandara
Um presidente e um cacete
Ambos de muito má cara.

Ele, vendo os seus amigos
Perseguidos, destinados,
Depois de grandes perigos,
A serem exterminados.

---

[18] Manoel Pinto de Sousa Dantas, membro do Partido Liberal – e também conhecido como Senador Dantas ou Conselheiro Dantas, pois foi presidente do Conselho de Ministros, ou seja, chefe de governo –, propôs em 1887 um projeto de lei abolicionista mais favorável aos escravos do que o que acabou implantado sob o nome de Lei Áurea. O projeto previa um embrião de reforma agrária, com assentamento dos libertos em terras próximas às estradas, mas não obteve aprovação. No ano seguinte, o governo formado pelo Partido Conservador fez valer sua força e instituiu a lei assinada em 13 de maio.

Gazeta de Notícias – Gazeta de Holanda – 30 de agosto de 1887

Votou contra a lei; e a prova
De que lhe não era oposto,
É que, vindo gente nova,
Votou a lei, de bom rosto.

E conclui assim: "senhores,
Qualquer outro que se achasse,
Cheio de iguais amargores
E injúrias da mesma classe,

Faria o que fiz". Pasmado,
De tudo o que não sabia,
Vim confessá-lo humilhado
Ante Vossa Senhoria.[19]

MALVÓLIO
(*Gazeta de Notícias*, 30 de agosto de 1887)

---

[19] Datada de 30 de agosto de 1887, a crônica machadiana adota a forma popular do verso de sete sílabas (ou redondilha maior) para denunciar de forma bem humorada e sarcástica o oportunismo mandonista e clientelista das elites do Império. Protegido pelo pseudônimo de Malvólio, o autor se envolve, pois, no debate político mais relevante de seu tempo e participa do esforço que a imprensa abolicionista empreendia a favor da aprovação do fim do regime.

GAZETA DE HOLANDA

Nº 29

"Voilà ce que l'on dit de moi
Dans la "Gazette de Hollande".

A semana que há passado...
Deixe o leitor que me escuse,
E de um falar tão usado
Abuse também, abuse.

Há passado, hão carcomido...
Hão, hão, hão, hão posto em tudo,
Hão; hão, hão, hão recolhido...
Estilo de tartamudo.

Ai, gosto! Ai, cultura! Ai, gosto!
Demos um jeito e outro jeito:
Venha *dispor* e *há disposto*
 Venha *dispor* e *há desfeito*.

Mas usar de uma maneira
Até reduzi-la ao fio,
Não é estilo, é canseira;
Não dá sabor, dá fastio.

Porém ... Já me não recordo
Do que ia dizer. Diabo!

Naveguei para bombordo,
E fui esbarrar a um cabo.

Outro rumo... Ah! Sim; falava
Da outra semana. Cheia
Esteve de gente escrava,
Desde o almoço até a ceia.

Projetos e mais projetos,
Planos atrás de outros planos,
Indiretos e diretos,
Dois anos ou cinco anos.

Fundo, depreciamento,
Liberdade nua e crua;
Era o assunto do momento,
No bonde, em casa, na rua.[20]

Pois se os próprios advogados
(E quem mais que eles?) tiveram
Debates acalorados
No Instituto, em que nos deram

Uma questão – se, fundado
Este regime presente,
Pode ser considerado
O escravo inda escravo ou gente.

---

[20] Mais uma vez, o escritor focaliza em sua crônica a luta política em torno da abolição. E toma partido ao fazer a sátira dos que defendiam a manutenção disfarçada do regime. O órgão a que se refere é o "Instituto da Ordem dos Advogados Brasileiros", fundado em 1843 e embrião da atual OAB. O Instituto reunia em seus quadros os mais destacados jurisconsultos da época, e estava dividido entre abolicionistas e escravocratas disfarçados em defensores da legalidade preocupados com a manutenção da ordem.

Digo mal: – inda é cativo
Ou *statu liber*? Qual seja
Correu lá debate vivo,
Melhor dizemos peleja.[21]

Mas peleja de armas finas,
Sem deixar ninguém molesto:
Nem facas, nem colubrinas,
Digesto contra Digesto.

Uns acham que é este o caso
Do *statu liber*. Havendo
Condição marcada ou prazo,
Não há mais o nome horrendo.

Outros, que não são sujeitos
Ferozes nem sanguinários,
Combatem esses efeitos
Com argumentos contrários.

Eu, que suponho acertado,
Sempre nos casos como esses,
Indagar do interessado
Onde acha os seus interesses,

Chamei cá do meu poleiro
Um preto que ia passando,
Carregando um tabuleiro,
Carregando e apregoando.

---

[21] A figura jurídica do *statu liber* constituiu na época mais um dos artifícios tentados pelos senhores a fim de manter seus privilégios e prolongar de forma disfarçada o regime. O *statu líber* era um escravizado "liberto", mas obrigado a prestar serviço ao senhor... ou seja, continuava submetido à mesma condição, porém com um rótulo social distinto. Na época, ganharam notoriedade algumas ações movidas por algumas "escravas libertas", que exigiam na justiça emancipação para seus filhos, alegando estarem na condição de *statu líber*.

E disse-lhe: "Pai Silvério,
Guarda as alfaces e as couves;
Tenho negócio mais sério,
Quero que m'o expliques. Ouves?"

Contei-lhe em palavras lisas,
Quais as teses do Instituto,
Opiniões e divisas.
Que há de responder-me o bruto?

"– Meu senhor, eu, entra ano,
Sai ano, trabalho nisto;
Há muito senhor humano,
Mas o meu é nunca visto.

"Pancada, quando não vendo,
Pancada que dói, que arde;
Se vendo o que ando vendendo,
Pancada, por chegar tarde.

"Dia santo nem domingo
Não tenho. Comida pouca:
Pires de feijão, e um pingo
De café, que molha a boca.

"Por isso, digo ao perfeito
Instituto, grande e bravo:
Tu falou muito direito,
Tu tá livre; eu fico escravo".[22]

MALVÓLIO
(*Gazeta de Notícias,* 27 de setembro de 1887)

---

[22] Apesar de não assumir de público sua condição de afrodescendente, nem adotar uma postura militante ou sectária, Machado de Assis encontra sempre meios para se posicionar contra a escravização. Neste texto, os versinhos da crônica mundana, na aparência inocentes, ganham uma dimensão política inusitada ao abrigarem o lamento do "escravo de ganho". Ao dar voz ao negro, o escrito machadiano abre espaço para a fala do principal interessado na discussão, que, no entanto, não se fazia ouvir nos debates dos juristas. Mais: traz para as páginas de um dos jornais mais lidos da época o testemunho dos maus-tratos que vitimavam os cativos.

BONS DIAS!

[...]
Vejam os leitores a diferença que há entre um homem de olho alerta, profundo, sagaz, próprio para remexer o mais íntimo das consciências (eu em suma), e o resto da população.[23]

Toda a gente contempla a procissão na rua, as bandas e bandeiras, o alvoroço, o tumulto, e aplaude ou censura, segundo é abolicionista ou outra coisa, mas ninguém dá a razão desta coisa ou daquela coisa; ninguém arrancou aos fatos uma significação, e, depois, uma opinião. Creio que fiz um verso.

Eu, pela minha parte não tinha parecer. Não era por indiferença; é que me custava a achar uma opinião. Alguém me disse que isto vinha de que certas pessoas tinham duas e três, e que naturalmente esta injusta acumulação trazia a miséria de muitos; pelo que, era preciso fazer uma grande revolução econômica, etc. Compreendi que era um socialista que me falava, e mandei-o à fava. Foi outro verso, mas vi-me livre de um amolador. Quantas vezes me não acontece o contrário!

Não foi o ato das alforrias em massa dos últimos dias, essas alforrias *incondicionais*, que vêm cair como estrelas no meio da discussão da lei da abolição. Não foi; porque esses atos são de pura vontade, sem a menor explicação. Lá que eu gosto da liberdade, é certo; mas o princípio da propriedade não é menos legítimo. Qual deles escolheria? Vivia assim, como uma peteca (salvo seja), entre as duas opiniões, até que a sagacidade e profundeza de espírito com que Deus quis compensar a minha humildade, me indicou a opinião racional e os seus fundamentos.

---

[23] Auxiliado pelo disfarce de autoria propiciado pelo "Boas Noites" que assina o texto, Machado refina o instrumental irônico e recobre a voz narrativa com a *persona* do observador distante, superior ao "resto da população" e, até então, "indeciso" – ou "omisso" – quanto aos embates ideológicos de seu tempo: escravatura *versus* abolição e monarquia *versus* república.

Não é novidade para ninguém, que os escravos fugidos em Campos, eram alugados. Em Ouro Preto fez-se a mesma coisa, mas por um modo mais particular. Estavam ali muitos escravos fugidos. Escravos, isto é, indivíduos que, pela legislação em vigor, eram obrigados a servir a uma pessoa; e fugidos, isto é, que se haviam subtraído ao poder do senhor, contra as disposições legais. Esses escravos fugidos não tinham ocupação; lá veio, porém, um dia em que acharam salário, e parece que bom salário.

Quem os contratou? Quem é que foi a Ouro Preto contratar com esses escravos fugidos aos fazendeiros A, B, C? Foram os fazendeiros D, E, F. Estes é que saíram a contratar com aqueles escravos de outros colegas, e os levaram consigo para as suas roças.[24]

Não quis saber mais nada; desde que os interessados rompiam assim a solidariedade do direito comum, é que a questão passava a ser de simples luta pela vida, e eu, em todas as lutas, estou sempre do lado do vencedor. Não digo que este procedimento seja original, mas é lucrativo. Alguns não me compreenderam (porque há muito burro neste mundo); alguém chegou a dizer-me que aqueles fazendeiros fizeram aquilo, não porque não vissem que trabalhavam contra a própria causa, mas para pegar uma peça ao Clapp. Imagina-se bem se arregalei os olhos.[25]

— Sim, senhor. Saiba que o Clapp tinha o plano feito de ir a Ouro Preto pegar os tais escravos e restituí-los aos senhores, dando-lhes ainda uma pequena indenização do seu bolsinho, e pagando ele mesmo a sua passagem da estrada de ferro. Foi por isso que...

— Mas então quem é que está aqui doido?

— É o senhor; o senhor é que perdeu o pouco juízo que tinha. Aposto que não vê que anda alguma coisa no ar.

— Vejo, creio que é um papagaio.

---

[24] Nesta passagem, o cronista defende implicitamente as fugas ao revelar o quanto já eram aceitas pelos próprios fazendeiros, que assumiam uma postura conivente com a situação ao contratarem escravos fugidos e, assim, incluí-los no universo do trabalho assalariado. Machado evidencia o fato de os interesses materiais dos membros da classe senhorial se sobreporem à "solidariedade" devida aos demais componentes do estamento dominante, bem como à observância da legislação em vigor naquele momento.

[25] O personagem de Machado se refere ao comerciante João Fernandes Clapp, vereador na capital e presidente da Confederação Abolicionista do Rio de Janeiro. Clapp foi também presidente do Clube dos Libertos de Niterói, tendo sido professor de escravos alforriados e fugidos. Sua inclusão no texto da crônica como alguém que iria "restituir" os negros fugidos aos senhores só faz ampliar a ironia e o *nonsense* habilmente arquitetados pelo escritor.

— Não, senhor; é uma república. Querem ver que também não acredita que esta mudança é indispensável?

— Homem, eu a respeito de governo, estou com Aristóteles, no capítulo dos chapéus. O melhor chapéu é o que vai bem à cabeça. Este, por ora, não vai mal.

— Vai pessimamente. Está saindo dos eixos; é preciso que isto seja, senão com a monarquia, ao menos com a república, aquilo que dizia o *Rio-Post* de 21 de junho do ano passado. Você sabe alemão?

— Não.

— Não sabe alemão?

E dizendo-lhe eu outra vez que não sabia, ele imitando o médico de Molière, dispara-me na cara esta algaravia do diabo:

— *Es dürft leicht zu erweisen sein, dass Brasilien weniger eine kontitutionelle Monarchie als eine absolute Oligarchie ist.*[26]

— Mas que quer isto dizer?

— Que é deste último tronco que deve brotar a flor.

— Que flor?

— As

BOAS NOITES.
(*Gazeta de Notícias*, 11 de maio de 1888)

---

[26] "Seria fácil comprovar que o Brasil é menos uma monarquia constitucional do que uma oligarquia absoluta." Trad. Georg Otte.

BONS DIAS!

Eu pertenço a uma família de profetas *après coup, post factum*, depois do gato morto, ou como melhor nome tenha em holandês.[27] Por isso digo, e juro se necessário for, que toda a história desta lei de 13 de maio estava por mim prevista, tanto que na segunda-feira[28], antes mesmo dos debates, tratei de alforriar um molecote que tinha, pessoa de seus dezoito anos, mais ou menos. Alforriá-lo era nada; entendi que, perdido por mil, perdido por mil e quinhentos, e dei um jantar.

Neste jantar, a que meus amigos deram o nome de banquete, em falta de outro melhor, reuni umas cinco pessoas, conquanto as notícias dissessem trinta e três (anos de Cristo), no intuito de lhe dar um aspecto simbólico.

No golpe do meio (*coup du milieu*, mas eu prefiro falar a minha língua), levantei-me eu com a taça de champanha e declarei que acompanhando as ideias pregadas por Cristo, há dezoito séculos restituía a liberdade ao meu escravo Pancrácio; que entendia a que a nação inteira devia acompanhar as mesmas ideias e imitar o meu exemplo; finalmente, que a liberdade era um dom de Deus, que os homens não podiam roubar sem pecado.

Pancrácio[29], que estava à espreita, entrou na sala, como um furacão, e veio abraçar-me os pés. Um dos meus amigos (creio que é ainda meu sobrinho) pegou de outra taça e pediu à ilustre assembleia que correspondesse ao ato que

---

[27] Novamente vale-se o cronista dos recursos da ficção ao criar personagens que remetem a fatos noticiados na imprensa da época. Na história aqui contada em primeira pessoa, temos um narrador-senhor de escravos cínico, oportunista e sedento de notoriedade, à semelhança de Brás Cubas. Esses traços estão marcados por um exagero caricatural, como forma de desmascarar a falsa benemerência do "profeta *post factum*". A encenação da filantropia de conveniência tem um de seus pontos altos no conto "Teoria do medalhão", publicado em *Papéis avulsos*, de 1882, e será retomada mais tarde em *Memorial de Aires*.
[28] Como o 13 de maio caiu num domingo, aqui o personagem refere-se ao dia 7 de maio de 1888.
[29] O nome do escravo remete ao adolescente Pancrácio, um dos mártires e primeiros santos do catolicismo, torturado e decapitado no dia 12 de maio (!) do ano 304, por ordem do imperador Diocleciano. Na Espanha, São Pancrácio é considerado o padroeiro dos trabalhadores. O campo semântico do nome está ainda vinculado ao substantivo grego *pankrátion*, que designava justamente uma espécie de luta livre, considerada a modalidade mais violenta do atletismo grego, em que se permitia o uso de mãos e **pés** a fim de vencer o adversário. Escusado dizer que, em sua conformação fonética no português, o nome está em consonância com "pancada"... Sua escolha, portanto, nada tem de casual ou inocente.

acabava de publicar, brindando ao primeiro dos cariocas. Ouvi cabisbaixo; fiz outro discurso agradecendo, e entreguei a carta ao molecote. Todos os lenços comovidos apanharam as lágrimas de admiração. Caí na cadeira e não vi mais nada. De noite, recebi muitos cartões. Creio que estão pintando o meu retrato, e suponho que a óleo.

No dia seguinte, chamei o Pancrácio e disse-lhe com rara franqueza:

— Tu és livre, podes ir para onde quiseres. Aqui tens casa amiga, já conhecida e tens mais um ordenado, um ordenado que...

— Oh! meu senhô! Fico.

— ... Um ordenado pequeno, mas que há de crescer. Tudo cresce neste mundo; tu cresceste imensamente. Quando nasceste, eras um pirralho deste tamanho; hoje estás mais alto que eu. Deixa ver; olha, és mais alto quatro dedos...

— Artura não qué dizê nada, não, senhô...

— Pequeno ordenado, repito, uns seis mil-réis; mas é de grão em grão que a galinha enche o seu papo. Tu vales muito mais que uma galinha.

— Eu vaio um galo, sim senhô.

— Justamente. Pois seis mil-réis. No fim de um ano, se andares bem, conta com oito. Oito ou sete.[30]

Pancrácio aceitou tudo; aceitou até um peteleco que lhe dei no dia seguinte, por me não escovar bem as botas; efeitos da liberdade. Mas eu expliquei-lhe que o peteleco, sendo um impulso natural, não podia anular o direito civil adquirido por um título que lhe dei. Ele continuava livre, eu de mau humor; eram dois estados naturais, quase divinos.

Tudo compreendeu o meu bom Pancrácio; daí para cá, tenho-lhe despedido alguns pontapés, um ou outro puxão de orelhas, e chamo-lhe besta quando lhe não chamo filho do diabo; coisas todas que ele recebe humildemente, e (Deus me perdoe!) creio que até alegre.

O meu plano está feito; quero ser deputado, e, na circular que mandarei

---

[30] Aqui a sátira machadiana aborda a difícil transição do escravismo para o trabalho assalariado. O valor proposto pelo "benfeitor" de Pancrácio é ínfimo. John Gledson (1990, p. 63, nota 4) afirma que, à época, uma camisa comum "custava 3 mil-réis" e o "aluguel de uma casa de duas salas, dois quartos, cozinha e quintal, por mês, 35 mil-réis". Dessa forma, o autor, ainda no alvorecer da abolição, já anunciava os percalços por que passariam os libertos e seus descendentes em sua penosa integração à sociedade de classes.

aos meus eleitores, direi que, antes, muito antes de abolição legal, já eu, em casa, na modéstia da família, libertava um escravo, ato que comoveu a toda a gente que dele teve notícia; que esse escravo tendo aprendido a ler, escrever e contar, (simples suposição) é então professor de Filosofia no Rio das Cobras; que os homens puros, grandes e verdadeiramente políticos, não são os que obedecem à lei, mas os que se antecipam a ela, dizendo ao escravo: *és livre,* antes que o digam os poderes públicos, sempre retardatários, trôpegos e incapazes de restaurar a justiça na terra, para satisfação do céu.

BOAS NOITES.
(*Gazeta de Notícias*, 19 de maio de 1888)

BONS DIAS![31]

Algumas pessoas pediram-me a tradução do evangelho que se leu na grande missa campal do dia 17. Estes meus escritos não admitem traduções, menos ainda serviços particulares; são palestras com os leitores e especialmente com os leitores que não têm que fazer.[32] Não obstante, em vista do momento, e por exceção, darei aqui o evangelho, que é assim:

1. No princípio era Cotegipe, e Cotegipe estava com a Regente, e Cotegipe era a Regente.
2. Nele estava a vida, com ele viviam a Câmara e o Senado.
3. Houve então um homem de São Paulo, chamado Antônio Prado[33], o qual veio por testemunha do que tinha de ser enviado no ano seguinte.
4. E disse Antônio Prado: O que há de vir depois de mim é o preferido, porque era antes de mim.
5. E, ouvindo isto, saíram alguns sacerdotes e levitas e perguntaram-lhe: Quem és tu?
6. És tu, Rio Branco? E ele respondeu: Não o sou. És tu profeta? E ele respondeu: Não. Disseram-lhe então: Quem és tu logo, para que possamos dar resposta aos chefes que nos enviaram?
7. Disse-lhes: Eu sou a voz do que clama no deserto. Endireitai o caminho do poder, porque aí vem o João Alfredo.

---

[31] Esta crônica foi escrita no calor da hora dos acontecimentos de 13 de maio e publicada na única edição da *Imprensa Fluminense*, que reuniu contribuições de diversos jornalistas e homens de letras da época em comemoração à vitória abolicionista. O texto está em *Dispersos de Machado de Assis*, de Jean-Michel Massa, e no volume *Bons Dias!* publicado por John Gledson.

[32] Mais uma vez, o escritor-caramujo vale-se da dissimulação, neste caso para comentar de forma irônica a vitória dos abolicionistas. A paródia do discurso bíblico vem a propósito da missa mandada celebrar pela princesa Isabel no Campo de São Cristóvão em 17 de maio, como parte da grande sequência de festejos que tomou conta da capital naquela semana.

[33] Segundo John Gledson, Antônio da Silva Prado (1840-1929) foi "importante político paulista, que mudou de posição em 1887, passando do combate à abolição ao reconhecimento de sua necessidade." Acrescenta que essa guinada foi decisiva para a queda do governo pró-escravista do Barão de Cotegipe. (In: MACHADO DE ASSIS: 1990, 65, nota 4)

8. Estas coisas passaram-se no Senado, da banda de além do Campo da Aclamação, esquina da Rua do Areal.

9. No dia seguinte, viu Antônio Prado a João Alfredo, que vinha para ele, depois de guardar o chapéu no cabide dos senadores, e disse: Eis aqui o que há de tirar os escravos do mundo. Este é o mesmo de quem eu disse: Depois de mim virá um homem que me será preferido, porque era antes de mim.

10. Passados meses, aconteceu que o espírito da Regente veio pairar sobre a cabeça de João Alfredo, e Cotegipe deixou o poder executivo e o poder executivo passou a João Alfredo.

11. E João Alfredo, indo para a Galileia, que é no caminho de Botafogo, mandou dizer a Antônio Prado, que estava perto da Consolação: vem, que é sobre ti que edificarei a minha igreja.

12. Depois, indo a uma cela de convento, viu lá um homem por nome Ferreira Viana, o qual descansava de uma página de Agostinho, lendo outra de Cícero, e disse-lhe: Deixa esse livro e segue-me, que em breve te farei outro Cícero, não de romanos, mas de uma gente nova; e Ferreira Viana, despindo o hábito e envergando a farda, seguiu a João Alfredo.

13. Em caminho achou João Alfredo a Vieira da Silva, e perguntou-lhe: És tu maçom? E ele respondeu: Sou, mas posso dizer-te, pelo que tenho visto, que maçom e ministro de ordem terceira é a mesma pessoa. Disse-lhe então João Alfredo: Vem comigo; serás ministro da ordem primeira, e trabalharás pelo Céu.

14. Depois, vendo um homem que passava, disse João Alfredo: Vem aqui: não és Rodrigo Silva, que agricultavas a terra no tempo de Cotegipe? E Rodrigo respondeu: Tu o disseste. E tornou João Alfredo: Onde vai agora que parece abandonar-me? Vem comigo, e lavrarás a terra, e tratarás com os gentios, ao mesmo tempo, porque Antônio Prado vai a São Paulo, onde padecerá e donde voltará mais robusto.

15. Depois, vendo Tomás Coelho, homem justo, da tribo de Campos, disse: O Senhor Deus dos Exércitos manda que sejas ministro da

Guerra. E descobrindo Costa Pereira: Este é o que esteve comigo em 1871: eu o conheço; vem, serás também meu discípulo.

16. Unidos os sete, disse João Alfredo: Sabeis que vim libertar os escravos do mundo, e que esta ação nos há de trazer glória e amargura; estais dispostos a ir comigo?

17. E respondendo todos que sim, disse um deles por parábola, que no ponto em que estavam as coisas, melhor era cortar a perna que lavar a úlcera, pois a úlcera ia corrompendo o sangue.[34]

18. Mas, ficando João Alfredo pensativo, disseram os outros entre si: Que terá ele?

19. Então o mestre, ouvindo a pergunta, disse: Prevejo que há de haver uma consulta de sacerdotes e levitas, para ver se chegam a compor certo unguento, que os levitas aplicarão na úlcera; mas não temais nada, ele não será aplicado.

20. E como perguntassem alguns qual era a composição desse unguento, o discípulo Viana, mui lido nas escrituras, disse:

21. Está escrito no livro de *Elle Haddebarim,* também chamado *Deuteronômio,* que quando o escravo tiver servido seis anos, no sétimo ano o dono o deixe ir livre, e não com as mãos abanando, senão com um alforje de comida e bebida. Este é de certo o unguento lembrado, menos talvez o alforje e os seis anos.

22. E acudiu João Alfredo: Tu o disseste: três anos bastam aos levitas e sacerdotes, mas a úlcera é que não espera.

23. Ora pois vinde e falemos a verdade aos homens.

24. E, tendo a Regente abençoado a João e seus discípulos, foram estes para as câmaras, onde apresentaram o projeto de lei, que, depois de algumas palavras duras e outras cálidas de entusiasmo, foi aprovado no meio de flores e aclamações.

---

[34] Aqui o texto alude à tardia compreensão que as elites do Império tiveram do amplo processo de insubordinação em curso no meio rural, com fugas em massa, que provocavam tanto a desorganização da produção quanto a concessão (algo forçada) de grande número de alforrias. (Cf. AZEVEDO, 1987).

25. A Regente, que esperava a lei nova, assinou com sua mão delicada e superna.
26. E toda a terra onde chegava a palavra da Regente, de João Alfredo e dos seus discípulos, levantou brados de contentamento, e os próprios senhores de escravos a ouviam com obediência.
27. Menos no Bacabal, província do Maranhão, onde alguns homens declararam que a lei não valia nada, e, pegando no azorrague, castigaram os seus escravos cujo crime nessa ocasião era unicamente haver sido votada uma lei, de que eles não sabiam nada; e a própria autoridade se ligou com esses homens rebeldes.
28. Vendo isto, disse um sisudo de Babilônia, por outro nome Carioca: Ah! Se estivessem no Maranhão alguns ex-escravos daqui, que depois de livres, compraram também escravos, quão menor seria a melancolia desses que são agora duas coisas ao mesmo tempo, ex-escravos e ex-senhores. Bem diz o *Eclesiastes:* Algumas vezes tem o homem domínio sobre outro homem para desgraça sua. O melhor de tudo, acrescento eu, é possuir-se a gente a si mesmo.

BOAS NOITES.
(*Imprensa Fluminense*, 20-21 de maio de 1888)

BONS DIAS!

Cumpre não perder de vista o meteorólito de Bendegó. Enquanto toda a nação bailava e cantava, delirante de prazer pela grande lei da abolição, o meteorólito de Bendegó vinha andando, vagaroso, silencioso e científico, ao lado do Carvalho.[35]

– Carvalho, dizia ele provavelmente ao companheiro de jornada, que rumores são estes ao longe?

E ouvindo a explicação, não retorquira nada, e pode ser até que sorrisse, pois é natural que nas regiões donde veio, tivesse testemunhado muitos cativeiros e muitas abolições. Quem sabe lá o que vai pelos vastos intermúndios de Epicuro e seus arrabaldes?

Vinha andando, vagaroso, silencioso, científico, ao lado do Carvalho.

– Carvalho, perguntou ainda, falta muito para chegar ao Rio de Janeiro? Estou já aborrecido, não da sua companhia, mas da caminhada. Você sabe que nós, lá em cima, andamos com a velocidade de mil raios; aqui nestas ridículas estradas de ferro, a jornada é de matar. Mas espera, parece que estou vendo uma cidade...

– É a Bahia, a capital da província.

Chegaram à capital, onde um grupo de homens corria para uma casa, com ar espantado, preocupado, ou como melhor nome haja em fisionomia, que não tenho tempo de ir ao dicionário. Esses homens eram os vereadores. Iam reunir-se extraordinariamente, para saber se embargariam ou não a saída do meteorólito.

Até então não trataram do negócio, por um princípio de respeito ao governo central. O governo central ordenara o transporte e as despesas; a Câmara

---

[35] Aqui, Machado se apropria da notícia em torno da queda do corpo celeste no interior da Bahia para comentar o contexto político da abolição. O meteorólito pesava mais de trinta toneladas e, segundo Gledson, "foi trazido até a Bahia por quarenta juntas de bois, que num momento ficaram atolados no leito do rio Bendegó, perto de Monte Santo." Acrescenta que "Carvalho é o comandante José Carlos de Carvalho (1847-?), chefe da expedição, e membro do da Sociedade Geográfica do Rio de Janeiro." (Idem, p. 70, nota 1).

Municipal, obediente, ficou esperando. Logo, porém, que o meteorólito chegou à capital, interveio outro princípio – o do direito provincial. Reuniu-se a câmara e examinou o caso.

Parece que o debate foi longo e caloroso. Uns disseram provavelmente que o meteorólito, tendo caído na Bahia, era da Bahia; outros, que vindo do céu, era de todos os brasileiros. Tal foi a questão controversa. Compreende-se bem que era preciso resolver primeiro esse ponto, para entrar na questão de saber se os meteorólitos entravam na ordem das atribuições reservadas às províncias. O debate foi afinal resumido e o voto da maioria contrário ao embargo; apenas dois vereadores votaram por este, segundo anunciou um telegrama.

E o meteorólito foi chegando, vagaroso, silencioso, científico, ao lado do Carvalho.

– Carvalho, disse ele, os que não quiserem embargar a minha saída são uns homens cruéis, Mas por que é que aqueles dois votaram pelo embargo?

– Questão de federalismo...

E o nosso amigo explicou o sentido desta palavra, e o movimento federalista que se está operando em alguns lugares do império. Mostrou-lhe até alguns projetos discutidos agora, para o fim de adotar a constituição dos Estados Unidos, sem fazer questão do chefe de Estado, que pode ser presidente ou imperador...

Aqui o meteorólito, sempre vagaroso e científico, piscou o olho ao Carvalho.

– Carvalho, disse ele, eu não sou doutor constitucional nem de outra espécie, mas palavra que não entendo muito essa constituição dos Estados Unidos com um imperador...

Cheio de comiseração, explicou-lhe o nosso amigo que as invenções constitucionais não eram para os beiços de um simples meteorólito; que a suposição de que o sistema dos Estados Unidos não comporta um chefe hereditário resulta de não atender à diferença do clima e outras. Ninguém se admira, por exemplo, de que lá se fale inglês e aqui português. Pois é a mesma coisa.

Entretanto, confessou o nosso amigo que, por algumas cartas recebidas, sabia que o que está na boca de muitas pessoas é um rumor de república ou coisa que o valha, que esta ideia anda no ar...

— *Noire? Aussi blanche qu'une autre.*
— *Tiens! Vous faites de calembours?*³⁶

— Que queria você que eu fizesse, retorquiu o meteorólito, metido naquelas brenhas de onde você me foi arrancar? Mas vamos lá, explique-me isso pelo miúdo.

E o nosso amigo não lhe ocultou nada; confiou-lhe que andam por aí ideias republicanas, e que há certas pessoas para quem o advento da república é certíssimo. Chegou a ler-lhe um artigo da *Gazeta Nacional,* em que se dizia que, se ela já estivesse estabelecida, acabada estaria há muitos anos a escravidão...

Nisto o meteorólito interrompeu o companheiro, para dizer que as duas coisas não eram incompatíveis: porque ele antes de ser meteorólito fora general nos Estados Unidos – e general do Sul, por ocasião da guerra de secessão, e lembra-se bem que os Estados Confederados, quando redigiram a sua constituição, declararam no preâmbulo: "A escravidão é a base da constituição dos Estados Confederados." Lembra-se também que o próprio Lincoln, quando subiu ao poder, declarou logo que não vinha abolir a escravidão...

— Mas é porque lá falam inglês, retorquiu o nosso amigo Carvalho; a questão é essa.

O meteorólito ficou pensativo; daí a um instante:

— Carvalho, que barulho é este?

— É a visita do Portela, presidente da província.

— Vamos recebê-lo, acudiu o meteorólito, cada vez mais vagaroso e científico.

BOAS NOITES.
(*Gazeta de Notícias,* 27 de maio de 1888)

---

³⁶ "– Negra? Tão branca como qualquer outra. / – Ora essa! Você faz trocadilhos?" Trad. nossa. Temos aqui outro exemplo da estratégia dissimuladora do escritor. Além de se esconder sob a "casca" protetora do pseudônimo, Machado utiliza o trocadilho propiciado pela inserção das frases em francês para implicitamente aludir à "República Negra" do Haiti, que tanto pavor causava nas elites do Império.

BONS DIAS!

Agora fale o senhor, que eu não tenho nada mais que lhe dizer. Já o saudei, graças à boa criação que Deus me deu, porque isto de criação se a natureza não ajuda, é escusado trabalho humano. Eu, em menino fui sempre um primor de educação. Criou-me uma ama escrava; e, apesar de escrava e ama, nunca lhe pus a boca no seio para mamar, que não lhe pedisse licença. Não estava em mim; às vezes, dizia comigo:

— Mas, Policarpo, tu tens direito a ser aleitado, e depois é obrigação da escrava alugada. Em vão chorava, a Florinda corria, desabotoava o corpinho, punha o seio de fora, e eu, por mais fome que tivesse; não lhe pegava sem pedir licença. Pedia por gesto; parece que era um gesto de olhos...[37]

Aos cinco anos (era em 1831), como já sabia ler, davam-nos no colégio *A Pátria*, pouco antes fundada pelo Sr. Carlos Bernardino de Moura, com as mesmas doutrinas políticas que ainda hoje sustenta. A minha alma que nunca se deu com política, dormia que era um gosto; mas os olhos não, esses iam por ali fora, risonhos, aprobatórios.

Agora mesmo, lendo naquela folha que o governo é que deu o dinheiro com que os jornais fizeram as festas abolicionistas, pensam que, se tivesse de explicar-me, fá-lo-ia como a comissão da imprensa? Não; seria grosseiro. Nunca se deve desmentir ninguém. Eu diria que sim, que era verdade, que o governo tinha pago tudo, as festas e uns aluguéis atrasados da casa do Sousa Ferreira; que para isso mesmo é que fora contratado o último empréstimo em Londres, que o Serzedelo, à custa do mesmo dinheiro, tinha reformado o pau moral; que as botinas novas do Pederneiras não tinham outra origem; e que o nosso amigo e

---

[37] Transcorridas pouco mais de duas semanas da assinatura da Lei Áurea, a abolição é ainda o assunto do momento. E, apesar do fato consumado, o escritor permanece com sua estratégia dissimuladora, seja não assinando o texto, seja criando nomes fictícios, como este "Policarpo" que aqui aparece. O disfarce de autoria se completa com o "BOAS NOITES." que encerra a crônica.

chefe José Telha, precisando de uma casaca para ir ao Coquelin, é que se meteu naquelas manifestações. O redator ouvia tudo satisfeito; e no dia seguinte começava assim o editorial: "Conforme havíamos previsto" (o resto como em 1844).[38]

Podia citar casos honrosíssimos, como prova de boa criação. Um deles nunca me há de esquecer, e é fresquinho.

Estando há dias a almoçar com alguns amigos, percebi que alguma coisa os amargurava. Não gosto de caras tristes, como não gosto delas alegres; – um meio-termo entre o Caju e o Recreio Dramático é o que vai comigo. Senão quando, com um modo delicado, perguntei o que é que tinham. Calaram-se; eu, como manda a boa criação, calei-me também e falei de outra coisa. Foi o mesmo que se os convidasse a pôr tudo em pratos limpos. Tratando-se de meu almoço, era condição primordial.

Um dos convivas confessou que no meio das festas abolicionistas não aparecia o seu nome, outro que era o dele que não aparecia, outro que era o dele, e todos que os deles. Aqui é que eu quisera ser um homem malcriado. O mesmo que diria a todos, é que eles tanto trabalharam para a abolição dos escravos, como para a destruição de Nínive, ou para a morte de Sócrates... Eu, com uma sabedoria só comparável à deste filósofo, respondi que a história era um livro aberto, e a justiça a perpétua vigilante. Um dos convivas, dado a frases, gostou da última, pediu outra e um cálice de Alicante. Respondi, servindo o vinho, que as reparações póstumas eram mais certas que a vida, e mais indestrutíveis que a morte. Da primeira vez fui vulgar, da segunda creio que obscuro; de ambas sublime e bem criado.

Em linguagem chã, todos eles queriam ir à Glória sem pagar o *bond*; creio que fiz um trocadilho. De mim, confesso que lá iria, se pudesse, com a mesma economia; mas, não havendo outro meio, pago o tostãozinho, e paro à porta do Clube Beethoven, que anda agora em tais alturas, que já foi citado pela boca de eminente cidadão... Hão de concordar que este período vai um pouco embrulhado, mas não devo desembrulhá-lo; seria constipar a minha ideia.

---

[38] Neste parágrafo, "Policarpo" faz referência a nomes de conhecidos abolicionistas, como Serzedelo Correia, ou ainda ao pseudônimo com que o também abolicionista Ferreira de Araújo, diretor da *Gazeta de Notícias*, assinava suas crônicas (José Telha). Tudo isto para ironizar as acusações de financiamento governamental aos partidários da emancipação.

Podia citar outros muitos casos de boa criação, realmente exemplares. Nunca dei piparotes nas pessoas que não conheço, não limpo a mão à parede, não vou bugiar, que é ofício feio, e ando sempre com tal cautela, que não piso os calos aos vizinhos. Tiro o chapéu, como fiz agora ao leitor; e dei-lhe os *bons dias* do costume. Creio que não se pode exigir mais. Agora, o leitor que diga alguma cousa, se está para isso, ou não diga nada, e

BOAS NOITES.
(*Gazeta de Notícias*, 1º de junho de 1888)

BONS DIAS!

Eu, se tivesse crédito na praça, pedia emprestados a casamento uns vinte contos de réis, e ia comprar libertos. Comprar libertos não é expressão clara; por isso continuo.

Conhece o leitor um livro do célebre Gógol, romancista russo, intitulado *Almas Mortas?* Suponhamos que não conhece, que é para eu poder expor a semente da minha ideia. Lá vai em duas palavras.

Chamam-se *almas* os campônios que lavram as terras de um proprietário, e pelos quais, conforme o número, paga este uma taxa ao Estado. No intervalo do lançamento do imposto, morrem alguns campônios e nascem outros. Quando há *déficit,* como o proprietário tem de pagar o número registrado, primeiro que se faça outro recenseamento, chamam-se *almas mortas* os campônios que faltam.

Tchitchikof, um espertalhão da minha marca, ou talvez maior, lembra-se de comprar as *almas mortas* de vários proprietários. Bom negócio para os proprietários, que vendiam defuntos ou simples nomes, por dez-réis de mel coado. Tchitchikof, logo que arranjou umas mil *almas mortas,* registrou-as como vivas; pegou dos títulos do registro, e foi ter a um Monte de Socorro, que, à vista dos papéis legais, adiantou ao suposto proprietário uns 200.000 rublos; Tchitchikof meteu-os na mala e fugiu para onde a polícia russa o não pudesse alcançar.

Creio que entenderam; vejam agora o meu plano, que é tão fino como esse, e muito mais honesto. Sabem que a honestidade é como a chita; há de todo o preço, desde meia pataca.

Suponha o leitor que possuía duzentos escravos no dia 12 de maio, e que os perdeu com a lei de 13 de maio. Chegava eu ao seu estabelecimento, e perguntava-lhe:

— Os seus libertos ficaram todos?

— Metade só; ficaram cem. Os outros cem dispersaram-se; consta-me que andam por Santo Antônio de Pádua.

— Quer o senhor vender-mos?

Espanto do leitor; eu, explicando:

— Vender-mos todos, tanto os que ficaram, como os que fugiram.

O leitor assombrado:

— Mas, senhor, que interesse pode ter o senhor...

— Não lhe importe isso. Vende-mos?

— Libertos não se vendem.

— É verdade, mas a escritura de venda terá a data de 29 de abril; nesse caso, não foi o senhor que perdeu os escravos, fui eu. Os preços marcados na escritura serão os da tabela da lei de 1885; mas eu realmente não dou mais de dez mil-réis por cada um.

Calcula o leitor:

— Duzentas cabeças a dez mil-réis são dois contos. Dois contos por sujeitos que não valem nada, porque já estão livres, é um bom negócio.

Depois refletindo:

— Mas, perdão, o senhor leva-os consigo?

— Não, senhor: ficam trabalhando para o senhor; eu só levo a escritura.

— Que salário pede por eles?

— Nenhum, pela minha parte, ficam trabalhando de graça. O senhor pagar-lhes-á o que já paga.

Naturalmente, o leitor, à força de não entender, aceitava o negócio. Eu ia a outro, depois a outro, depois a outro, até arranjar quinhentos libertos, que é até onde podiam ir os cinco contos emprestados; recolhia-me à casa, e ficava esperando.

Esperando o quê? Esperando a indenização, com todos os diabos! Quinhentos libertos, a trezentos mil-réis, termo médio, eram cento e cinquenta contos; lucro certo: cento e quarenta e cinco.

Porquanto, isto de indenização, dizem uns que pode ser que sim, outros que pode ser que não; é por isso que eu pedia o dinheiro a casamento. Dado que sim, pagava e casava (com a leitora, por exemplo); dado que não, ficava solteiro e não perdia nada, porque o dinheiro era de outro. Confessem que era um bom negócio.

Eu até desconfio que há já quem faça isto mesmo, com a diferença de ficar com os libertos. Sabem que no tempo da escravidão, os escravos eram anunciados com muitos qualificativos honrosos, perfeitos cozinheiros, ótimos copeiros, etc. Era, com outra fazenda, o mesmo que fazem os vendedores, em geral: superiores morins, lindas chitas, soberbos cretones. Se os cretones, as chitas e os escravos se anunciassem, não poderiam fazer essa justiça a si mesmos.

Ora, li ontem um anúncio em que se oferece a aluguel, não me lembra em que rua, – creio que na do Senhor dos Passos, – uma insigne engomadeira. Se é falta de modéstia, eis aí um dos tristes frutos da liberdade; mas se é algum sujeito que já se me antecipou... Larga Tchitchikof de meia tigela! Ou então vamos fazer o negócio a meias.[39]

BOAS NOITES.
(*Gazeta de Notícias*, 26 de junho de 1888)

---

[39] Nesta crônica, Machado cria um personagem espertalhão para tocar num assunto bastante discutido à época: a proposta de indenização governamental aos antigos senhores. Para tanto, toma de empréstimo as estripulias do personagem do romance de Gogol, a fim de evidenciar as possibilidades reais de fraudes que poderiam ocorrer. Mais uma vez, o autor vale-se do humor e da sátira para desqualificar as ideias e posições políticas dos conservadores. Ao fim e ao cabo, a proposta foi derrotada na Câmara, mas ainda circulou por um tempo na imprensa, o que demonstra a permanência do poder político da classe senhorial.

A SEMANA

Não há abertura de Congresso Nacional, não há festa de Treze de Maio, que resista a uma adivinhação. A sessão legislativa era esperada com ânsia e será acompanhada com interesse. A festa de Treze de Maio comemorava uma página da história, uma grande, nobre e pacífica revolução, com este pico de ser descoberta uma preta Ana ainda escrava, em uma casa de S. Paulo. Após quatro anos de liberdade, é de se lhe tirar o chapéu. Epimênides também dormiu por longuíssimos anos, e quando acordou já corria outra moeda; mas dormia sem pancadas. A preta Ana dormiu na escravidão, não sabendo até ontem que estava livre; mas como o sono da escravidão só se prolonga com a dormideira do chicote, a preta Ana, para não acordar e saber casualmente que a liberdade recomeçara, bebia de quando em quando a miraculosa poção. O caso produziu imenso abalo; o telégrafo transmitiu a notícia e todos os nomes.[40]

[...]

(*Gazeta de Notícias*, 15 de maio de 1892)

---

[40] Crônica ausente da *Obra completa* da Nova Aguillar, integra a edição de *A Semana* organizada por John Gledson. O crítico transcreve em nota o informe publicado na *Gazeta de Notícias* na edição do dia anterior: "A família Ramalho (...) conservara até hoje no cativeiro uma infeliz preta de nome Ana, que vivia em casa de sua senhora, quase incomunicável. (...) Depois que saiu, disse que desconhecia a liberdade, que ainda se julgava escrava, que sofria castigos de seus senhores quando não obedecia às suas ordens". (*A Semana*, crônicas (1892-1893), nota 2, p. 57, 1996).

A SEMANA

Não tendo assistido à inauguração dos bondes elétricos, deixei de falar neles. Nem sequer entrei em algum, mais tarde, para receber as impressões da nova tração e contá-las. Daí o meu silêncio da outra semana. Anteontem, porém, indo pela Praia da Lapa, em um bonde comum, encontrei um dos elétricos, que descia. Era o primeiro que estes meus olhos viam andar.

Para não mentir, direi que o que me impressionou, antes da eletricidade, foi o gesto do cocheiro. Os olhos do homem passavam por cima da gente que ia no meu bonde, com um grande ar de superioridade. Posto não fosse feio, não eram as prendas físicas que lhe davam aquele aspecto. Sentia-se nele a convicção de que inventara, não só o bonde elétrico, mas a própria eletricidade. Não é meu ofício censurar essas meias glórias, ou glórias de empréstimo, como lhe queiram chamar espíritos vadios. As glórias de empréstimo, se não valem tanto como as de plena propriedade, merecem sempre algumas mostras de simpatia. Para que arrancam um homem a essa agradável sensação? Que tenho para lhe dar em troca?

Em seguida, admirei a marcha lenta do bonde, deslizando como os barcos dos poetas, ao sopro da brisa invisível e amiga. Mas, como íamos em sentido contrário, não tardou que nos perdêssemos de vista, dobrando ele para o Largo da Lapa e Rua do Passeio, e entrando eu na Rua do Catete. Nem por isto o perdi de memória. A gente do meu bonde ia saindo aqui e ali, outra gente entrava adiante e eu pensava no bonde elétrico. Assim fomos seguindo; até que, perto do fim da linha e já noite, éramos só três pessoas, o condutor, o cocheiro e eu. Os dois cochilavam, eu pensava.

De repente ouvi vozes estranhas; pareceu-me que eram os burros que conversavam, inclinei-me (ia no banco da frente); eram eles mesmos. Como eu conheço um pouco a língua dos Houyhnhnms, pelo que dela conta o famoso Gulliver, não me foi difícil apanhar o diálogo. Bem sei que cavalo não é burro;

mas reconheci que a língua era a mesma. O burro fala menos, decerto; é talvez o trapista daquela grande divisão animal, mas fala. Fiquei inclinado e escutei:

— Tens e não tens razão, respondia o da direita ao da esquerda.

O da esquerda:

— Desde que a tração elétrica se estenda a todos os bondes, estamos livres, parece claro.

— Claro parece; mas entre parecer e ser, a diferença é grande. Tu não conheces a história da nossa espécie, colega; ignoras a vida dos burros desde o começo do mundo. Tu nem refletes que, tendo o salvador dos homens nascido entre nós, honrando a nossa humildade com a sua, nem no dia de Natal escapamos da pancadaria cristã. Quem nos poupa no dia, vinga-se no dia seguinte.

— Que tem isso com a liberdade?

— Vejo, redarguiu melancolicamente o burro da direita, que há muito homem nessa cabeça.

— Como assim? Bradou o burro da esquerda estancando o passo. O cocheiro, entre dois cochilos, juntou as rédeas e golpeou a parelha.

— Sentiste o golpe? Perguntou o animal da direita. Fica sabendo que, quando os bondes entraram nesta cidade, vieram com a regra de se não empregar chicote. Espanto universal dos cocheiros: onde é que se viu burro andar sem chicote? Todos os burros desse tempo entoaram cânticos de alegria e abençoaram a ideia dos trilhos, sobre os quais os carros deslizariam naturalmente. Não conheciam o homem.

— Sim, o homem imaginou um chicote, juntando as duas pontas das rédeas. Sei bem que, em certos casos, usa um galho de árvore ou uma vara de marmeleiro.

— Justamente. Aqui acho razão ao homem. Burro magro não tem força; mas, levando pancada, puxa. Sabes o que a diretoria mandou dizer ao antigo gerente Shannon? Mandou isto: "Engorde os burros, dê-lhes de comer, muito capim, muito feno, traga-os fartos, para que se afeiçoem ao serviço; oportunamente mudaremos de política, *all right!*"

— Disso não me queixo eu. Sou de poucos comeres; e quando menos trabalho, quando estou repleto. Mas que tem capim com nossa liberdade, depois do bonde elétrico?

— O bonde elétrico nos fará apenas mudar de senhor.

— De que modo?

— Nós somos bens da companhia. Quando tudo andar por arames, não somos já precisos, vendem-nos. Passamos naturalmente às carroças.

— Pela burra de Balaão! Exclamou o burro da esquerda. Nenhuma aposentadoria? nenhum prêmio? nenhum sinal de gratificação? Oh, mas onde está a justiça deste mundo?

— Passaremos às carroças — continuou o outro pacificamente — onde a nossa vida será um pouco melhor; não que nos falte pancada, mas o dono de um só burro sabe mais o que ele lhe custou. Um dia, a velhice, a lazeira, qualquer coisa que nos torne incapaz, restituir-nos-á a liberdade...

— Enfim!

— Ficaremos soltos, na rua, por pouco tempo, arrancando alguma erva que aí deixem crescer para recreio da vista. Enfraqueceremos; a idade ou a lazeira ir-nos-á matando, até que, para usar essa metáfora humana, esticaremos a canela. Então teremos a liberdade de apodrecer. Ao fim de três dias, a vizinhança começa a notar que o burro cheira mal; conversação e queixumes. No quarto dia, um vizinho, mais atrevido, corre aos jornais, conta o fato e pede uma reclamação. No quinto dia sai a reclamação impressa. No sexto dia, aparece um agente, verifica a exatidão da notícia; no sétimo, chega uma carroça, puxada por outro burro, e leva o cadáver.

Seguiu-se uma pausa.

— Tu és lúgubre, disse o burro da esquerda. Não conheces a língua da esperança.

— Pode ser, meu colega; mas a esperança é própria das espécies fracas, como o homem e o gafanhoto; o burro distingue-se pela fortaleza sem par. A nossa raça é essencialmente filosófica. Ao homem que anda sobre dois pés, e provavelmente à águia, que voa alto, cabe a ciência da astronomia. Nós nunca seremos astrônomos; mas a filosofia é nossa. Todas as tentativas humanas a este respeito são perfeitas quimeras. Cada século...

O freio cortou a frase do burro, porque o cocheiro encurtou as rédeas, e travou o carro. Tínhamos chegado ao ponto terminal. Desci e fui mirar os dois interlocutores. Não podia crer que fossem eles mesmos. Entretanto, o cocheiro e o condutor cuidaram de desatrelar a parelha para levá-la ao outro lado do carro; aproveitei a ocasião e murmurei baixinho entre os dois burros:

– *Houyhnhnms!*

Foi um choque elétrico. Ambos deram um estremeção, levantaram as patas e perguntaram-me cheios de entusiasmo:

– Que homem és tu, que sabes a nossa língua?

Mas o cocheiro, dando-lhes de rijo na lambada, bradou para mim, que lhe não espantasse os animais. Parece que a lambada devera ser em mim, se era eu que espantava os animais; mas como dizia o burro da esquerda, ainda agora: – Onde está a justiça deste mundo?[41]

(*Gazeta de Notícias*, 16 de outubro de 1892)

---

[41] Machado se apropria da linguagem do apólogo e, através dos burros falantes, reflete sobre a liberdade e as condições de vida dos trabalhadores braçais, entre eles os ex-escravizados, perante a modernização tecnológica que então chegava ao país. Elizângela Lopes (2007) faz instigante abordagem desta crônica lendo os burros como alegoria dos escravizados recém-libertos e submetidos ao rigor das leis do mercado de trabalho capitalista.

A SEMANA

[...]

Há fatos mais extraordinários que a desolação de Babilônia. Há o fato de um preto de Uberaba, que, fugindo agora da casa do antigo senhor, veio a saber que estava livre desde 1888, pela lei da abolição. Faz lembrar o velho adágio inglês: "Esta cabana é pobre, está toda esburacada; aqui entra o vento, entra a chuva, entra a neve, mas não entra o rei." O rei não entrou na casa do ex-senhor de Uberaba, nem o presidente da República. O que completa a cena, é que uns oito homens armados foram buscar o João (chama-se João) à casa do engenheiro Tavares, onde achara abrigo. Que ele fosse agarrado, arrastado e espancado pelas ruas, não acredito; são floreios telegráficos. Ainda se fosse de noite, vá; mas às 2 horas da tarde... Creio antes que a polícia prendesse já dois dos sujeitos armados e esteja procedendo com energia. Agora, se a energia irá até o fim, é o que não posso saber, porque (emendemos aqui o nosso Schiller) os belos dias de Aranjuez ainda não acabaram.

Renunciar ao escravo é um crime, terá dito o senhor de Uberaba, e já é outro voto para a opinião do nosso intendente. Também os mortos não renunciaram ao seu direito de voto, como parece que sucedeu na eleição da junta comercial. Vieram os mortos, pontuais como na balada, e sem necessidade de tambor. Bastou a voz da chamada; ergueram-se, derrubaram a laje do sepulcro e apresentaram-se com a cédula escrita. Se assinaram o livro de presença, ignoro; a letra devia ser trêmula, – trêmula, mas bem-pensante.

Quem me parece que renuncia, sem admitir que comete um crime, é o Senhor Deus Sabbaoth, três vezes santo, criador do céu e da terra. Consta-me que abandonou completamente este mundo, desgostoso da obra, e que o passou ao diabo pelo custo. O diabo pretende organizar uma sociedade anônima, dividindo a propriedade em infinitas ações e prazo eterno. As ações, que ele dirá nos anúncios serem excelentes, mas que não podem deixar de ser execráveis, conta vendê-las com grande ágio. Há quem presuma que ele fuja com a caixa para outro planeta, deixando o nosso sem diabo nem Deus. Outros pensam que ele reformará o mundo, contraindo um empréstimo com Deus, sem lhe pagar um ceitil. Adeus, boas saídas do outro e melhores entradas deste.[42]

(*Gazeta de Notícias*, 1º de janeiro de 1893)

---

[42] Também ausente da *Obra completa* da Nova Aguillar, esta crônica está na edição de John Gledson. Nos parágrafos iniciais, Machado refere-se ao incidente ocorrido no conselho municipal do Rio de Janeiro e critica a posse de três intendentes, que, diante de um impasse jurídico, ocuparam os cargos alegando ser a renúncia "um crime". Em seguida, destaca o episódio do escravizado de Uberaba e alude à fraude na eleição da Junta Comercial, para se referir alegoricamente à anomia em que estava mergulhado o país nos primeiros tempos da República. O parágrafo final remete ainda à orgia de escândalos financeiros que grassavam naquele momento de desordem institucional.

A SEMANA

Ontem de manhã, descendo ao jardim, achei a grama, as flores e as folhagens transidas de frio e pingando. Chovera a noite inteira; o chão estava molhado, o céu feio e triste, e o Corcovado de carapuça. Eram seis horas; as fortalezas e os navios começaram a salvar pelo quinto aniversário do Treze de Maio. Não havia esperanças de sol; e eu perguntei a mim mesmo se o não teríamos nesse grande aniversário. É tão bom poder exclamar: "Soldados, é o sol de Austerlitz!" O sol é, na verdade, o sócio natural das alegrias públicas; e ainda as domésticas, sem ele, parecem minguadas.

Houve sol, e grande sol, naquele domingo de 1888, em que o Senado votou a lei, que a regente sancionou, e todos saímos à rua. Sim, também eu saí à rua, eu o mais encolhido dos caramujos, também eu entrei no préstito, em carruagem aberta, se me fazem favor, hóspede de um gordo amigo ausente; todos respiravam felicidade, tudo era delírio. Verdadeiramente, foi o único dia de delírio público que me lembra ter visto.[43] Essas memórias atravessavam-me o espírito, enquanto os pássaros trinavam os nomes dos grandes batalhadores e vencedores, que receberam ontem nesta mesma coluna da *Gazeta* a merecida glorificação. No meio de tudo, porém, uma tristeza indefinível. A ausência do sol coincidia com a do povo? O espírito público tornaria à sanidade habitual?

Chegaram-me os jornais. Deles vi que uma comissão da sociedade, que tem o nome de Rio Branco, iria levar à sepultura deste homem de Estado uma coroa de louros e amores-perfeitos. Compreendi a filosofia do ato; era relembrar o primeiro tiro vibrado na escravidão. Não me dissipou a melancolia. Imaginei ver a comissão entrar modestamente pelo cemitério, desviar-se de um enterro obscuro, quase anônimo, e ir depor piedosamente a coroa na sepultura do vencedor de

---

[43] Nesta passagem, o autor, além de explicitar o modo dissimulado com que muitas vezes combateu a escravidão, assume abertamente sua integração ao júbilo popular ocorrido quando da assinatura da Lei Áurea.

1871. Uma comissão, uma grinalda. Então lembraram-me outras flores. Quando o Senado acabou de votar a lei de 28 de setembro, caíram punhados de flores das galerias e das tribunas sobre a cabeça do vencedor e dos seus pares. E ainda me lembraram outras flores...

Estas eram de climas alheios. *Primrose day!*

Oh! se pudéssemos ter um *primrose day!* Esse dia de primavera é consagrado à memória de Disraeli pela idealista e poética Inglaterra. É o da sua morte, há treze anos. Nesse dia, o pedestal da estátua do homem de Estado e romancista é forrado de seda e coberto de infinitas grinaldas e ramalhetes. Dizem que a primavera era a flor da sua predileção. Daí o nome do dia. Aqui estão jornais que contam a festa de 19 do mês passado. *Primrose day!* Oh! quem nos dera um *primrose day!* Começaríamos, é certo, por ter os pedestais.

Um velho autor da nossa língua, – creio que João de Barros; não posso ir verificá-lo agora; ponhamos João de Barros. Este velho autor fala de um provérbio que dizia: "os italianos governam-se pelo passado, os espanhóis pelo presente e os franceses pelo que há de vir." E em seguida dava "uma represnão de pena à nossa Espanha", considerando que Espanha é toda a península, e só Castela é Castela. A nossa gente, que dali veio, tem de receber a mesma repreensão de pena; governa-se pelo presente, tem o porvir em pouco, o passado em nada ou quase nada. Eu creio que os ingleses resumem as outras três nações.

Temo que o nosso regozijo vá morrendo, e a lembrança do passado com ele, e tudo se acabe naquela frase estereotipada da imprensa nos dias da minha primeira juventude. Que eram afinal as festas da independência? Uma parada, um cortejo, um espetáculo de gala. Tudo isso ocupava duas linhas, e mais estas duas: as fortalezas e os navios de guerra nacionais e estrangeiros surtos no porto deram *as salvas de estilo.* Com este pouco, e certo, estava comemorado o grande ato da nossa separação da metrópole.

Em menino, conheci de vista o Major Valadares; morava na Rua Sete de Setembro, que ainda não tinha este título, mas o vulgar nome de Rua do Cano. Todos os anos, no dia 7 de setembro, armava a porta da rua com cetim verde e amarelo, espalhava na calçada e no corredor da casa *folhas da Independência,* reunia amigos, não sei se também música, e comemorava assim o dia nacional. Foi o último abencerragem. Depois ficaram as salvas do estilo.

Todas essas minhas ideias melancólicas bateram as asas à entrada do sol, que afinal rompeu as nuvens, e às três horas governava o céu, salvo alguns trechos onde as nuvens teimavam em ficar. O Corcovado desbarretou-se, mas com tal fastio, que se via bem ser obrigação de vassalo, não amor da cortesia, menos ainda amizade pessoal ou admiração. Quando tornei ao jardim, achei as flores enxutas e lépidas. Vivam as flores! Gladstone não fala na Câmara dos Comuns sem levar alguma na sobrecasaca; o seu grande rival morto tinha o mesmo vício. Imaginai o efeito que nos faria Rio Branco ou Itaboraí com uma rosa ao peito, discutindo o orçamento, e dizei-me se não somos um povo triste.

Não, não. O triste sou eu. Provavelmente má digestão. Comi favas, e as favas não se dão comigo. Comerei rosas ou primaveras, e pedir-vos-ei uma estátua e uma festa que dure, pelo menos, dois aniversários. Já é demais para um homem modesto.

Gazeta de Notícias, 14 de maio de 1893

A SEMANA

Entre tais e tão tristes casos da semana, como o terremoto de Venezuela, a queda do Banco Rural e a morte do sineiro da Glória, o que mais me comoveu foi o do sineiro.

Conheci dois sineiros na minha infância, aliás três, – o *Sineiro de S. Paulo*, drama que se representava no Teatro S. Pedro, – o sineiro da *Notre Dame de Paris*, aquele que fazia um só corpo, ele e o sino, e voavam juntos em plena Idade Média, e um terceiro, que não digo, por ser caso particular. A este, quando tornei a vê-lo, era caduco. Ora, o da Glória, parece ter lançado a barra adiante de todos.

Ouvi muita vez repicarem, ouvi dobrarem os sinos da Glória, mas estava longe absolutamente de saber quem era o autor de ambas as falas. Um dia cheguei a crer que andasse nisso eletricidade. Esta força misteriosa há de acabar por entrar na igreja e já entrou, creio eu, em forma de luz. O gás também já ali se estabeleceu. A igreja é que vai abrindo a porta às novidades, desde que a abriu à cantora de sociedade ou de teatro, para dar aos solos a voz de soprano, quando nós a tínhamos trazida por D. João VI, sem despir-lhe as calças. Conheci uma dessas vozes, pessoa velha, pálida e desbarbada; cantando, parecia moça.

O sineiro da Glória é que não era moço. Era um escravo, doado em 1853 àquela igreja, com a condição de a servir dois anos. Os dois anos acabaram em 1855, e o escravo ficou livre, mas continuou o ofício. Contem bem os anos, quarenta e cinco, quase meio século, durante os quais este homem governou uma torre. A torre era dele, dali regia a paróquia e contemplava o mundo.

Em vão passavam as gerações, ele não passava. Chamava-se João. Noivos casavam, ele repicava às bodas; crianças nasciam, ele repicava ao batizado; pais e mães morriam, ele dobrava aos funerais. Acompanhou a história da cidade. Veio a febre amarela, o *cólera-mórbus*, e João dobrando. Os partidos subiam ou caíam, João dobrava ou repicava, sem saber deles. Um dia começou a guerra do

Paraguai, e durou cinco anos; João repicava e dobrava, dobrava e repicava pelos mortos e pelas vitórias. Quando se decretou o ventre livre das escravas, João é que repicou. Quando se fez a abolição completa, quem repicou foi João. Um dia proclamou-se a República, João repicou por ela, e repicaria pelo Império, se o Império tornasse.

Não lhe atribuas inconsistência de opiniões; era o ofício. João não sabia de mortos nem de vivos; a sua obrigação de 1853 era servir à Glória, tocando os sinos, e tocar os sinos, para servir à Glória, alegremente ou tristemente, conforme a ordem. Pode ser até que, na maioria dos casos, só viesse a saber do acontecimento depois do dobre ou do repique.

Pois foi esse homem que morreu esta semana, com oitenta anos de idade. O menos que lhe podiam dar era um dobre de finados, mas deram-lhe mais; a Irmandade do Sacramento foi buscá-lo à casa do vigário Molina para a igreja, rezou-se-lhe um responso e levaram-no para o cemitério, onde nunca jamais tocará sino de nenhuma espécie; ao menos, que se ouça deste mundo.[44]

[...]

(*Gazeta de Notícias*, 4 de novembro de 1897)

---

[44] Tanto esta quanto a crônica anterior foram publicadas anonimamente. Lembra Gledson (1996, p. 13), no entanto, não estar o autor empenhado em disfarçar a autoria desses escritos, como se pode comprovar pelas alusões ao seu nome como autor da série "A Semana", recolhidas pelo crítico em jornais da época.

Crítica teatral

Mãe, José de Alencar[45]

ESCREVER crítica e crítica de teatro não e só uma tarefa difícil, é também uma empresa arriscada.

A razão é simples. No dia em que a pena, fiel ao preceito da censura, toca um ponto negro e olvida por momentos a estrofe laudatória, as inimizades levantam-se de envolta com as calúnias.

Então, a crítica aplaudida ontem é hoje ludibriada, o crítico vendeu-se, ou por outra, não passa de um ignorante a quem por compaixão se deu algumas migalhas de aplauso.

Esta perspectiva poderia fazer-me recuar ao tomar a pena do folhetim dramático, se eu não colocasse acima dessas misérias humanas a minha consciência e o meu dever. Sei que vou entrar numa tarefa onerosa; sei-o, porque conheço o nosso teatro, porque o tenho estudado materialmente; mas se existe uma recompensa para a verdade, dou-me por pago das pedras que encontrar em meu caminho.

Protesto desde já uma severa imparcialidade, imparcialidade de que não pretendo afastar-me uma vírgula; simples revista sem pretensão a oráculo, como será este folhetim, dar-lhe-ei um caráter digno das colunas em que o estampo. Nem azorrague, nem luva de pelica; mas a censura razoável, clara e franca, feita na altura da arte da crítica.

Estes preceitos, que estabeleço como norma do meu proceder, são um resultado das minhas ideias sobre a imprensa, e de há muito que condeno os ouropéis da letra redonda, assim como as intrigas mesquinhas, em virtude

---

[45] Publicada no *Diário do Rio de Janeiro*, seção "Revista Dramática", em 29 de março de 1860, quando o autor não havia ainda completado 21 anos.

de que muita gente subscreve juízos menos exatos e menos de acordo com a consciência própria.

Se faltar a esta condição que me imponho, não será um atentado voluntário contra a verdade, mas erro de apreciação.

As minhas opiniões sobre o teatro são ecléticas em absoluto. Não subscrevo, em sua totalidade, as máximas da escola realista, nem aceito, em toda a sua plenitude, a escola das abstrações românticas; admito e aplaudo o drama como forma absoluta do teatro, mas nem por isso condeno as cenas admiráveis de Corneille e de Racine.

Tiro de cada coisa uma parte, e faço o meu ideal de arte, que abraço e defendo.

Entendo que o belo pode existir mais revelado em uma forma menos imperfeita, mas não é exclusivo de uma só forma dramática. Encontro-o no verso valente da tragédia, como na frase ligeira e fácil com que a comédia nos fala ao espírito.

Com estas máximas em mão – entro no teatro. É este o meu procedimento; no dia em que me puder conservar nessa altura, os leitores terão um folhetim de menos, e eu mais um argumento de que – cometer empresas destas, não é uma tarefa para quem não tem o espírito de um temperamento superior.

Sirvam estas palavras de programa.

Se eu quisesse avaliar a nossa existência moral pelo movimento atual do teatro, perderíamos no paralelo.

Ou influência ou estação, ou causas estranhas, dessas que transformam as situações para dar nova direção às coisas, o teatro tem caminhado por uma estrada difícil e escabrosa.

Quem escreve estas palavras tem um fundo de convicção, resultado do estudo com que tem acompanhado o movimento do teatro; e tanto mais insuspeito, quanto que é um dos crentes mais sérios e verdadeiros desse grande canal de propaganda.

Firme nos princípios que sempre adotou, o folhetinista que desponta, dá ao mundo, como um colega de além-mar, o espetáculo espantoso de um crítico de teatro que crê no teatro.

E crê: se há alguma coisa a esperar para a civilização é desses meios que estão em contacto com os grupos populares. Deus me absolva se há nesta convicção uma utopia de imaginação cálida.

Estudando, pois, o teatro, vejo que a atualidade dramática não é uma realidade esplêndida, como a desejava eu, como a desejam todos os que sentem em si uma alma e uma convicção.

Já disse, essa morbidez é o resultado de causas estranhas, inseparáveis talvez – que podem aproximar o teatro de uma época mais feliz.

Estamos com dois teatros em ativo; uma nova companhia se organiza para abrir em pouco o teatro Variedades; e essa completará a trindade dramática.

No meio das dificuldades com que caminha o teatro, anuncia-se no Ginásio um novo drama original brasileiro. A repetição dos anúncios, o nome oculto do autor, as revelações dúbias de certos oráculos, que os há por toda parte, prepararam a expectativa pública para a nova produção nacional.

Veio ela enfim.

Se houve verdade nas conversações de certos círculos, e na ânsia com que era esperado o novo drama, foi que a peça estava acima do que se esperava.

Com efeito, desde que se levantou o pano, o público começou a ver que o espírito dramático, entre nós, podia ser uma verdade. E quando a frase final caiu esplêndida no meio da plateia, ela sentiu que a arte nacional entrou em um período mais avantajado de gosto e de aperfeiçoamento.

Esta peça intitula-se *Mãe*.

Revela-se à primeira vista que o autor do novo drama conhece o caminho mais curto do triunfo; que, dando todo o desenvolvimento à fibra da sensibilidade, praticou as regras e as prescrições da arte sem dispensar as sutilezas de cor local.

A ação é altamente dramática; as cenas sucedem-se sem esforço, com a natureza da verdade; os lances são preparados com essa lógica dramática a que não podem atingir as vistas curtas.

Altamente dramática é a ação, disse eu; mas não para aí; é também altamente simples.

Jorge é um estudante de medicina, que mora em um segundo andar com uma escrava apenas – a quem trata carinhosamente e de quem recebe provas de um afeto inequívoco.

No primeiro andar, moram Gomes, empregado público, e sua filha Elisa. A intimidade da casa trouxe a intimidade dos dois vizinhos, Jorge e Elisa, cujas almas, ao começar o drama, ligam-se já por um fenômeno de simpatia.

Um dia, a doce paz, que fazia a ventura daquelas quatro existências, foi toldada por um corvo negro, por um Peixoto, usurário, que vem ameaçar a probidade de Gomes com a maquinação de uma trama diabólica e muito comum, infelizmente, na humanidade.

Ameaçado em sua honra, Gomes prepara um suicídio que não realiza; entretanto, envergonhado por pedir dinheiro, porque com dinheiro removia a tempestade iminente, deixa à sua filha o importante papel de salvá-lo e salvar-se.

Elisa, confiada no afeto que a une a Jorge, vai expor-lhe a situação; esse compreende a dificuldade, e, enquanto espera a quantia necessária do Dr. Lima, um caráter nobre da peça, trata de vender, e ao mesmo Peixoto, a mobília de sua casa.

Joana, a escrava, compreende a situação, e, vendo que o usurário não dava a quantia precisa pela mobília de Jorge, propõe-se a uma hipoteca; Jorge repele ao princípio o desejo de sua escrava, mas a operação tem lugar, mudando unicamente a forma de hipoteca para a de venda, venda nulificada desde que o dinheiro emprestado voltasse a Peixoto.

Volta a manhã serena depois de tempestade procelosa; a probidade e a vida de Gomes estão salvas.

Joana, podendo escapar um minuto a seu senhor temporário, vem na manhã seguinte visitar Jorge.

Entretanto o Dr. Lima tem tirado as suas malas da alfândega e traz o dinheiro a Jorge. Tudo vai, por conseguinte, voltar ao seu estado normal.

Mas Peixoto, não encontrando Joana em casa, vem procurá-la à casa de Jorge, exigindo a escrava que havia comprado na véspera. O Dr. Lima não acreditou que se tratasse de Joana, mas Peixoto, forçado a declarar o nome, pronuncia-o. Aqui a peripécia é natural, rápida e bem conduzida; o Dr. Lima ouve o nome, dirige-se para a direita por onde acaba de entrar Jorge.

– Desgraçado, vendeste tua *Mãe*!

Eu conheço poucas frases de igual efeito. Sente-se uma contração nervosa ao ouvir aquela revelação inesperada. O lance é calculado com maestria e revela pleno conhecimento da arte no autor.

Ao conhecer sua *Mãe*, Jorge não a repudia; aceita-a em face da sociedade, com esse orgulho sublime que só a natureza estabelece e que faz do sangue um título.

Mas Joana, que forcejava sempre por deixar corrido o véu do nascimento de Jorge, na hora que este o sabe, aparece envenenada. A cena é dolorosa e tocante, a despedida para sempre de um filho, no momento em que acaba de conhecer sua *Mãe*, é por si uma situação tormentosa e dramática.

Não é bem acabado este tipo de *Mãe*, que sacrifica as carícias que poderia receber de seu filho, a um escrúpulo de que a sua individualidade o fizesse corar.

Esse drama, essencialmente nosso, podia, se outro fosse o entusiasmo de nossa terra, ter a mesma nomeada que o romance de Harriet Stowe – fundado no mesmo teatro da escravidão.

Os tipos acham-se ali bem definidos, e a ligação das frases não pode ser mais completa.

O veneno que Joana bebe, para aperfeiçoar o quadro e completar o seu martírio tocante, é o mesmo que Elisa tomara das mãos de seu pai, e que a escrava encontrou sobre uma mesa em casa de Jorge, para onde a menina o levara.

Há frases lindas e impregnadas de um sentimento doce e profundo; o diálogo é natural e brilhante, mas desse brilho que não exclui a simplicidade, e que não respira o torneado bombástico.

O autor soube haver-se com a ação, sem entrar em análise. Descoberta a origem de Jorge, a sociedade dá o último arranco em face da natureza, pela boca de Gomes, que tenta recusar sua filha prometida a Jorge.

Repito-o: o drama é de um acabado perfeito, e foi uma agradável surpresa para os descrentes da arte nacional.

Ainda oculto o autor, foi saudado por todos com a sua obra; feliz que é, de não encontrar patos no seu Capitólio.

A Sr.ª Velluti e o Sr. Augusto disseram com felicidade os seus papéis; a primeira, dando relevo ao papel de escrava com essa inteligência e sutileza que completam os artistas; o segundo, sustentando a dignidade do Dr. Lima na altura em que a colocou o autor.

A Sr.ª Ludovina não discrepou no caráter melancólico de Elisa; todavia, parecia-me que devia ter mais animação nas suas transições, que é o que define o claro-escuro.

O Sr. Heller, pondo em cena o caráter do empregado público, teve momentos felizes, apesar de lhe notar uma gravidade de porte, pouco natural, às vezes.

Há um meirinho na peça desempenhado pelo Sr. Graça, que como bom ator cômico, agradou e foi aplaudido. O papel é insignificante, mas aqueles que têm visto o distinto artista adivinham o desenvolvimento que a sua veia cômica lhe podia dar.

Jorge foi desempenhado pelo Sr. Paiva que, trazendo o papel à altura de seu talento, fez-nos entrever uma figura singela e sentimental.

O Sr. Militão completa o quadro com o papel de Peixoto, onde nos deu um usurário brutal e especulador.

A noite foi de regozijo para aqueles que, amando a civilização pátria, estimam que se faça tão bom uso da língua que herdamos. Oxalá que o exemplo se espalhe.

Na próxima revista tocarei no teatro de S. Pedro e no das Variedades, se já houver encetado a sua carreira.

Entretanto, fecho estas páginas, e deixo que o leitor, rigor da estação, vá descansar um pouco, não à sombra das faias, como Títiro, mas entre os nevoeiros de Petrópolis, ou nas montanhas da velha Tijuca.

O Teatro de José de Alencar[46]

[...]

A alta comédia apareceu logo depois, com O *Demônio Familiar*. Essa é uma comédia de maior alento; o autor abraça aí um quadro mais vasto. O *demônio* da comédia, o moleque Pedro, é o Fígaro brasileiro, menos as intenções filosóficas e os vestígios políticos do outro. A introdução de Pedro em cena oferecia graves obstáculos; era preciso escapar-lhes por meios hábeis e seguros. Depois, como apresentar ao espírito do espectador o caráter do intrigante doméstico, mola real da ação, sem fazê-lo odioso e repugnante? Até que ponto fazer rir com indulgência e bom humor das intrigas do demônio familiar? Esta era a primeira dificuldade do caráter e do assunto. Pelo resultado já sabem os leitores que o autor venceu a dificuldade, dando ao moleque Pedro as atenuantes do seu procedimento, até levantá-lo mesmo ante a consciência do público.

Primeiramente, Pedro é o mimo da família, o *enfant gâté,* como diria a viajante Azevedo; e nisso pode-se ver desde logo um traço característico da vida brasileira. Colocado em uma condição intermediária, que não é nem a do filho nem a do escravo, Pedro volta e abusa de todas as liberdades que lhe dá a sua posição especial; depois, como abusa ele dessas liberdades? Por que serve de portador às cartinhas amorosas de Alfredo? Por que motivo compromete os amores de Eduardo por Henriqueta, e tenta abrir as relações de seu senhor com uma viúva rica? Uma simples aspiração de pajem e cocheiro; e aquilo que noutro repugnaria à consciência dos espectadores, acha-se perfeitamente explicado no caráter de Pedro. Com efeito, não se trata ali de dar um pequeno móvel a uma série de ações reprovadas; os motivos do procedimento de Pedro são realmente

---

[46] Publicada no *Diário do Rio de Janeiro*, seção "Semana Literária", nos dias 6, 13 e 27 de março de 1866.

poderosos, se atendermos a que a posição sonhada pelo moleque está de perfeito acordo com o círculo limitado das suas aspirações, e da sua condição de escravo; acrescente-se a isto a ignorância, a ausência de nenhum sentimento do dever, e tem-se a razão da indulgência com que recebemos as intrigas do Fígaro fluminense,

Parece-nos ter compreendido bem a significação do personagem principal d'*O Demônio Familiar*; esta foi, sem dúvida, a série de reflexões feitas pelo autor para transportar ao teatro aquele tipo eminentemente nosso. Ora, desde que entra em cena até o fim da peça, o caráter de Pedro não se desmente nunca: é a mesma vivacidade, a mesma ardileza, a mesma ignorância do alcance dos seus atos; se de certo ponto em diante, cedendo às admoestações do senhor, emprega as mesmas armas da primeira intriga em uma nova intriga que desfaça aquela, esse novo traço é o complemento do tipo. Nem é só isso: delatando os cálculos de Vasconcelos a respeito do pretendente de Henriqueta, Pedro usa do seu espírito enredador, sem grande consciência nem do bem nem do mal que pratica; mas a circunstância de desfazer um casamento que servia aos interesses de dois especuladores dá aos olhos do espectador uma lição verdadeiramente de comédia.

O Demônio Familiar apresenta um quadro de família, com o verdadeiro cunho da família brasileira; reina ali um ar de convivência e de paz doméstica, que encanta desde logo; só as intrigas de Pedro transtornam aquela superfície: corre a ação ligeira, interessante, comovente mesmo, através de quatro atos, bem deduzidos e bem terminados. No desfecho da peça, Eduardo dá a liberdade ao escravo, fazendo-lhe ver a grave responsabilidade que desse dia em diante deve pesar sobre ele, a quem só a sociedade pedirá contas. O traço é novo, a lição profunda. Não supomos que o Sr. Alencar dê às suas comédias um caráter de demonstração; outro é o destino da arte; mas a verdade é que as conclusões d'*O Demônio Familiar*, como as conclusões de *Mãe*, têm um caráter social que consola a consciência; ambas as peças, sem saírem das condições da arte, mas pela própria pintura dos sentimentos e dos fatos, são um protesto contra a instituição do cativeiro.

Em *Mãe* é a escrava que se sacrifica à sociedade, por amor do filho; n'*O*

Demônio Familiar, é a sociedade que se vê obrigada a restituir a liberdade ao escravo delinquente.

A peça acaba, sem abalos nem grandes peripécias, com a volta da paz da família e da felicidade geral. *All is well that ends well,* como na comédia de Shakespeare.

Não entramos nas minúcias da peça; apenas atendemos para o que ela apresenta de mais geral e mais belo; e contudo não falta ainda que apreciar n'*O Demônio Familiar,* como, por exemplo, os tipos de Azevedo e de Vasconcelos, as duas amigas, Henriqueta e Carlotinha, tão brasileiras no espírito e na linguagem, e o caráter de Eduardo, nobre, generoso, amante. Eduardo sonha a família, a mulher, os hábitos domésticos, pelo padrão da família dele e dos costumes puros de sua casa. Mais de uma vez enuncia ele os seus desejos e aspirações, e é para agradecer a insistência com que o autor faz voltar o espírito do personagem para esse assunto.

> A sociedade, diz Eduardo, isto é, a vida exterior, ameaça destruir a família, isto é, a vida interior.

A esta frase acrescentaremos este período:

> A mulher moderna, diz Madama d'Agout, vive em um centro, que não é nem o ar grave da matrona romana, nem a morada aberta e festiva da cortesã grega, mas uma coisa intermediária que se chama **sociedade,** isto é, a reunião sem objeto de espíritos ociosos, sujeitos às prescrições de uma moral que pretende em vão conciliar as diversões de galanteria com os deveres da família.

Há, sem dúvida, mais coisas a dizer sobre a excelente comédia do Sr. José de Alencar; não nos falta disposição, mas espaço; nesta tarefa de apreciação literária há momentos de verdadeiro prazer; é quando se trata de um talento brilhante e de uma obra de gosto. Quando podemos achar uma dessas ocasiões é só com extremo pesar que não a aproveitamos toda.

Guardamos para outro artigo a apreciação das demais obras do distinto autor d'*O Demônio Familiar.*

[...]

Se ainda fosse preciso inspirar ao povo o horror pela instituição do cativeiro, cremos que a representação do novo drama do Sr. José de Alencar faria mais do que todos os discursos que se pudessem proferir no recinto do corpo legislativo, e isso sem que *Mãe* seja um drama demonstrativo e argumentador, mas pela simples impressão que produz no espírito do espectador, como convém a uma obra de arte. A maternidade na mulher escrava, a mãe cativa do próprio filho, eis a situação da peça. Achada a situação, era preciso saber apresentá-la, concluí-la; tornava-se preciso tirar dela todos os efeitos, todas as consequências, todos os lances possíveis; do contrário, seria desvirginá-la sem fecundá-la. O autor não só o compreendeu, como o executou com consciência e uma inspiração que não nos cansamos de louvar.[47]

[...]

---

[47] Seis anos após a primeira crítica à peça de José de Alencar, o autor volta ao assunto, desta vez situando *Mãe* no conjunto das obras dramáticas do escritor cearense. Este parágrafo, em especial, evidencia o quanto Machado abominava a escravidão, a partir mesmo de sua aprovação ao texto que desperta no público o "horror pela instituição do cativeiro."

Contos

Virginius[48]
(Narrativa de um advogado)

Capítulo I

Não me correu tranquilo o S. João de 185...

Duas semanas antes do dia em que a Igreja celebra o evangelista, recebi pelo correio o seguinte bilhete, sem assinatura e de letra desconhecida:

> O Dr. *** é convidado a ir à vila de... tomar conta de um processo. O objeto é digno do talento e das habilitações do advogado. Despesas e honorários ser-lhe-ão satisfeitos antecipadamente, mal puser pé no estribo. O réu está na cadeia da mesma vila e chama-se Julião. Note que o Dr. é convidado a ir defender o réu.

Li e reli este bilhete; voltei-o em todos os sentidos; comparei a letra com todas as letras dos meus amigos e conhecidos. Nada pude descobrir.

Entretanto, picava-me a curiosidade. Luzia-me um romance através daquele misterioso e anônimo bilhete. Tomei uma resolução definitiva. Ultimei uns negócios, dei de mão outros, e oito dias depois de receber o bilhete tinha à porta um cavalo e um camarada para seguir viagem. No momento em que me dispunha a sair, entrou-me em casa um sujeito desconhecido, e entregou-me um rolo de papel contendo uma avultada soma, importância aproximada das despesas e dos honorários. Recusei apesar das instâncias, montei a cavalo e parti.

Só depois de ter feito algumas léguas é que me lembrei de que justamente na vila a que eu ia morava um amigo meu, antigo companheiro da academia, que se votara, oito anos antes, ao culto da deusa Ceres como se diz em linguagem poética.

---

[48] Publicado inicialmente em capítulos no *Jornal das Famílias*, entre julho e agosto de 1864. Integra a seção *Outros contos*, da edição Nova Aguilar.

Poucos dias depois apeava eu à porta do referido amigo. Depois de entregar o cavalo aos cuidados do camarada, entrei para abraçar o meu antigo companheiro de estudos, que me recebeu alvoroçado e admirado.

Depois da primeira expansão, apresentou-me ele à sua família, composta de mulher e uma filhinha, esta retrato daquela, e aquela retrato dos anjos.

Quanto ao fim da minha viagem, só lho expliquei depois que me levou para a sala mais quente da casa, onde foi ter comigo uma chávena de excelente café. O tempo estava frio; lembro que estávamos em junho. Envolvi-me no meu capote, e a cada gota de café que tomava fazia uma revelação.

— A que vens? a que vens? perguntava-me ele.

— Vais sabê-lo. Creio que há um romance para deslindar. Há quinze dias recebi no meu escritório, na corte, um bilhete anônimo em que se me convidava com instância a vir a esta vila para tomar conta de uma defesa. Não pude conhecer a letra; era desigual e trêmula, como escrita por mão cansada...

— Tens o bilhete contigo?

— Tenho.

Tirei do bolso o misterioso bilhete e entreguei-o aberto ao meu amigo Ele, depois de lê-lo, disse:

— É a letra de *Pai de todos.*

— Quem é *Pai de todos?*

— É um fazendeiro destas paragens, o velho Pio. O povo dá-lhe o nome de *Pai de todos,* porque o velho Pio o é na verdade.

— Bem dizia eu que há romance no fundo!... Que faz esse velho para que lhe deem semelhante título?

— Pouca coisa. Pio é, por assim dizer, a justiça e a caridade fundidas em uma só pessoa. Só as grandes causas vão ter às autoridades judiciárias, policiais ou municipais; mas tudo o que não sai de certa ordem é decidido na fazenda de Pio, cuja sentença todos acatam e cumprem. Seja ela contra Pedro ou contra Paulo, Paulo e Pedro submetem-se, como se fora uma decisão divina. Quando dois contendores saem da fazenda de Pio, saem amigos. É caso de consciência aderir ao julgamento de *Pai de todos.*

— Isso é como juiz. O que é ele como homem caridoso?

— A fazenda de Pio é o asilo dos órfãos e dos pobres. Ali se encontra o que é necessário à vida: leite e instrução às crianças, pão e sossego aos adultos. Muitos lavradores nestas seis léguas cresceram e tiveram princípio de vida na fazenda de Pio. É a um tempo Salomão e S. Vicente de Paulo.

Engoli a última gota de café, e fitei no meu amigo olhos incrédulos.

— Isto é verdade? perguntei.

— Pois duvidas?

— É que me dói sair tantas léguas da Corte, onde esta história encontraria incrédulos, para vir achar neste recanto do mundo aquilo que devia ser comum em toda a parte.

— Põe de parte essas reflexões filosóficas. Pio não é um mito: é uma criatura de carne e osso; vive como vivemos; tem dois olhos, como tu e eu...

— Então esta carta é dele?

— A letra é.

— A fazenda fica perto?

O meu amigo levou-me à janela.

— Fica daqui a um quarto de légua, disse. Olha, é por detrás daquele morro.

Nisto passava por baixo da janela um preto montado em uma mula, sobre cujas ancas saltavam duas canastras. O meu amigo debruçou-se e perguntou ao negro:

— Teu senhor está em casa?

— Está, sim, Sr.; mas vai sair.

O negro foi pelo caminho, e nós saímos da janela.

— É escravo de Pio?

— Escravo é o nome que se dá; mas Pio não tem escravos, tem amigos. Olham-no todos como se fora um Deus. É que em parte alguma houve nunca mais brando e cordial tratamento a homens escravizados. Nenhum dos instrumentos de ignomínia que por aí se aplicam para corrigi-los existem na fazenda de Pio. Culpa capital ninguém comete entre os negros da fazenda; a alguma falta venial que haja, Pio aplica apenas uma repreensão tão cordial e tão amiga, que acaba por fazer chorar o delinquente. Ouve mais: Pio estabeleceu entre os seus escravos uma espécie de concurso que permite a um certo número libertar-se todos os anos. Acreditarás tu que lhes é indiferente viver livres ou escravos na fazenda, e que esse estímulo não decide nenhum deles, sendo que, por natural impulso, todos se portam dignos de elogios?

O meu amigo continuou a desfiar as virtudes do fazendeiro. Meu espírito apreendia-se cada vez mais de que eu ia entrar em um romance. Finalmente o meu amigo dispunha-se a contar-me a história do crime em cujo conhecimento devia eu entrar daí a poucas horas. Detive-o.

– Não, disse-lhe, deixa-me saber de tudo por boca do próprio réu. Depois compararei com o que me contarás.

– É melhor. Julião é inocente.

– Inocente?

– Quase.

Minha curiosidade estava excitada ao último ponto. Os autos não me tinham tirado o gosto pelas novelas, e eu achava-me feliz por encontrar no meio da prosa judiciária, de que andava cercado, um assunto digno da pena de um escritor.

– Onde é a cadeia? perguntei.

– É perto, respondeu-me; mas agora é quase noite; melhor é que descanses; amanhã é tempo.

Atendi a este conselho. Entrou nova porção de café. Tomamo-lo entre recordações do passado, que muitas eram. Juntos vimos florescer as primeiras ilusões, e juntos vimos dissiparem-se as últimas. Havia de que encher, não uma, mas cem noites. Aquela passou-se rápida, e mais ainda depois que a família toda veio tomar parte em nossa íntima confabulação. Por uma exceção, de que fui causa, a hora de recolher foi a meia-noite.

– Como é doce ter um amigo! dizia eu pensando no Conde de Maistre, e retirando-me para o quarto que me foi destinado.

Capítulo II

No dia seguinte, ainda vinha rompendo a manhã, já eu me achava de pé. Entrou no meu quarto um escravo com um grande copo de leite tirado minutos antes. Em poucos goles o devorei. Perguntei pelo amigo; disse-me o escravo que já se achava de pé.

Mandei-o chamar.

– Será cedo para ir à cadeia? perguntei mal o vi assomar à porta do quarto.

– Muito cedo. Que pressa tamanha! É melhor aproveitarmos a manhã, que está fresca, e irmos dar um passeio. Passaremos pela fazenda de Pio.

Não me desagradou a proposta. Acabei de vestir-me e saímos ambos. Duas mulas nos esperavam à cancela, espertas e desejosas de trotar. Montamos e partimos.

Três horas depois, já quando o sol dissipara as nuvens de neblina que cobriam os morros como grandes lençóis, estávamos de volta, tendo eu visto a bela casa e as esplêndidas plantações da fazenda do velho Pio. Foi este o assunto do almoço. Enfim, dado ao corpo o preciso descanso, e alcançada a necessária licença, dirigi-me à cadeia para falar ao réu Julião.

Sentado em uma sala onde a luz entrava escassamente, esperei que chegasse o misterioso delinquente. Não se demorou muito. No fim de um quarto de hora estava diante de mim. Dois soldados ficaram à porta.

Mandei sentar o preso, e, antes de entrar em interrogatório, empreguei uns cinco minutos em examiná-lo.

Era um homem trigueiro, de mediana estatura, magro, débil de forças físicas, mas com uma cabeça e um olhar indicativos de muita energia moral e alentado ânimo.

Tinha um ar de inocência, mas não da inocência abatida e receosa; parecia antes que se glorificava com a prisão, e afrontava a justiça humana, não com a impavidez do malfeitor, mas com a daquele que confia na justiça divina.

Passei a interrogá-lo, começando pela declaração de que eu ia para defendê-lo. Disse-lhe que nada ocultasse dos acontecimentos que o levaram à prisão; e ele, com uma rara placidez de ânimo, contou-me toda a história do seu crime.

Julião fora um daqueles a quem a alma caridosa de Pio dera sustento e trabalho. Suas boas qualidades, a gratidão, o amor, o respeito com que falava e adorava o protetor, não ficaram sem uma paga valiosa. Pio, no fim de certo tempo, deu a Julião um sítio que ficava pouco distante da fazenda. Para lá fora morar Julião com uma filha menor, cuja mãe morrera em consequência dos acontecimentos que levaram Julião a recorrer à proteção do fazendeiro.

Tinha a pequena sete anos. Era, dizia Julião, a mulatinha mais formosa daquelas dez léguas em redor. Elisa, era o nome da pequena, completava a trindade do culto de Julião, ao lado de Pio e da memória da mãe finada.

Laborioso por necessidade e por gosto, Julião bem depressa viu frutificar o seu trabalho. Ainda assim não descansava. Queria, quando morresse, deixar um pecúlio à filha. Morrer sem deixá-la amparada era o sombrio receio que o perseguia. Podia acaso contar com a vida do fazendeiro esmoler?

Este tinha um filho, mais velho três anos que Elisa. Era um bom menino, educado sob a vigilância de seu pai, que desde os tenros anos inspirava-lhe aqueles sentimentos a que devia a sua imensa popularidade.

Carlos e Elisa viviam quase sempre juntos, naquela comunhão da infância que não conhece desigualdades nem condições. Estimavam-se deveras, a ponto de sentirem profundamente quando foi necessário a Carlos ir cursar as primeiras aulas.

Trouxe o tempo as divisões, e anos depois, quando Carlos apeou à porta da fazenda com uma carta de bacharel na algibeira, uma esponja se passara sobre a vida anterior. Elisa, já mulher, podia avaliar os nobres esforços de seu pai, e concentrara todos os afetos de sua alma no mais respeitoso amor filial. Carlos era homem. Conhecia as condições da vida social, e desde os primeiros gestos mostrou que um abismo separava o filho do protetor da filha do protegido.

O dia da volta de Carlos foi dia de festa na fazenda do velho Pio. Julião tomou parte na alegria geral, como toda a gente, pobre ou remediada, dos arredores. E a alegria não foi menos pura em nenhum: todos sentiam que a presença do filho do fazendeiro era a felicidade comum.

Passaram-se os dias. Pio não se animava a separar-se de seu filho para que este seguisse uma carreira política, administrativa ou judiciária. Entretanto, notava-lhe muitas diferenças em comparação com o rapaz que, anos antes, lhe saíra de casa. Nem ideias, nem sentimentos, nem hábitos eram os mesmos. Cuidou que fosse um resto da vida escolástica, e esperou que a diferença da atmosfera que voltava a respirar e o espetáculo da vida simples e chã da fazenda o restabelecessem.

O que o magoava, sobretudo, é que o filho bacharel não buscasse os livros, onde pudesse, procurando novos conhecimentos, entreter uma necessidade indispensável para o gênero de vida que ia encetar. Carlos não tinha mais que uma ocupação e uma distração: a caça. Levava dias e dias a correr o mato em busca de animais para matar, e nisso fazia consistir todos os cuidados, todos os pensamentos, todos os estudos.

Ao meio-dia era certo vê-lo chegar ao sítio de Julião, e aí descansar um bocado, conversando sobranceiro com a filha do infatigável lavrador. Este chegava, trocava algumas palavras de respeitosa estima com o filho de Pio, oferecia-lhe parte do seu modesto jantar, que o moço não aceitava, e discorria, durante a refeição, sobre os objetos relativos à caça.

Passavam as coisas assim sem alteração de natureza alguma.

Um dia, ao entrar em casa para jantar, Julião notou que sua filha parecia triste. Reparou, e viu-lhe os olhos vermelhos de lágrimas. Perguntou o que era. Elisa respondeu que lhe doía a cabeça; mas durante o jantar, que foi silencioso, Julião observou que sua filha enxugava furtivamente algumas lágrimas. Nada disse; mas, terminado o jantar, chamou-a para junto de si, e com palavras brandas e amigas exigiu-lhe que dissesse o que tinha. Depois de muita relutância, Elisa falou:

— Meu pai, o que eu tenho é simples. O Sr. Carlos, em quem comecei a notar mais amizade que ao princípio, declarou-me hoje que gostava de mim, que eu devia ser dele, que só ele me poderia dar tudo quanto eu desejasse, e muitas outras coisas que eu nem pude ouvir, tal foi o espanto com que ouvi as suas primeiras palavras. Declarei-lhe que não pensasse coisas tais. Insistiu; repeli-o... Então tomando um ar carrancudo, saiu, dizendo-me:

— Hás de ser minha!

Julião estava atônito. Inquiriu sua filha sobre todas as particularidades da conversa referida. Não lhe restava dúvida acerca dos maus intentos de Carlos. Mas como de um tão bom pai pudera sair tão mau filho? perguntava ele. E esse próprio filho não era bom antes de ir para fora? Como exprobrar-lhe a sua má ação? E poderia fazê-lo? Como evitar a ameaça? Fugir do lugar em que morava o pai não era mostrar-se ingrato? Todas estas reflexões passaram pelo espírito de Julião. Via o abismo a cuja borda estava, e não sabia como escapar-lhe.

Finalmente, depois de animar e tranquilizar sua filha, Julião saiu, de plano feito, na direção da fazenda, em busca de Carlos. Este, rodeado por alguns escravos, fazia limpar várias espingardas de caça. Julião, depois de cumprimentá-lo alegremente, disse que lhe queria falar em particular. Carlos estremeceu; mas não podia deixar de ceder.

– Que me queres, Julião? disse depois de se afastar um pouco do grupo.

Julião respondeu:

– Sr. Carlos, venho pedir-lhe uma coisa, por alma de sua mãe!... Deixe minha filha sossegada.

– Mas que lhe fiz eu? titubeou Carlos.

– Oh! não negue, porque eu sei.

– Sabe o quê?

– Sei da sua conversa de hoje. Mas o que passou, passou. Fico sendo seu amigo, mais ainda, se me não perseguir a pobre filha que Deus me deu... Promete?

Carlos esteve calado alguns instantes. Depois:

– Basta, disse; confesso-te, Julião, que era uma loucura minha de que me arrependo. Vai tranquilo: respeitarei tua filha como se fosse morta.

Julião, na sua alegria, quase beijou as mãos de Carlos. Correu à casa e referiu a sua filha a conversa que tivera com o filho de *Pai de todos*. Elisa não só por si como por seu pai, estimou o pacífico desenlace.

Tudo parecia ter voltado à primeira situação. As visitas de Carlos eram feitas nas horas em que Julião se achava em casa e, além disso, a presença de uma parenta velha, convidada por Julião, parecia tornar impossível nova tentativa de parte de Carlos.

Uma tarde, quinze dias depois do incidente que narrei acima, voltava Julião da fazenda do velho Pio. Era já perto da noite. Julião caminhava vagarosamente, pensando no que lhe faltaria ainda para completar o pecúlio de sua filha. Nessas divagações, não reparou que anoitecera. Quando deu por si, ainda se achava umas boas braças distante de casa. Apressou o passo. Quando se achava mais perto, ouviu uns gritos sufocados. Deitou a correr e penetrou no terreiro que circundava a casa. Todas as janelas estavam fechadas; mas os gritos continuavam cada vez mais angustiosos. Um vulto passou-lhe pela frente e dirigiu-se para os fundos. Julião quis segui-lo; mas os gritos eram muitos, e de sua filha. Com uma força difícil de crer em corpo tão pouco robusto, conseguiu abrir uma das janelas.

Saltou, e eis o que viu:

A parenta que convidara a tomar conta da casa estava no chão, atada, amordaçada, exausta. Uma cadeira quebrada, outras em desordem.

– Minha filha! exclamou ele.

E atirou-se para o interior.

Elisa debatia-se nos braços de Carlos, mas já sem forças nem esperanças de obter misericórdia.

No momento em que Julião entrava por uma porta, entrava por outra um indivíduo mal conceituado no lugar, e até conhecido por assalariado nato de todas as violências. Era o vulto que Julião vira no terreiro. E outros havia ainda, que apareceram a um sinal dado pelo primeiro, mal Julião entrou no lugar em que se dava o triste conflito da inocência com a perversidade.

Julião teve tempo de arrancar Elisa dos braços de Carlos. Cego de raiva, travou de uma cadeira e ia atirar-lha, quando os capangas entrados a este tempo, o detiveram.

Carlos voltara a si da surpresa que lhe causara a presença de Julião. Recobrando o sangue frio, cravou os olhos odiendos no desventurado pai, e disse-lhe com voz sumida:

– Hás de pagar-me!

Depois, voltando-se para os ajudantes das suas façanhas, bradou:

– Amarrem-no!

Em cinco minutos foi obedecido. Julião não podia lutar contra cinco.

Carlos e quatro capangas saíram. Ficou um de vigia.

Uma chuva de lágrimas rebentou dos olhos de Elisa. Doía-lhe na alma ver seu pai atado daquele modo. Não era já o perigo a que escapara o que a comovia; era não poder abraçar seu pai livre e feliz. E por que estaria atado? Que intentava Carlos fazer? Matá-lo? Estas lúgubres e aterradoras ideias passaram rapidamente pela cabeça de Elisa. Entre lágrimas comunicou-as a Julião.

Este, calmo, frio, impávido, tranquilizou o espírito de sua filha, dizendo-lhe que Carlos poderia ser tudo, menos um assassino.

Seguiram-se alguns minutos de angustiosa espera. Julião olhava para sua filha e parecia refletir. Depois de algum tempo, disse:

— Elisa, tens realmente a tua desonra por uma grande desgraça?

— Oh! meu pai! exclamou ela.

— Responde: se te faltasse a pureza que recebeste do céu, considerar-te-ias a mais infeliz de todas as mulheres?

— Sim, sim, meu pai!

Julião calou-se.

Elisa chorou ainda. Depois voltou-se para a sentinela deixada por Carlos e quis implorar-lhe misericórdia. Foi atalhada por Julião.

— Não peças nada, disse este. Só há um protetor para os infelizes: é Deus. Há outro depois dele; mas esse está longe... Ó *Pai de todos,* que filho te deu o Senhor!...

Elisa voltou para junto de seu pai.

— Chega-te para mais perto, disse este.

Elisa obedeceu.

Julião tinha os braços atados; mas podia mover, ainda que pouco, as mãos. Procurou afagar Elisa, tocando-lhe as faces e beijando-lhe a cabeça. Ela inclinou-se e escondeu o rosto no peito de seu pai.

A sentinela não dava fé do que se passava. Depois de alguns minutos do abraço de Elisa e Julião, ouviu-se um grito agudíssimo. A sentinela correu aos dois. Elisa caíra completamente, banhada em sangue.

Julião tinha procurado a custo apoderar-se de uma faca de caça deixada por Carlos sobre uma cadeira. Apenas o conseguiu, cravou-a no peito de Elisa. Quando a sentinela correu para ele, não teve tempo de evitar o segundo golpe, com que Julião tornou mais profunda e mortal a primeira ferida. Elisa rolou no chão nas últimas convulsões.

— Assassino! clamou a sentinela.

— Salvador!... salvei minha filha da desonra!

— Meu pai!... murmurava a pobre pequena expirando.

Julião, voltando-se para o cadáver, disse, derramando duas lágrimas, duas só, mas duas lavas rebentadas do vulcão de sua alma:

— Dize a Deus, minha filha, que te mandei mais cedo para junto dele para salvar-te da desonra.

Depois fechou os olhos e esperou.

Não tardou que entrasse Carlos, acompanhado de uma autoridade policial e vários soldados.

Saindo da casa de Julião, teve a ideia danada de ir declarar à autoridade que o velho lavrador tentara contra a vida dele, razão por que teve de lutar, o conseguira deixá-lo amarrado.

A surpresa de Carlos e dos policiais foi grande. Não cuidavam encontrar o espetáculo que a seus olhos se ofereceu. Julião foi preso. Não negou o crime. Somente reservou-se para contar as circunstâncias dele na ocasião competente.

A velha parenta foi desatada, desamordaçada e conduzida à fazenda de Pio.

Julião, depois de contar-me toda a história cujo resumo acabo de fazer, perguntou-me:

– Diga-me, Sr. doutor, pode ser meu advogado? Não sou criminoso?

– Serei seu advogado. Descanse, estou certo de que os juízes reconhecerão as circunstâncias atenuantes do delito.

– Oh! não é isso que me aterroriza. Seja ou não condenado pelos homens, é coisa que nada monta para mim. Se os juízes não forem pais, não me compreenderão, e então é natural que sigam os ditames da lei. Não matarás, é dos mandamentos eu bem sei...

Não quis magoar a alma do pobre pai continuando naquele diálogo. Despedi-me dele e disse que voltaria depois.

Saí da cadeia alvoroçado. Não era romance, era tragédia o que eu acabava de ouvir. No caminho as ideias se me clarearam. Meu espírito voltou-se vinte e três séculos atrás, e pude ver, no seio da sociedade romana, um caso idêntico ao que se dava na vila de ***.

Todos conhecem a lúgubre tragédia de Virginius. Tito Lívio, Diodoro de Sicília e outros antigos falam dela circunstanciadamente. Foi essa tragédia a precursora da queda dos decênviros. Um destes, Ápio Cláudio, apaixonou-se por Virgínia, filha de Virginius. Como fosse impossível de tomá-la por simples simpatia, determinou o decênviro empregar um meio violento. O meio foi escravizá-la. Peitou um sicofanta, que apresentou-se aos tribunais reclamando a entrega de Virgínia, sua escrava. O desventurado pai, não conseguindo comover nem por seus rogos, nem por suas ameaças, travou de uma faca de açougue e cravou-a no peito de Virgínia.

Pouco depois caíam os decênviros e restabelecia-se o consulado.

No caso de Julião não havia decênviros para abater nem cônsules para levantar, mas havia a moral ultrajada e a malvadez triunfante. Infelizmente estão ainda longe, esta da geral repulsão, aquela do respeito universal.

Capítulo III

Fazendo todas estas reflexões, encaminhava-me eu para a casa do amigo em que estava hospedado. Ocorreu-me uma ideia, a de ir à fazenda de Pio, autor do bilhete que me chamara da corte, e de quem eu podia saber muita coisa mais.

Não insisto em observar a circunstância de ser o velho fazendeiro quem se interessava pelo réu e pagava as despesas da defesa nos tribunais. Já o leitor terá feito essa observação, realmente honrosa para aquele deus da terra.

O sol, apesar da estação, queimava suficientemente o viandante. Ir a pé à fazenda, quando podia ir a cavalo, era ganhar fadiga e perder tempo sem proveito. Fui à casa e mandei aprontar o cavalo. O meu hóspede não estava em casa. Não quis esperá-lo, e sem mais companhia dirigi-me para a fazenda.

Pio estava em casa. Mandei-lhe dizer que uma pessoa da corte desejava falar-lhe. Fui recebido incontinenti.

Achei o velho fazendeiro em conversa com um velho padre. Pareciam, tanto o secular como o eclesiástico, dois verdadeiros soldados do Evangelho combinando-se para a mais extensa prática do bem. Tinham ambos a cabeça branca, o olhar sereno, a postura grave e o gesto despretensioso. Transluzia-lhes nos olhos a bondade do coração. Levantaram-se quando apareci e vieram cumprimentar-me.

O fazendeiro era quem chamava mais a minha atenção, pelo que ouvira dizer dele ao meu amigo e ao pai de Elisa. Pude observá-lo durante alguns minutos. Era impossível ver aquele homem e não adivinhar o que ele era. Com uma palavra branda e insinuante disse-me que diante do capelão não tinha segredos, e que eu dissesse o que tinha para dizer. E começou por me perguntar quem era eu. Disse-lho; mostrei-lhe o bilhete, declarando que sabia ser dele, razão por que o procurara.

Depois de algum silêncio disse-me:

– Já falou ao Julião?

– Já.

– Conhece então toda a história?

– Sei do que ele me contou.

– O que ele lhe contou é o que se passou. Foi uma triste história que me envelheceu ainda mais em poucos dias. Reservou-me o céu aquela tortura para o último quartel da vida. Soube o que fez. É sofrendo que se aprende. Foi melhor. Se meu filho havia de esperar que eu morresse para praticar atos tais com impunidade, bom foi que o fizesse antes, seguindo-se assim ao delito o castigo que mereceu.

A palavra *castigo* impressionou-me. Não me pude ter e disse-lhe:

– Fala em castigo. Pois castigou seu filho?

– Pois então? Quem é o autor da morte de Elisa?

– Oh!... isso não, disse eu.

– Não foi autor, foi causa. Mas quem foi o autor da violência à pobre pequena? Foi decerto meu filho.

– Mas esse castigo?...

– Descanse, disse o velho adivinhando a minha indiscreta inquietação. Carlos recebeu um castigo honroso, ou, por outra, sofre como castigo aquilo que devia receber como honra. Eu o conheço. Os cômodos da vida que teve, a carta que alcançou pelo estudo, e certa dose de vaidade que todos nós recebemos do berço, e que o berço lhe deu a ele em grande dose, tudo isso é que o castiga neste momento, porque tudo foi desfeito pelo gênero de vida que lhe fiz adotar. Carlos é agora soldado.

– Soldado! exclamei eu.

– É verdade. Objetou-me que era doutor. Disse-lhe que devia lembrar-se de que o era quando penetrou na casa de Julião. A muito pedido, mandei-o para o Sul, com promessa jurada, e avisos particulares e reiterados, de que, mal chegasse ali, assentasse praça em um batalhão de linha. Não é um castigo honroso? Sirva a sua pátria, e guarde a fazenda e a honra dos seus concidadãos: é o melhor meio de aprender a guardar a honra própria.

Continuamos em nossa conversa durante duas horas quase. O velho fazendeiro mostrava-se magoadíssimo sempre que volvíamos a falar do caso de Julião. Depois que lhe declarei que tomava conta da causa em defesa do réu, instou comigo para que nada poupasse a fim de alcançar a diminuição da pena de Julião. Se for preciso, dizia ele, apreciar com as considerações devidas o ato de meu filho, não se acanhe: esqueça-se de mim, porque eu também me esqueço de meu filho.

Cumprimentei aquela virtude romana, despedi-me do padre, e saí, depois de prometer tudo o que me foi pedido.

Capítulo IV

— Então, falaste a Julião? perguntou o meu amigo quando me viu entrar em casa.

— Falei, e falei também ao *Pai de todos*... Que história, meu amigo!... Parece um sonho.

— Não te disse?... E defendes o réu?

— Com toda a certeza.

Fui jantar, e passei o resto da tarde conversando acerca do ato de Julião e das virtudes do fazendeiro.

Poucos dias depois instalou-se o júri onde tinha de comparecer Julião.

De todas as causas, era aquela a que mais medo me fazia; não que eu duvidasse das atenuantes do crime, mas porque receava não estar na altura da causa.

Toda a noite da véspera foi para mim de verdadeira insônia. Enfim raiou o dia marcado para o julgamento de Julião. Levantei-me, comi pouco e distraído, e vesti-me. Entrou-me no quarto o meu amigo.

— Lá te vou ouvir, disse-me ele abraçando.

Confessei-lhe os meus receios; mas ele, para animar-me, entreteceu uma grinalda de elogios que eu mal pude ouvir, no meio das minhas preocupações.

Saímos.

Dispenso os leitores da narração do que se passou no júri. O crime foi provado pelo depoimento das testemunhas; nem Julião o negou nunca. Mas apesar de tudo, da confissão e da prova testemunhal, auditório, jurados, juiz e promotor, todos tinham pregados no réu olhos de simpatia, admiração e compaixão.

A acusação limitou-se a referir o depoimento das testemunhas, e quando, terminando o seu discurso, teve de pedir a pena para o réu, o promotor mostrava-se envergonhado de estar trêmulo e comovido.

Tocou-me a vez de falar. Não sei o que disse. Sei que as mais ruidosas provas de adesão surgiam no meio do silêncio geral. Quando terminei, dois homens invadiram a sala e abraçaram-me comovidos: o fazendeiro e o meu amigo.

Julião foi condenado a dez anos de prisão. Os jurados tinham ouvido a lei, e igualmente, talvez, o coração.

Capítulo V

No momento em que escrevo estas páginas, Julião, tendo já cumprido a sentença, vive na fazenda de Pio. Pio não quis que ele voltasse ao lugar em que se dera a catástrofe, e fá-lo residir ao pé de si.

O velho fazendeiro tinha feito recolher as cinzas de Elisa em uma urna, ao pé da qual vão ambos orar todas as semanas.

Aqueles dois pais, que assistiram ao funeral das suas esperanças, acham-se ligados intimamente pelos laços do infortúnio.

Na fazenda fala-se sempre de Elisa, mas nunca de Carlos. Pio é o primeiro a não magoar o coração de Julião com a lembrança daquele que o levou a matar sua filha.

Quanto a Carlos, vai resgatando como pode o crime com que atentou contra a honra de uma donzela e contra a felicidade de dois pais.

Mariana[49]

Voltei de Europa depois de uma ausência de quinze anos. Era quanto bastava para vir achar muita coisa mudada. Alguns amigos tinham morrido, outros estavam casados, outros viúvos. Quatro ou cinco tinham-se feito homens públicos, e um deles acabava de ser ministro de Estado. Sobre todos eles pesavam quinze anos de desilusões e cansaço. Eu, entretanto, vinha tão moço como fora, não no rosto e nos cabelos, que começavam a embranquecer, mas na alma e no coração que estavam em flor. Foi essa a vantagem que tirei das minhas constantes viagens. Não há decepções possíveis para um viajante, que apenas vê de passagem o lado belo da natureza humana e não ganha tempo de conhecer-lhe o lado feio. Mas deixemos estas filosofias inúteis.

Também achei mudado o nosso Rio de Janeiro, e mudado para melhor. O jardim do Rocio, o *boulevard* Carceller, cinco ou seis hotéis novos, novos prédios, grande movimento comercial e popular, tudo isso fez em meu espírito uma agradável impressão.

Fui hospedar-me no Hotel Damiani. Chamo-lhe assim para conservar um nome que tem para mim recordações saudosas. Agora o hotel chama-se Ravot. Tem defronte uma grande casa de modas e um escritório de jornal político. Dizem-me que a casa de modas faz mais negócio que o jornal. Não admira; poucos leem, mas todos se vestem.

Estava eu justamente a contemplar o espetáculo novo que a rua me oferecia quando vi passar um indivíduo cuja fisionomia me não era estranha. Desci logo à rua e cheguei à porta quando ele passava defronte.

– Coutinho! exclamei.

---

[49] Publicado inicialmente no *Jornal das Famílias*, em janeiro de 1871, quando já se debatiam questões em seguida contempladas pela Lei do Ventre Livre, promulgada em 28 de setembro do mesmo ano. O texto foi incorporado à seção *Outros Contos*, da edição Nova Aguilar.

— Macedo! disse o interpelado correndo a mim.

Entramos no corredor e aí demos aberta às nossas primeiras expansões.

— Que milagre é este? Por que estás aqui? Quando chegaste?

Estas e outras perguntas fazia-me o meu amigo entre repetidos abraços. Convidei-o a subir e a almoçar comigo, o que aceitou, com a condição, porém, de que iria buscar mais dois amigos nossos, que eu estimaria ver. Eram efetivamente dois excelentes companheiros de outro tempo. Um deles estava à frente de uma grande casa comercial; o outro, depois de algumas vicissitudes, fizera-se escrivão de uma vara cível.

Reunidos os quatro na minha sala do hotel, foi servido um suculento almoço, em que aliás eu e o Coutinho tomamos parte. Os outros limitavam-se a fazer a razão de alguns brindes e a propor outros.

Quiseram que eu lhes contasse as minhas viagens; cedi francamente a este desejo natural. Não lhes ocultei nada. Contei-lhes o que havia visto desde o Tejo até o Danúbio, desde Paris até Jerusalém. Fi-los assistir na imaginação às corridas de Chantilly e às jornadas das caravanas no deserto; falei do céu nevoento de Londres e do céu azul da Itália. Nada me escapou; tudo lhes referi.

Cada qual fez as suas confissões. O negociante não hesitou em dizer tudo quanto sofrera antes de alcançar a posição atual. Deu-me notícia de que estava casado, e tinha uma filha de dez anos no colégio. O escrivão achou-se um tanto envergonhado quando lhe tocou a vez de dizer a sua vida; todos nós tivemos a delicadeza de não insistir nesse ponto.

Coutinho não hesitou em dizer que era mais ou menos o que era outrora a respeito da ociosidade; sentia-se entretanto mudado e entrevia ao longe ideias de casamento.

— Não te casaste? perguntei eu.

— Com a prima Amélia? disse ele; não.

— Por quê?

— Porque não foi possível.

— Mas continuaste a vida solta que levavas?

— Que pergunta! exclamou o negociante. É a mesma coisa que era há quinze anos. Não mudou nada.

– Não digas isso; mudei.

– Para pior? perguntei eu rindo.

– Não, disse Coutinho, não sou pior do que era; mudei nos sentimentos; acho que hoje não me vale a pena cuidar de ser mais feliz do que sou.

– E podias sê-lo, se te houvesse casado com tua prima. Amava-te muito aquela moça; ainda me lembro das lágrimas que lhes vi derramar em um dia de entrudo. Lembras-te?

– Não me lembra, disse Coutinho ficando mais sério do que estava; mas creio que deve ter sido isso.

– E o que é feito dela?

– Casou.

– Ah!

– É hoje fazendeira; e dá-se perfeitamente com o marido. Mas não falemos nisto, acrescentou Coutinho, enchendo um cálix de *cognac*; o que lá vai, lá vai!

Houve alguns instantes de silêncio, que eu não quis interromper, por me parecer que o nome da moça trouxera ao rapaz alguma recordação dolorosa.

Rapaz é uma maneira de dizer. Coutinho contava já seus trinta e nove anos e tinha alguns fios brancos na cabeça e na barba. Mas apesar desse evidente sinal do tempo, eu aprazia-me em ver os meu amigos pelo prisma da recordação que levara deles.

Coutinho foi o primeiro que rompeu o silêncio.

– Pois que estamos aqui reunidos, disse ele, ao cabo de quinze anos, deixem que, sem exemplo, e para completar as nossas confidências recíprocas, eu lhes confesse uma coisa, que nunca saiu de mim.

– Bravo! disse eu; ouçamos a confidência de Coutinho.

Acendemos nossos charutos. Coutinho começou a falar:

– Eu namorava a prima Amélia, como sabem; o nosso casamento devia efetuar-se um ano depois que daqui saíste. Não se efetuou por circunstâncias que ocorreram depois, e com grande mágoa minha, pois gostava dela. Antes e depois amei e fui amado muitas vezes; mas nem depois nem antes, e por nenhuma mulher fui amado jamais como fui...

– Por tua prima? perguntei eu. – Não; por uma cria de casa.

Olhamos todos espantados um para outro. Ignorávamos esta circunstância, e estávamos a cem léguas de semelhante conclusão. Coutinho não parece atender ao nosso espanto; sacudia distraidamente a cinza do charuto e parecia absorto na recordação que o seu espírito evocava.

– Chamava-se Mariana, continuou ele alguns minutos depois, e era uma gentil mulatinha nascida e criada como filha da casa, e recebendo de minha mãe os mesmos afagos que ela dispensava às outras filhas. Não se sentava à mesa, nem vinha à sala em ocasião de visitas, eis a diferença; no mais era como se fosse pessoa livre, e até minhas irmãs tinham certa afeição fraternal. Mariana possuía a inteligência da sua situação, e não abusava dos cuidados com que era tratada. Compreendia bem que na situação em que se achava só lhe restava pagar com muito reconhecimento a bondade de sua senhora.

A sua educação não fora tão completa como a de minhas irmãs; contudo, Mariana sabia mais do que outras mulheres em igual caso. Além dos trabalhos de agulha que lhe foram ensinados com extremo zelo, aprendera a ler e a escrever. Quando chegou aos 15 anos teve desejo de saber francês, e minha irmã mais moça lho ensinou com tanta paciência e felicidade, que Mariana em pouco tempo ficou sabendo tanto como ela.

Como tinha inteligência natural, todas estas coisas lhe foram fáceis. O desenvolvimento do seu espírito não prejudicava o desenvolvimento de seus encantos. Mariana aos 18 anos era o tipo mais completo da sua raça. Sentia-se-lhe o fogo através da tez morena do rosto, fogo inquieto e vivaz que lhe rompia dos olhos negros e rasgados. Tinha os cabelos naturalmente encaracolados e curtos. Talhe esbelto e elegante, colo voluptuoso, pé pequeno e mãos de senhora. É impossível que eu esteja a idealizar esta criatura que no entanto me desapareceu dos olhos; mas não estarei muito longe da verdade.

Mariana era apreciada por todos quantos iam a nossa casa, homens e senhoras. Meu tio, João Luís, dizia-me muitas vezes: – "Por que diabo está tua mãe guardando aqui em casa esta flor peregrina? A rapariga precisa de tomar ar".

Posso dizer, agora que já passou muito tempo, esta preocupação do tio nunca me passou pela cabeça; acostumado a ver Mariana bem tratada parecia-me ver nela uma pessoa da família, e, além disso, ser-me-ia doloroso contribuir para causar tristeza a minha mãe.

Amélia ia lá a casa algumas vezes; mas era o princípio, e antes que nenhum namoro houvesse entre nós. Cuido, porém, que foi Mariana quem chamou a atenção da moça para mim. Amélia deu-mo a entender um dia. O certo é que uma tarde, depois de jantar, estávamos a tomar café no terraço, e eu reparei na beleza de Amélia com uma atenção mais demorada que de costume. Fosse acaso ou fenômeno magnético, a moça olhava também para mim. Prolongaram-se os nossos olhares... ficamos a amar um ao outro. Todos os amores começam pouco mais ou menos, assim.

Acho inútil contar minuciosamente este namoro de rapaz, que vocês em parte conhecem, e que não apresentou episódio notável. Meus pais aprovaram a minha escolha; os pais de Amélia fizeram o mesmo. Nada se opunha à nossa felicidade. Preparei-me um dia de ponto em branco e fui pedir a meu tio a mão da filha. Foi-me ela concedida, com a condição apenas de que o casamento seria efetuado alguns meses depois, quando o irmão de Amélia tivesse completado os estudos, e pudesse assistir à cerimônia com a sua carta de bacharel.

Durante este tempo Mariana estava em casa de uma parenta nossa que nô-la foi pedir para costurar uns vestidos. Mariana era excelente costureira. Quando ela voltou para casa, estava assentado o meu casamento com Amélia; e, como era natural, eu passava a maior parte do tempo em casa da prima, saboreando aquelas castas efusões de amor e ternura que antecedem o casamento. Mariana notou as minhas prolongadas ausências, e, com uma dissimulação assaz inteligente, indagou de minha irmã Josefa a causa delas. Disse-lho Josefa. Que se passou então no espírito de Mariana? Não sei; mas no dia seguinte, depois do almoço quando eu me dispunha a ir vestir-me, Mariana veio encontrar-me no corredor que ia ter ao meu quarto, com o pretexto de entregar-me um maço de charuto que me caíra do bolso. O maço fora previamente tirado da caixa que eu tinha no quarto.

— Aqui tem, disse ela com voz trêmula.

— O que é? perguntei.

— Estes charutos... caíram do bolso de senhor moço.

— Ah!

Recebi o maço de charutos e guardei-o no bolso do casaco; mas durante esse tempo, Mariana conservou-se diante de mim. Olhei para ela; tinha os olhos postos no chão.

— Então, que fazes tu? disse eu em tom de galhofa.

— Nada, respondeu ela levantando os olhos para mim. Estavam rasos de lágrimas.

Admirou-me essa manifestação inesperada da parte de uma rapariga que todos estavam acostumados a ver alegre e descuidosa da vida. Supus que houvesse cometido alguma falta e recorresse a mim para protegê-la junto de minha mãe. Nesse caso a falta devia ser grande, porque minha mãe era a bondade em pessoa, e tudo perdoava às suas amadas crias.

— Que tens, Mariana? perguntei.

E como ela não respondesse e continuasse a olhar para mim, chamei em voz alta por minha mãe. Mariana apressou-se a tapar-me a boca, e esquivando-se às minhas mãos fugiu pelo corredor fora.

Fiquei a olhar ainda alguns instantes para ela, sem compreender nem as lágrimas, nem o gesto, nem a fuga. O meu principal cuidado era outro; a lembrança do incidente passou depressa, fui vestir-me e saí.

Quando voltei à casa não vi Mariana, nem reparei na falta dela. Acontecia isso muitas vezes. Mas depois de jantar lembrou-me o incidente da véspera e perguntei a Josefa o que haveria magoado a rapariga que tão romanescamente me falara no corredor.

— Não sei, disse Josefa, mas alguma coisa haverá porque Mariana anda triste desde anteontem. Que supões tu?

— Alguma coisa faria e tem medo da mamãe.

— Não, disse Josefa; pode ser antes algum namoro.

— Ah! tu pensas quê?

— Pode ser.

— E quem será o namorado da senhora Mariana, perguntei rindo. O copeiro ou o cocheiro?

— Tanto não sei eu; mas seja quem for, será alguém que lhe inspirasse amor; é quanto basta para que se mereçam um ao outro.

— Filosofia humanitária! Filosofia de mulher, respondeu Josefa com um ar tão sério que me impôs silêncio.

Mariana não me apareceu nos três dias seguintes. No quarto dia, estávamos almoçando, quando ela atravessou a sala de jantar, tomou a bênção a todos e foi para dentro. O meu quarto ficava além da sala de jantar e tinha uma janela que dava para o pátio e enfrentava com a janela do gabinete de costura. Quando fui para o meu quarto, Mariana estava nesse gabinete ocupada em preparar vários objetos para uns trabalhos de agulha. Não tinha os olhos em mim, mas eu percebia que o seu olhar acompanhava os meus movimentos. Aproximei-me da janela e disse-lhe:

— Estás mais alegre, Mariana?

A mulatinha assustou-se, voltou a cara para diversos lados, como se tivesse medo de que as minhas palavras fossem ouvidas, e finalmente impôs-me silêncio com o dedo na boca.

— Mas que é? perguntei eu dando à minha voz a moderação compatível com a distância.

Sua única resposta foi repetir-me o mesmo gesto.

Era evidente que a tristeza de Mariana tinha uma causa misteriosa, pois que ela receava revelar nada a esse respeito.

Que seria senão algum namoro como minha irmã supunha? Convencido disto, e querendo continuar uma investigação curiosa, aproveitei a primeira ocasião que se me ofereceu.

— Que tens tu, Mariana? disse eu; andas triste e misteriosa. É algum namorico? Anda, fala; tu és estimada por todos cá de casa. Se gostas de alguém poderás ser feliz com ele porque ninguém te oporá obstáculos aos teus desejos.

— Ninguém? perguntou ela com singular expressão de incredulidade.

— Quem teria interesse nisso?

— Não falemos nisso, nhonhô. Não se trata de amores, que eu não posso ter amores. Sou uma simples escrava.

— Escrava, é verdade, mas escrava quase senhora. És tratada aqui como filha da casa. Esqueces esses benefícios?

— Não os esqueço; mas tenho grande pena em havê-los recebido.

— Que dizes, insolente?

— Insolente? disse Mariana com altivez. Perdão! continuou ela voltando à sua humildade natural e ajoelhando-se a meus pés; perdão, se disse aquilo; não foi por querer: eu sei o que sou; mas se nhonhô soubesse a razão estou certa que me perdoaria.

Comoveu-me esta linguagem da rapariga. Não sou mau; compreendi que alguma grande preocupação teria feito com que Mariana esquecesse por instantes a sua condição e o respeito que nos devia a todos.

— Está bom, disse eu, levanta-te e vai-te embora; mas não tornes a dizer coisas dessas que me obrigas a contar tudo à senhora velha.

Mariana levantou-se, agarrou-me na mão, beijou-a repetidas vezes entre lágrimas e desapareceu.

Todos estes acontecimentos tinham chamado a minha atenção para a mulatinha. Parecia-me evidente que ela sentia alguma cousa por alguém, e ao mesmo tempo que o sentia, certa elevação e nobreza. Tais sentimentos contrastavam com a fatalidade da sua condição social. Que seria uma paixão daquela pobre escrava educada com mimos de senhora? Refleti longamente nisto tudo, e concebi um projeto romântico: obter a confissão franca de Mariana e, no caso em que se tratasse de um amor que a pudesse tornar feliz, pedir a minha mãe a liberdade da escrava.

Josefa aprovou a minha ideia, e incumbiu-se de interrogar a rapariga e alcançar pela confiança aquilo que me seria mais difícil obter pela imposição ou sequer pelo conselho.

Mariana recusou dizer coisa nenhuma a minha irmã. Debalde empregou esta todos os meios de sedução possíveis entre uma senhora e uma escrava. Mariana respondia invariavelmente que nada havia que confessar. Josefa comunicou-me o que se passara entre ambas.

— Tentarei eu, respondi; verei se sou mais feliz.

Mariana resistiu às minhas interrogações repetidas, asseverando que nada sentia e rindo de que se pudesse supor semelhante coisa. Mas era um riso forçado, que antes confirmava a suspeita do que a negativa.

— Bem, disse eu, quando me convenci de que nada podia alcançar; bem, tu negas o que te pergunto. Minha mãe saberá interrogar-te.

Mariana estremeceu.

— Mas, disse ela, por que razão sinhá velha há de saber disto? Eu já disse a verdade.

— Não disseste, respondi eu; e não sei por que recusas dizê-la quando tratamos todos da tua felicidade.

— Bem, disse Mariana com resolução, promete que se eu disser a verdade não me interrogará mais?

— Prometo, disse eu rindo.

— Pois bem; é verdade que eu gosto de uma pessoa...

— Quem é?

— Não posso dizer.

— Por quê?

— Porque é um amor impossível.

— Impossível? Sabes o que são amores impossíveis?

Roçou pelos lábios da mulatinha um sorriso de amargura e dor.

— Sei! disse ela.

Nem pedidos, nem ameaças conseguiram de Mariana uma declaração positiva a este respeito. Josefa foi mais feliz do que eu; conseguiu não arrancar-lhe o segredo, mas suspeitar-lho, e veio dizer-me o que lhe parecia.

— Que seja eu o querido de Mariana? perguntei-lhe com um riso de mofa e incredulidade. Estás louca, Josefa. Pois ela atrever-se-ia!...

— Parece que se atreveu.

— A descoberta é galante; e realmente não sei o que pense disto...

Não continuei, disse a Josefa que não falasse em semelhante coisa e desistisse de maiores explorações. Na minha opinião o caso tomava outro caráter; tratava-se de uma simples exaltação de sentidos.

Enganei-me.

Cerca de cinco semanas antes do dia marcado para o casamento, Mariana adoeceu. O médico deu à moléstia um nome bárbaro, mas na opinião de Josefa era doença de amor. A doente recusou tomar nenhum remédio; minha mãe estava louca de pena; minhas irmãs sentiam deveras a moléstia da escrava. Esta ficava cada vez mais abatida; não comia, nem se medicava; era de recear que morresse. Foi nestas circunstâncias que eu resolvi fazer um ato de caridade. Fui ter em Mariana e pedi-lhe que vivesse.

— Manda-me viver? perguntou ela.

— Sim.

Foi eficaz a lembrança; Mariana restabeleceu-se em pouco tempo. Quinze dias depois estava completamente de pé.

Que esperanças concebera ela com as minhas palavras, não sei; cuido que elas só tiveram efeito por lhe acharem o espírito abatido. Acaso contaria ela que eu desistisse do casamento projetado e do amor que tinha à prima, para satisfazer os seus amores impossíveis? Não sei; o certo é que não só se lhe restaurou a saúde como também lhe voltou a alegria primitiva.

Confesso, entretanto que, apesar de não competir de modo nenhum os sentimentos de Mariana, entrei a olhar para ela com outros olhos. A rapariga tornara-se interessante para mim, e qualquer que seja a condição de uma mulher, há sempre dentro de nós um fundo de vaidade que se lisonjeia com a afeição que ela nos vote. Além disto, surgiu em meu espírito uma ideia que a razão pode condenar, mas que nossos costumes aceitam perfeitamente. Mariana encarregara-se de provar que estava acima das veleidades. Um dia de manhã fui acordado pelo alvoroço que havia em casa. Vesti-me à pressa e fui saber o que era. Mariana tinha desaparecido de casa. Achei minha mãe desconsoladíssima: estava triste e indignada ao mesmo tempo. Doía-lhe a ingratidão da escrava. Josefa veio ter comigo.

— Eu suspeitava, disse ela, que alguma coisa acontecesse. Mariana andava alegre demais; parecia-me contentamento fingido para encobrir algum plano. O plano foi este. Que te parece?

— Creio que devemos fazer esforços para capturá-la, e uma vez restituída à casa, colocá-la na situação verdadeira do cativeiro.

Disse isto por me estar a doer o desespero de minha mãe. A verdade é que, por simples egoísmo, eu desculpava o ato da rapariga.

Parecia-me natural, e agradava-me ao espírito, que a rapariga tivesse fugido para não assistir à minha ventura, que seria realidade daí a oito dias. Mas a ideia de suicídio veio aguar-me o gosto; estremeci com a suspeita de ser involuntariamente causa de um crime dessa ordem; impelido pelo remorso, saí apressadamente em busca de Mariana.

Achei-me na rua sem saber o que devia fazer. Andei cerca de vinte minutos inutilmente, até que me ocorreu a ideia natural de recorrer à polícia; era prosaica a intervenção da polícia, mas eu não fazia romance; ia simplesmente em cata de uma fugitiva.

A polícia nada sabia de Mariana; mas lá deixei a nota competente; correram agentes em todas as direções: fui eu mesmo saber nos arrabaldes se havia notícia de Mariana. Tudo foi inútil; às três horas da tarde voltei para casa sem poder tranquilizar minha família. Na minha opinião tudo estava perdido.

Fui à noite à casa de Amélia, aonde não fora de tarde, motivo pelo qual havia recebido um recado em carta a uma de minhas irmãs. A casa de minha prima ficava em uma esquina. Eram oito horas da noite quando cheguei à porta da casa. A três ou quatro passos estava um vulto de mulher cosido com a parede. Aproximei-me: era Mariana.

– Que fazes aqui? perguntei eu.

– Perdão, nhonhô; vinha vê-lo.

– Ver-me? mas por que saíste de casa, onde eras tão bem tratada, e donde não tinhas o direito de sair, porque és cativa?

– Nhonhô, eu saí porque sofria muito...

– Sofrias muito! Tratavam-te mal? Bem sei o que é; são os resultados da educação que minha mãe te deu. Já te supões senhora e livre. Pois enganas-te; hás de voltar já, e já, para casa. Sofrerás as consequências da tua ingratidão. Vamos...

– Não! disse ela; não irei.

– Mariana, tu abusas da afeição que todos temos por ti. Eu não tolero essa recusa, e se me repetes isso...

– Que fará?

– Irás à força; irás com dois soldados.

– Nhonhô fará isso? disse ela com voz trêmula. Não quero obrigá-lo a incomodar os soldados, iremos juntos, ou irei só. O que eu queria, é que nhonhô não fosse tão cruel... porque enfim eu não tenho culpa se... Paciência! vamos... eu vou.

Mariana começou a chorar. Tive pena dela.

— Tranquiliza-te, Mariana, disse-lhe; eu intercederei por ti. Mamãe não te fará mal.

— Que importa que faça? Eu estou disposta a tudo... Ninguém tem que ver com as minhas desgraças... Estou pronta; podemos ir.

— Saibamos outra coisa, disse eu, alguém te seduziu para fugir?

Esta pergunta era astuciosa; eu desejava apenas desviar do espírito da rapariga qualquer suspeita de que eu soubesse dos seus amores por mim. Foi desastrada a astúcia. O único efeito da pergunta foi indigná-la.

— Se alguém me seduziu? perguntou ela; não, ninguém; fugi porque eu o amo, e não posso ser amada, eu sou uma infeliz escrava. Aqui está por que eu fugi. Podemos ir; já disse tudo. Estou pronta a carregar com as consequências disto.

Não pude arrancar mais nada à rapariga. Apenas quando lhe perguntei se havia comido, respondeu-me que não, mas que não tinha fome.

Chegamos à casa eu e ela perto das nove horas da noite. Minha mãe já não tinha esperanças de tornar a ver Mariana; o prazer que a vista da escrava lhe deu foi maior que a indignação pelo seu procedimento. Começou por invectivá-la. Intercedi a tempo de acalmar a justa indignação de minha mãe e Mariana foi dormir tranquilamente.

Não sei se tranquilamente. No dia seguinte tinha os olhos inchados e estava triste. A situação da pobre rapariga interessara-me bastante, o que era natural, sendo eu a causa indireta daquela dor profunda. Falei muito nesse episódio em casa de minha prima. O tio João Luís disse-me em particular que eu fora um asno e um ingrato.

— Por quê? perguntei-lhe.

— Porque devias ter posto Mariana debaixo da minha proteção, a fim de livrá-la do mau tratamento que vai ter.

— Ah! não, minha mãe já lhe perdoou.

— Nunca lhe perdoará como eu.

Falei tanto em Mariana que minha prima entrou a sentir um disparatado ciúme. Protestei-lhe que era loucura e abatimento ter zelos de uma cria de casa, e que o meu interesse era simples sentimento de piedade. Parece que as minhas palavras não lhe fizeram grande impressão.

Extremamente leviana, Amélia não soube conservar a necessária dignidade, quando foi a minha casa. Conversou muito na necessidade de tratar severamente as escravas, e achou que era dar mau exemplo mandar-lhes ensinar alguma coisa.

Minha mãe admirou-se muito desta linguagem na boca de Amélia e redarguiu com aspereza o que lhe dava direito a sua vontade. Amélia insistiu; minhas irmãs combateram as suas opiniões: Amélia ficou amuada. Não havia pior posição para uma senhora.

Nada escapara a Mariana desta conversa entre Amélia e minha família; mas ela era dissimulada e nada disse que pudesse trair os seus sentimentos. Pelo contrário redobrou de esforços para agradar a minha prima; desfez-se em agrados e respeitos. Amélia recebia todas essas demonstrações com visível sobranceria em vez de as receber com fria dignidade.

Na primeira ocasião em que pude falar a minha prima, chamei a sua atenção para esta situação absurda e ridícula. Disse-lhe que, sem o querer, estava a humilhar-se diante de uma escrava. Amélia não compreendeu o sentimento que me ditou estas palavras, nem a procedência das minhas palavras. Viu naquilo uma defesa de Mariana; respondeu-me com algumas palavras duras e retirou-se para os aposentos de minhas irmãs onde chorou à vontade. Finalmente tudo se acalmou e Amélia voltou tranquila para casa.

Quatro dias antes do dia marcado para o meu casamento, era a festa do natal. Minha mãe costumava dar festas às escravas. Era um costume que lhe deixara minha avó. As festas consistiam em dinheiro ou algum objeto de pouco valor. Mariana recebia ambas as cousas por uma especial graça. De tarde tiveram gente em casa para jantar: alguns amigos e parentes. Amélia estava presente. Meu tio João Luís era grande amador de discursos à sobremesa. Mal começavam a entrar os doces, quando ele se levantou e começou um discurso que a julgar pelo introito, devia ser extenso. Como ele tinha suma graça, eram gerais as risadas desde que empunhou o copo. Foi no meio dessa geral alegria que uma das escravas veio dar parte de que Mariana havia desaparecido.

Este segundo ato de rebeldia da mulatinha produziu a mais furiosa impressão em todos. Da primeira vez houve alguma mágoa e saudade de mistura com a indignação. Desta vez houve indignação apenas. Que sentimento devia inspirar a todos a insistência dessa rapariga em fugir de uma casa onde era tratada como filha? Ninguém duvidou mais que Mariana era seduzida por alguém, ideia que na primeira vez se desvaneceu mediante uma piedosa mentira da minha parte; como duvidar agora?

Tais não eram as minhas impressões. Senhor do funesto segredo da escrava, sentia-me penalizado por ser causa indireta das loucuras dela e das tristezas de minha mãe. Ficou assentado que se procuraria a fugitiva e se lhe daria o castigo competente. Deixei que esse momento de cólera se consumasse, e levantei-me para ir procurar Mariana.

Amélia ficou desgostosa com esta resolução, e bem o revelou no olhar; mas eu fingi que a não percebia e saí.

Dei os primeiros passos necessários e usuais. A polícia nada sabia, mas ficou avisada e empregou meios para alcançar a fugitiva. Eu suspeitava que desta vez ela tivesse cometido suicídio; fiz neste sentido as diligências necessárias para ter alguma notícia dela viva ou morta.

Tudo foi inútil.

Quando voltei à casa eram dez horas da noite; todos estavam à minha espera, menos o tio e a prima que já se haviam retirado.

Minha irmã contou-me que Amélia saíra furiosa, porque achava que eu estava dando maior atenção do que devia a uma escrava, embora bonita, acrescentou ela.

Confesso que naquele momento o que me preocupava mais era Mariana; não porque eu correspondesse aos seus sentimentos por mim, mas porque eu sentia sérios remorsos de ser causa de um crime. Fui sempre pouco amante de aventuras e lances arriscados e não podia pensar sem algum terror na possibilidade de morrer alguém por mim.

Minha vaidade não era tamanha que me abafasse os sentimentos de piedade cristã. Neste estado as invectivas da minha noiva não me fizeram grande impressão, e não foi por causa delas que eu passei a noite em claro.

Continuei no dia seguinte as minhas pesquisas, mas nem eu nem a polícia fomos felizes.

Tendo andado muito, já a pé, já de tílburi, achei-me às cinco horas da tarde no Largo de S. Francisco de Paula, com alguma vontade de comer; a casa ficava um pouco longe e eu queria continuar depois as minhas averiguações. Fui jantar a um hotel que então havia na antiga Rua dos Latoeiros.

Comecei a comer distraído e ruminando mil ideias contrárias, mil suposições absurdas. Estava no meio do jantar quando vi descer do segundo andar da casa um criado com uma bandeja onde havia vários pratos cobertos.

— Não quer jantar, disse o criado ao dono do hotel que se achava no balcão.

— Não quer? perguntou este; mas então... não sei o que faça... reparaste se... Eu acho bom ir chamar a polícia.

Levantei-me da mesa e aproximei-me do balcão.

— De que se trata? perguntei eu.

— De uma moça que aqui apareceu ontem, e que ainda não comeu até hoje...

Pedi-lhe os sinais da pessoa misteriosa. Não havia dúvida. Era Mariana.

— Creio que sei quem é, disse eu, e ando justamente em procura dela. Deixe-me subir.

O homem hesitou; mas a consideração de que não lhe podia convir continuar a ter em casa uma pessoa por cuja causa viesse a ter questões com a polícia, fez com que me deixasse o caminho livre.

Acompanhou-me o criado, a quem incumbi de chamar por ela, porque se conhecesse a minha voz, supunha eu que me não quisesse abrir.

Assim se fez. Mariana abriu a porta e eu apareci. Deu um grito estridente e lançou-se-me nos braços. Repeli aquela demonstração com toda a brandura que a situação exigia.

— Não venho aqui para receber-te abraços, disse eu; venho pela segunda vez buscar-te para casa, donde pela segunda vez fugiste.

A palavra *fugiste* escapou-me dos lábios; todavia, não lhe dei importância senão quando vi a impressão que ela produziu em Mariana. Confesso que devera ter alguma caridade mais; mas eu queria conciliar os meus sentimentos com os meus deveres, e não fazer com que a mulher não se esquecesse de que era escrava. Mariana parecia disposta a sofrer tudo dos outros, contanto que obtivesse a minha compaixão. Compaixão tinha-lhe eu; mas não lho manifestava, e era esse todo o mal.

Quando a fugitiva recobrou a fala, depois das emoções diversas por que passara desde que me viu chegar, declarou positivamente que era sua intenção não sair dali. Insisti com ela dizendo-lhe que poderia ganhar tudo procedendo bem, ao passo que tudo perderia continuando naquela situação.

– Pouco importa, disse ela; estou disposta a tudo.

– A matar-te, talvez? perguntei eu.

– Talvez, disse ela sorrindo melancolicamente; confesso-lhe até que a minha intenção era morrer na hora do seu casamento, a fim de que fôssemos ambos felizes, – nhonhô casando-se, eu morrendo.

– Mas, desgraçada, tu não vês que...

– Eu bem sei o que vejo, disse ela; descanse; era essa a minha intenção, mas pode ser que o não faça...

Compreendi que era melhor levá-la pelos meios brandos; entrei a empregá-los sem esquecer nunca a reserva que me impunha a minha posição. Mariana estava resolvida a não voltar. Depois de gastar cerca de uma hora, sem nada obter, declarei-lhe positivamente que ia recorrer aos meios violentos, e que já lhe não era possível resistir. Perguntou-me que meios eram; disse-lhe que eram os agentes policiais.

– Bem vês, Mariana, acrescentei, sempre hás de ir para casa; é melhor que me não obrigues a um ato que me causaria alguma dor.

– Sim? perguntou ela com ânsia; teria dor em levar-me assim para casa?

– Alguma pena teria decerto, respondi; porque tu foste sempre boa rapariga; mas que farei eu se continuas a insistir em ficar aqui?

Mariana encostou a cabeça à parede e começou a soluçar; procurei acalmá-la; foi impossível. Não havia remédio; era necessário empregar o meio heroico. Saí ao corredor para chamar pelo criado que tinha descido logo depois que a porta se abriu.

Quando voltei ao quarto, Mariana acabava de fazer um movimento suspeito. Parecia-me que guardava alguma cousa no bolso. Seria alguma arma?

– Que escondeste aí? perguntei eu.

— Nada, disse ela.

— Mariana, tu tens alguma ideia terrível no espírito... Isso é alguma arma...

— Não, respondeu ela.

Chegou o criado e o dono da casa. Expus-lhes em voz baixa o que queria; o criado saiu, o dono da casa ficou.

— Eu suspeito que ela tem alguma arma no bolso para matar-se; cumpre arrancar-lha.

Dizendo isto ao dono da casa, aproximei-me de Mariana.

— Dá-me o que tens aí.

Ela contraiu um pouco o rosto. Depois, metendo a mão no bolso, entregou-me o objeto que lá havia guardado.

Era um vidro vazio.

— Que é isto, Mariana? perguntei eu, assustado.

— Nada, disse ela; eu queria matar-me depois d'amanhã. Nhonhô apressou a minha morte, nada mais.

— Mariana! exclamei eu aterrado.

— Oh! continuou ela com voz fraca; não lhe quero mal por isso. Nhonhô não tem culpa: a culpa é da natureza. Só o que eu lhe peço é que não me tenha raiva, e que se lembre algumas vezes de mim...

Mariana caiu sobre a cama. Pouco depois entrava o inspetor. Chamou-se à pressa um médico; mas era tarde. O veneno era violento; Mariana morreu às 8 horas da noite.

Sofri muito com este acontecimento; mas alcancei que minha mãe perdoasse à infeliz, confessando-lhe a causa da morte dela. Amélia nada soube, mas nem por isso deixou o fato de influir em seu espírito. O interesse com que eu procurei a rapariga, e a dor que a sua morte me causou, transtornaram a tal ponto os sentimentos da minha noiva, que ela rompeu o casamento dizendo ao pai que havia mudado de resolução.

Tal foi, meus amigos, este incidente da minha vida. Creio que posso dizer ainda hoje que todas as mulheres de quem tenho sido amado, nenhuma me amou mais do que aquela. Sem alimentar-se de nenhuma esperança, entregou-se alegremente ao fogo do martírio; amor obscuro, silencioso, desesperado, inspirando o riso ou a indignação, mas no fundo, amor imenso e profundo, sincero e inalterável.

Coutinho concluiu assim a sua narração, que foi ouvida com tristeza por todos nós. Mas daí a pouco saíamos pela Rua do Ouvidor fora, examinando os pés das damas que desciam dos carros, e fazendo a esse respeito mil reflexões mais ou menos engraçadas e oportunas. Duas horas de conversa tinha-nos restituído a mocidade.

A mulher pálida[50]

CAPÍTULO I

Rangeu enfim o último degrau da escada ao peso do vasto corpo do Major Bento. O major deteve-se um minuto, respirou à larga, como se acabasse de subir, não a escada do sobrinho, mas a de Jacó, e enfiou pelo corredor adiante.

A casa era na Rua da Misericórdia, uma casa de sobrado cujo locatário sublocara três aposentos a estudantes. O aposento de Máximo era ao fundo, à esquerda, perto de uma janela que dava para a cozinha de uma casa da Rua D. Manuel. Triste lugar, triste aposento, e tristíssimo habitante, a julgá-lo pelo rosto com que apareceu às pancadinhas do major. Este bateu, com efeito, e bateu duas vezes, sem impaciência nem sofreguidão. Logo que bateu a segunda vez, ouviu estalar dentro uma cama, e logo um ruído de chinelas ao chão, depois um silêncio curto, enfim, moveu-se a chave e abriu-se a porta.

– Quem é? – ia dizendo a pessoa que abrira. E logo: – é o tio Bento.

A pessoa era um rapaz de vinte anos, magro, um pouco amarelo, não alto, nem elegante. Tinha os cabelos despenteados, vestia um chambre velho de ramagens, que foram vistosas no seu tempo, calçava umas chinelas de tapete; tudo asseado e tudo pobre. O aposento condizia com o habitante: era o alinho na miséria. Uma cama, uma pequena mesa, três cadeiras, um lavatório, alguns livros, dois baús, e pouco mais.

– Viva o senhor estudante, disse o major sentando-se na cadeira que o rapaz lhe oferecera.

– Vosmecê por aqui, é novidade, disse Máximo. Vem a passeio ou negócio?

– Nem negócio nem passeio. Venho...

---

[50] Publicado originalmente na revista *A Estação* em 4 capítulos, nas edições de 15 e 31 de agosto e 15 e 30 de setembro de 1881.

Hesitou; Máximo reparou que ele trazia uma polegada de fumo no chapéu de palha, um grande chapéu da roça de onde era o Major Bento. O major, como o sobrinho, era de Iguaçu. Reparou nisso, e perguntou assustado se morrera alguma pessoa da família.

— Descanse, disse o major, não morreu nenhum parente de sangue. Morreu teu padrinho.

O golpe foi leve. O padrinho de Máximo era um fazendeiro rico e avaro, que nunca jamais dera ao sobrinho um só presente, salvo um cacho de bananas, e ainda assim, porque ele se achava presente na ocasião de chegarem os carros. Tristemente avaro. Sobre avaro, misantropo; vivia consigo, sem parentes – nem amigos, nem eleições, nem festas, nem coisa nenhuma. Máximo não sentiu muita comoção à notícia do óbito. Chegou a proferir uma palavra de desdém.

— Vá feito, disse ele, no fim de algum tempo de silêncio, a terra lhe seja leve, como a bolsa que me deixou.

— Ingrato! bradou o major. Fez-te seu herdeiro universal.

O major proferiu estas palavras estendendo os braços para amparar o sobrinho, na queda que lhe daria a comoção; mas, a seu pesar, viu o sobrinho alegre, ou pouco menos triste do que antes, mas sem nenhum delírio. Teve um sobressalto, é certo, e não disfarçou a satisfação da notícia. Pudera! Uma herança de seiscentos contos, pelo menos. Mas daí à vertigem, ao estontear que o major previa, a distância era enorme. Máximo puxou de uma cadeira e sentou-se defronte do tio.

— Não me diga isso! Deveras herdeiro?

— Vim de propósito dar-te a notícia. Causou espanto a muita gente; o Morais Bicudo, que fez tudo para empalmar-lhe a herança, ficou com uma cara de palmo e meio. Dizia-se muita coisa; uns que a fortuna ficava para o Morais, outros que para o vigário, etc. Até se disse que uma das escravas seria a herdeira da maior parte. Histórias! Morreu o homem, abre-se o testamento, e lê-se a declaração de que você é o herdeiro universal.

Máximo ouviu contente. No mais recôndito da consciência dele insinuava-se esta reflexão – que a morte do coronel era uma coisa deliciosa, e que nenhuma outra notícia lhe podia ir mais direta e profunda ao coração.

– Vim dizer isto a você, continuou o major, e trazer um recado de tua mãe.

– Que é?

– Simplesmente saber se você quer continuar a estudar ou se prefere tomar conta da fazenda.

– Que lhe parece?

– A mim nada; você é que decide.

Máximo refletiu um instante.

– Em todo o caso, não é sangria desatada, disse ele; tenho tempo de escolher.

– Não, porque se você quiser estudar dá-me procuração, e não precisa sair daqui. Agora, se...

– Vosmecê volta hoje mesmo?

– Não, volto sábado.

– Pois amanhã resolveremos isto.

Levantou-se, atirou a cadeira ao lado, bradando que enfim ia tirar o pé do lodo; confessou que o padrinho era um bom homem, apesar de seco e misantropo, e a prova...

– Vivam os defuntos! concluiu o estudante.

Foi a um pequeno espelho, mirou-se, consertou os cabelos com as mãos; depois deteve-se algum tempo a olhar o soalho. O tom sombrio do rosto dominou logo a alegria da ocasião; e se o major fosse homem sagaz, poderia perceber-lhe nos lábios uma leve expressão de amargura. Mas o major nem era sagaz, nem olhava para ele; olhava para o fumo do chapéu, e consertava-o; depois despediu-se do estudante.

– Não, disse este; vamos jantar juntos.

O major aceitou. Máximo vestiu-se depressa, e, enquanto se vestia, falava das coisas de Iguaçu e da família. Pela conversa sabemos que a família é pobre, sem influência nem esperança. A mãe do estudante, irmã do major, tinha um pequeno sítio, que mal lhe dava para comer. O major exercia um emprego subalterno, e nem sequer tinha o gosto de ser verdadeiramente major. Chamavam-lhe assim, porque dois anos antes, em 1854, disse-se que ele ia ser nomeado Major da Guarda Nacional. Pura invenção, que muita gente acreditou realidade; e visto que lhe deram desde logo o título, repararam com ele o esquecimento do governo.

— Agora, juro-lhe que vosmecê há de ser major de verdade, dizia-lhe Máximo pondo na cabeça o chapéu de pêlo de lebre, depois de o escovar com muita minuciosidade.

— Homem, você quer que lhe diga? Isto de política já me não importa. Afinal, é tudo o mesmo...

— Mas há de ser major.

— Não digo que não, mas...

— Mas?

— Enfim, não digo que não.

Máximo abriu a porta e saíram. Ressoaram os passos de ambos no corredor mal alumiado. De um quarto ouviu-se uma cantarola, de outro um monólogo, de outro um tossir longo e cansado.

— É um asmático, disse o estudante ao tio, que punha o pé no primeiro degrau da escada para descer.

— Diabo de casa tão escura, disse ele.

— Arranjarei outra com luz e jardins, redarguiu o estudante.

E dando-lhe o braço, desceram à rua.

CAPÍTULO II

Naturalmente a leitora notou a impressão de tristeza do estudante, no meio da alegria que lhe trouxe o tio Bento. Não é provável que um herdeiro, na ocasião em que se lhe anuncia a herança, tenha outros sentimentos que não sejam de regozijo; daí uma conclusão da leitora – uma suspeita ao menos – suspeita ou conclusão que a leitora terá formulado nestes termos:

— O Máximo padece do fígado.

Engano! O Máximo não padece do fígado; goza até uma saúde de ferro. A causa secreta da tristeza súbita do Máximo, por mais inverossímil que pareça, é esta: – O rapaz amava uma galante moça de dezoito anos, moradora na Rua dos Arcos, e amava sem ventura.

Desde dois meses fora apresentado em casa do Senhor Alcântara, à

Rua dos Arcos. Era o pai de Eulália, que é a moça em questão. O Senhor Alcântara não era rico, exercia um emprego mediano no Tesouro, e vivia com certa economia e discrição; era ainda casado e tinha só duas filhas, a Eulália, e outra, que não passava de sete anos. Era um bom homem, muito inteligente, que se afeiçoou desde logo ao Máximo, e que, se o consultassem, não diria outra coisa senão que o aceitava para genro.

Tal não era a opinião de Eulália. Gostava de conversar com ele – não muito –, ouvia-lhe as graças, porque ele era gracioso, tinha repentes felizes; mas só isso. No dia em que o nosso Máximo se atreveu a interrogar os olhos de Eulália, esta não lhe respondeu coisa nenhuma, antes supôs que fora engano seu. Da segunda vez não havia dúvida; era positivo que o rapaz gostava dela e a interrogava. Eulália não pode ter-se que não comentasse o gesto do rapaz, no dia seguinte, com umas primas.

– Ora vejam!

– Mas que tem? aventurou uma das primas.

– Que tem? Não gosto dele; parece que é razão bastante. Realmente, há pessoas a quem não se pode dar um pouco de confiança. Só porque conversou um pouco comigo já pensa que é motivo para cair de namoro. Ora não vê!

Quando no dia seguinte, Máximo chegou à casa do Senhor Alcântara, foi recebido com frieza; entendeu que não era correspondido, mas nem por isso desanimou. Sua opinião é que as mulheres não eram mais duras do que as pedras, e entretanto a persistência da água vencia as pedras. Além deste ponto de doutrina, havia uma razão mais forte: ele amava deveras. Cada dia vinha fortalecer a paixão do moço, a ponto de lhe parecer inadmissível outra coisa que não fosse o casamento, e próximo; não sabia como seria próximo o casamento de um estudante sem dinheiro com uma dama, que o desdenhava; mas o desejo ocupa-se tão pouco das coisas impossíveis!

Eulália, honra lhe seja, tratou de desenganar as esperanças do estudante, por todos os modos, com o gesto e com a palavra; falava-lhe pouco, e às vezes mal. Não olhava para ele, ou olhava de relance, sem demora nem expressão. Não aplaudia, como outrora, os versos que ele ia ler em casa do pai, menos ainda lhe pedia que recitasse outros, como as primas; estas sempre se lembravam de um "Devaneio", um "Suspiro ao luar", "Teus olhos", "Ela", "Minha vida por um olhar", e outros pecados de igual peso, que o leitor pode comprar hoje por seiscentos réis, em brochura, na rua de S. José nº..., ou por trezentos réis, sem o frontispício. Eulália ouvia todas as belas estrofes compostas especialmente para ela, como se fossem uma página de S. Tomás de Aquino.

– Vou arriscar uma carta, disse um dia o rapaz, ao fechar a porta do quarto, da Rua da Misericórdia.

Efetivamente entregou-lhe uma carta alguns dias depois, à saída, quando ela já não podia recusá-la. Saiu precipitadamente; Eulália ficou com o papel na mão, mas devolveu-lho no dia seguinte. Apesar desta recusa e de todas as outras, Máximo conservava a esperança de triunfar enfim da resistência de Eulália, e não a conservava senão porque a paixão era verdadeira e forte, nutrida de si mesma, e irritada por um sentimento de amor próprio ofendido. O orgulho do rapaz sentia-se humilhado, e, para perdoar, exigia a completa obediência. Imagine-se, portanto, o que seriam as noites dele, no quartinho da Rua da Misericórdia, após os desdéns de cada dia.

Na véspera do dia em que o major Bento veio de Iguaçu comunicar ao sobrinho a morte e a herança do padrinho, Máximo reuniu todas as forças e deu batalha campal. Vestiu nesse dia um paletó à moda, umas calças talhadas por mão de mestre, deu-se ao luxo de um cabeleireiro, retesou o princípio de um bigode mal espesso, coligiu nos olhos toda a soma da eletricidade que tinha no organismo, e foi para a Rua dos Arcos. Um colega de ano, confidente dos primeiros dias do namoro, costumava a fazer do nome da rua uma triste aproximação histórica e militar. – Quando sais tu da ponte d'Arcole? – Esta chufa sem graça nem misericórdia doía ao pobre sobrinho do major Bento, como se fosse uma punhalada, mas não o dizia, para não confessar tudo; apesar das primeiras confidências, Máximo era um solitário.

Foi; declarou-se formalmente, Eulália recusou formalmente, mas sem desdém, apenas fria. Máximo voltou para casa abatido e passou uma noite de todos os diabos. Há fortes razões para crer que não almoçou nesse dia, além de três ou quatro xícaras de café. Café e cigarros. Máximo fumou uma quantidade incrível de cigarros. Os vendedores de tabaco certamente contam com as paixões infelizes, as esperas de entrevistas, e outras hipóteses em que o cigarro é confidente obrigado.

Tal era, em resumo, a vida anterior de Máximo, e tal foi a causa da tristeza com que pôde resistir às alegrias de uma herança inesperada – e duas vezes inesperada, pois não contava com a morte, e menos ainda com o testamento do padrinho.

– Vivam os defuntos! Esta exclamação, com que recebera a notícia do major Bento, não trazia o alvoroço próprio de um herdeiro; a nota era forçada demais.

O major Bento não soube nada daquela paixão secreta. Ao jantar, via-o de quando em quando ficar calado e sombrio, com os olhos fitos na mesa, a fazer bolas de miolo de pão.

– Tu tens alguma coisa, Máximo? perguntava-lhe.

Máximo estremecia, e procurava sorrir um pouco.

– Não tenho nada.

– Estás assim... um pouco... pensativo...

– Ah! é a lição de amanhã.

– Homem, isto de estudos não deve ir ao ponto de fazer adoecer a gente. Livro faz a cara amarela. Você precisa de distrair-se, não ficar metido naquele buraco da Rua da Misericórdia, sem ar nem luz, agarrado aos livros...

Máximo aproveitava estes sermões do tio, e voava outra vez à Rua dos Arcos, isto é, às bolas de miolo de pão e aos olhos fitos na mesa. Num desses esquecimentos, e enquanto o tio despia uma costeleta de porco, Máximo disse em voz alta:

– Justo.

– O que é? perguntou o major.

– Nada.

– Você está falando só, rapaz? Hum? aqui há coisa. Hão de ser as italianas do teatro.

Máximo sorriu, e não explicou ao tio por que motivo lhe saíra aquela palavra da boca, uma palavra seca, nua, vaga, susceptível de mil aplicações. Era um juízo? uma resolução?

CAPÍTULO III

Máximo teve uma ideia singular: experimentar se Eulália, rebelde ao estudante pobre, não o seria ao herdeiro rico. Nessa mesma noite foi à Rua dos Arcos. Ao entrar, disse-lhe o Senhor Alcântara:

— Chega a propósito; temos aqui umas moças que ainda não ouviram o "Suspiro ao luar".

Máximo não se fez de rogado; era poeta; supunha-se grande poeta; em todo caso recitava bem, com certas inflexões langorosas, umas quedas da voz e uns olhos cheios de morte e de vida. Abotoou o paletó com uma intenção chateaubriânica, mas o paletó recusou-se a intenções estrangeiras e literárias. Era um prosaico paletó nacional, da Rua do Hospício nº... A mão ao peito corrigiu um pouco a rebeldia do vestuário; e esta circunstância persuadiu a uma das moças de fora que o jovem estudante não era tão desprezível como lhe havia dito Eulália. E foi assim que os versos começaram a brotar-lhe da boca – a adejar-lhe, que é melhor verbo para o nosso caso.

— Bravo! bravo! diziam os ouvintes, a cada estrofe.

Depois do "Suspiro ao luar", veio o "Devaneio", obra nebulosa e deliciosa ao mesmo tempo, e ainda o "Colo de neve", até que o Máximo anunciou uns versos inéditos, compostos de fresco, poucos minutos antes de sair de casa. Imaginem! Todos os ouvidos afiaram-se para tão gulosa especiaria literária. E quando ele anunciou que a nova poesia denominava-se "Uma cabana e teu amor" – houve um geral murmúrio de admiração. Máximo preparou-se; tornou a inserir a mão entre o colete e o paletó, e fitou os olhos em Eulália.

— Forte tolo! disse a moça consigo.

Geralmente, quando uma mulher tem de um homem a ideia que Eulália acabava de formular – está prestes a mandá-lo embora de uma vez ou a adorá-lo em todo o resto da vida. Um moralista dizia que as mulheres são extremas: ou melhores ou piores do que os homens. Extremas são, e daí o meu conceito. A nossa Eulália estava no último fio da tolerância; um pouco mais, e o Máximo ia receber as derradeiras despedidas. Naquela noite mais do que nunca, pareceu-lhe insuportável o estudante. A insistência do olhar – ele, que era tímido, – o ar de soberania, certa consciência de si mesmo, que até então não mostrara, tudo o condenou de uma vez.

– Vamos, vamos, disseram os curiosos ao poeta.

– "Uma cabana e teu amor", repetiu Máximo.

E começou a recitar os versos. Essa composição intencional dizia que ele, poeta, era pobre, muito pobre, mais pobre do que as aves do céu; mas que à sombra de uma cabana, ao pé *dela*, seria o mais feliz e mais opulento homem do mundo. As últimas estrofes – juro que não as cito senão por ser fiel à narração – as estrofes derradeiras eram assim:

> Que me importa não tragas brilhantes,
> Refulgindo no teu colo nu?
> Tens nos olhos as joias vibrantes,
> E a mais nítida pérola és tu.
>
> Pobre sou, pobre quero ajoelhado,
> Como um cão amoroso, a teus pés,
> Viver só de sentir-me adorado,
> E adorar-te, meu anjo, que o és!

O efeito destes versos foi estrondoso. O Senhor Alcântara, que suava no Tesouro todos os dias para evitar a cabana e o almoço, um tanto parco, celebrado nos versos do estudante, aplaudiu entusiasticamente os desejos deste, notou a melodia do ritmo, a doçura da frase, etc...

– Oh! muito bonito! muito bonito! exclamava ele, e repetia entusiasmado:

> Pobre sou, pobre quero ajoelhado,
> Como um cão amoroso a teus pés,
> Amoroso a teus pés... Que mais? Amoroso a teus pés, e... Ah! sim:
> Viver só de sentir-me adorado,
> E adorar-te, meu anjo, que o és!

Note-se – e este rasgo mostrará a força de caráter de Eulália –, note-se que

Eulália achou os versos bonitos, e achá-los-ia deliciosos, se os pudesse ouvir com orelhas simpáticas. Achou-os bonitos, mas não os aplaudiu.

"Armou-se uma brincadeira" para usar a expressão do Senhor Alcântara, querendo dizer que se dançou um pouco.

— Armemos uma brincadeira, bradara ele. Uma das moças foi para o piano, as outras e os rapazes dançaram. Máximo alcançou uma quadrilha de Eulália; no fim da terceira figura disse-lhe baixinho:

— Pobre sou, pobre quero ajoelhado...

— Quem é pobre não tem vícios, respondeu a moça rindo, com um pouco de ferocidade nos olhos e no coração.

Máximo enfiou. Não me amará nunca, pensou ele. Ao chá, restabelecido do golpe, e fortemente mordido do despeito, lembrou-se de dar a ação definitiva, que era noticiar a herança. Tudo isso era tão infantil, tão adoidado, que a língua entorpeceu-se-lhe no melhor momento, e a notícia não lhe saiu da boca. Foi só então que ele pensou na singularidade duma notícia daquelas, em plena ceia de estranhos, depois de uma quadrilha e alguns versos. Esse plano, afagado durante a tarde e a noite, que lhe parecia um prodígio de habilidade, e talvez o fosse deveras, esse plano apareceu-lhe agora pela face obscura, e achou-o ridículo. Minto: achou-o ousado apenas. As visitas começaram a despedir-se, e ele foi obrigado a despedir-se também. Na rua, arrependeu-se, chamou-se covarde, tolo, maricas, todos os nomes feios que um caráter fraco dá a si mesmo, quando perde uma ação. No dia seguinte meteu-se a caminho para Iguaçu.

Seis ou sete semanas depois, tornado de Iguaçu, a notícia da herança era pública. A primeira pessoa que o visitou foi o Senhor Alcântara, e força é dizer que a pena com que lhe apareceu era sincera. Ele o aceitara ainda pobre; é que deveras o estimava.

— Agora continua os seus estudos, não é? perguntou ele.

— Não sei, disse o rapaz; pode ser que não.

— Como assim?

— Estou com ideias de ir estudar na Europa, na Alemanha, por exemplo; em todo o caso, não irei este ano. Estou moço, não preciso ganhar a vida, posso esperar.

O Senhor Alcântara deu a notícia à família. Um irmão de Eulália não se teve que não lançasse em rosto à irmã os seus desdéns, e sobretudo a crueldade com que os manifestara.

– Mas se não gosto dele, e agora? dizia a moça.

E dizia isso arrebitando o nariz, e com um jeito de ombros, seco, frio, enfarado, amofinado.

– Ao menos confesse que é um moço de talento, insistiu o irmão.

– Não digo que não.

– De muito talento.

– Creio que sim.

– Se é! Que bonitos versos que ele faz! E depois não é feio. Você dirá que o Máximo é um rapaz feio?

– Não, não digo.

Uma prima, casada, teve para Eulália os mesmos reparos. A essa confessou Eulália que o Máximo nunca se declarara deveras, embora lhe mandasse algumas cartas.

– Podia ser caçoada de estudante, disse ela.

– Não creio.

– Podia.

Eulália – e aqui começa a explicar-se o título deste conto – Eulália era de um moreno pálido. Ou doença, ou melancolia, ou pó-de-arroz, começou a ficar mais pálida depois da herança do Iguaçu. De maneira que, quando o estudante lá voltou um mês depois, admirou-se de a ver, e de certa maneira sentiu-se mais ferido. A palidez de Eulália tinha-lhe dado uns trinta versos; porque ele, romântico acabado, do grupo clorótico, amava as mulheres pela falta de sangue e de carnes. Eulália realizara um sonho; ao voltar de Iguaçu o sonho era simplesmente divino.

Isto acabaria aqui mesmo, se Máximo não fosse, além de romântico, dotado de uma delicadeza e de um amor-próprio extraordinários. Essa era a outra feição principal dele, a que me dá esta novelita; porque se tal não fora... Mas eu não quero usurpar a ação do capítulo seguinte.

CAPÍTULO IV

— Quem é pobre não tem vícios. Esta frase ainda ressoava aos ouvidos de Máximo, quando já a pálida Eulália mostrava-se outra para com ele — outra cara, outras maneiras, e até outro coração. Agora, porém, era ele que desdenhava. Em vão a filha do Senhor Alcântara, para resgatar o tempo perdido e as justas mágoas, requebrava os olhos até onde eles podiam ir sem desdouro nem incômodo, sorria, fazia o diabo; mas, como não fazia a única ação necessária, que era apagar literalmente o passado, não adiantava uma linha; a situação era a mesma.

Máximo deixou de frequentar a casa algumas semanas depois da volta de Iguaçu, e Eulália voltou as esperanças para outro ponto menos nebuloso. Não nego que as noivas começaram a chover sobre o recente herdeiro, porque negaria a verdade conhecida por tal; não foi chuva, foi tempestade, foi um tufão de noivas, qual mais bela, qual mais prendada, qual mais disposta a fazê-lo o mais feliz dos homens. Um antigo companheiro da Escola de Medicina apresentou-o a uma irmã, realmente galante, D. Felismina. O nome é que era feio; mas que é um nome? What is a name? como diz a flor dos Capuletos.

— D. Felismina tem um defeito, disse Máximo a uma prima dela, um defeito capital; D. Felismina não é pálida, muito pálida.

Esta palavra foi um convite às pálidas. Quem se sentia bastante pálida afiava os olhos contra o peito do ex-estudante, que em certo momento achou-se uma espécie de hospital de convalescentes. A que se seguiu logo foi uma D. Rosinha, criatura linda como os amores.

— Não podes negar que D. Rosinha é pálida, dizia-lhe um amigo.

— É verdade, mas não é ainda bem pálida, quero outra mais pálida.

D. Amélia, com quem se encontrou um dia no Passeio Público, devia realizar o sonho ou o capricho de Máximo; era difícil ser mais pálida. Era filha de um médico, e uma das belezas do tempo. Máximo foi apresentado por um parente, e dentro de poucos dias frequentava a casa. Amélia apaixonou-se logo por ele, não era difícil — já não digo por ser abastado, — mas por ser realmente belo. Quanto ao rapaz, ninguém podia saber se ele deveras gostava da moça, ninguém lhe ouvia coisa nenhuma. Falava com ela, louvava-lhe os olhos, as mãos, a boca, as maneiras, e chegou a dizer que a achava muito pálida, e nada mais.

— Ande lá, disse-lhe enfim um amigo, desta vez creio que encontraste a palidez mestra.

— Ainda não, tornou Máximo; D. Amélia é pálida, mas eu procuro outra mulher mais pálida.

— Impossível.

— Não é impossível. Quem pode dizer que é impossível uma coisa ou outra? Não é impossível; ando atrás da mulher mais pálida do universo; estou moço, posso esperá-la.

Um médico, das relações do ex-estudante, começou a desconfiar que ele tivesse algum transtorno, perturbação, qualquer coisa que não fosse a integridade mental; mas, comunicando essa suspeita a alguém, achou a maior resistência em crer-lha.

— Qual doido! respondeu a pessoa. Essa história de mulheres pálidas é ainda o despeito que lhe ficou da primeira, e um pouco de fantasia de poeta. Deixe passar mais uns meses, e vê-lo-emos coradinho como uma pitanga.

Passaram-se quatro meses; apareceu uma Justina, viúva, que tratou de apoderar-se logo do coração do rapaz, o que lhe custaria tanto menos, quanto que era talvez a criatura mais pálida do universo. Não só pálida de si mesma, como pálida também pelo contraste das roupas de luto. Máximo não encobriu a forte impressão que a dama lhe deixou. Era uma senhora de vinte e um a vinte e dois anos, alta, fina, de um talhe elegante e esbelto, e umas feições de gravura. Pálida, mas, sobretudo, pálida.

Ao fim de quinze dias o Máximo frequentava a casa com uma pontualidade de alma ferida, os parentes de Justina trataram de escolher as prendas nupciais, os amigos de Máximo anunciaram o casamento próximo, as outras candidatas retiraram-se. No melhor da festa, quando se imaginava que ele ia pedi-la, Máximo afastou-se da casa. Um amigo lançou-lhe em rosto tão singular procedimento.

— Qual? disse ele.

– Dar esperanças a uma senhora tão distinta...
– Não dei esperanças a ninguém.
– Mas enfim não podes negar que é bonita?
– Não.
– Que te ama?
– Não digo que não, mas...
– Creio que também gostas dela...
– Pode ser que sim.
– Pois então?
– Não é bem pálida; eu quero a mulher mais pálida do universo.

Como estes fatos se reproduzissem, a ideia de que Máximo estava doido foi passando de um em um, e dentro em pouco era opinião. O tempo parecia confirmar a suspeita. A condição da palidez que ele exigia da noiva, tornou-se pública. Sobre a causa da monomania disse-se que era Eulália, uma moça da Rua dos Arcos, mas acrescentou-se que ele ficara assim porque o pai da moça recusara o seu consentimento, quando ele era pobre; e dizia-se mais que Eulália também estava doida. Lendas, lendas. A verdade é que nem por isso deixava de aparecer uma ou outra pretendente ao coração de Máximo; mas ele recusava-as todas, asseverando que a mais pálida ainda não havia aparecido.

Máximo padecia do coração. A moléstia agravou-se rapidamente; e foi então que duas ou três candidatas mais intrépidas resolveram-se a queimar todos os cartuchos para conquistar esse mesmo coração, embora doente, ou *parce que*... Mas, em vão! Máximo achou-as muito pálidas, mas ainda menos pálidas do que seria a mulher mais pálida do universo.

Vieram os parentes de Iguaçu; o tio major propôs uma viagem à Europa; ele, porém, recusou.

– Para mim, disse ele, é claro que acharei a mulher mais pálida do mundo, mesmo sem sair do Rio de Janeiro.

Nas últimas semanas, uma vizinha dele, em Andaraí, moça tísica, e pálida como as tísicas, propôs-lhe rindo, de um riso triste, que se casassem, porque ele não acharia mulher mais pálida.

– Acho, acho; mas se não achar, caso com a senhora.

A vizinha morreu daí a duas semanas; Máximo levou-a ao cemitério.

Mês e meio depois, uma tarde, antes de jantar, estando o pobre rapaz a escrever uma carta para o interior, foi acometido de uma congestão pulmonar, e caiu. Antes de cair teve tempo de murmurar.

– Pálida... pálida...

Uns pensavam que ele se referia à morte, como a noiva mais pálida, que ia enfim desposar, outros, acreditaram que eram saudades da dama tísica, outros que de Eulália, etc... Alguns creem simplesmente que ele estava doido; e esta opinião, posto que menos romântica, é talvez a mais verdadeira. Em todo caso, foi assim que ele morreu, pedindo uma pálida, e abraçando-se à pálida morte. *Pallida mors,* etc.

O Espelho

Esboço de uma nova teoria da alma humana[51]

Quatro ou cinco cavalheiros debatiam, uma noite, várias questões de alta transcendência, sem que a disparidade dos votos trouxesse a menor alteração aos espíritos. A casa ficava no morro de Santa Teresa, a sala era pequena, alumiada a velas, cuja luz fundia-se misteriosamente com o luar que vinha de fora. Entre a cidade, com as suas agitações e aventuras, e o céu, em que as estrelas pestanejavam, através de uma atmosfera límpida e sossegada, estavam os nossos quatro ou cinco investigadores de coisas metafísicas, resolvendo amigavelmente os mais árduos problemas do universo.

Por que quatro ou cinco? Rigorosamente eram quatro os que falavam; mas, além deles, havia na sala um quinto personagem, calado, pensando, cochilando, cuja espórtula no debate não passava de um ou outro resmungo de aprovação. Esse homem tinha a mesma idade dos companheiros, entre quarenta e cinquenta anos, era provinciano, capitalista, inteligente, não sem instrução, e, ao que parece, astuto e cáustico. Não discutia nunca; e defendia-se da abstenção com um paradoxo, dizendo que a discussão é a forma polida do instinto batalhador, que jaz no homem, como uma herança bestial; e acrescentava que os serafins e os querubins não controvertiam nada, e, aliás, eram a perfeição espiritual e eterna. Como desse esta mesma resposta naquela noite, contestou-lha um dos presentes, e desafiou-o a demonstrar o que dizia, se era capaz. Jacobina (assim se chamava ele) refletiu um instante, e respondeu:

— Pensando bem, talvez o senhor tenha razão.

Vai senão quando, no meio da noite, sucedeu que este casmurro usou

---

[51] Incluído pelo autor no volume *Papéis avulsos,* publicado em 1882.

da palavra, e não dois ou três minutos, mas trinta ou quarenta. A conversa, em seus meandros, veio a cair na natureza da alma, ponto que dividiu radicalmente os quatro amigos. Cada cabeça, cada sentença; não só o acordo, mas a mesma discussão tornou-se difícil, senão impossível, pela multiplicidade das questões que se deduziram do tronco principal e um pouco, talvez, pela inconsistência dos pareceres. Um dos argumentadores pediu ao Jacobina alguma opinião, – uma conjetura, ao menos.

– Nem conjetura, nem opinião, redarguiu ele; uma ou outra pode dar lugar a dissentimento, e, como sabem, eu não discuto. Mas, se querem ouvir-me calados, posso contar-lhes um caso de minha vida, em que ressalta a mais clara demonstração acerca da matéria de que se trata. Em primeiro lugar, não há uma só alma, há duas...

– Duas?

– Nada menos de duas almas. Cada criatura humana traz duas almas consigo: uma que olha de dentro para fora, outra que olha de fora para dentro... Espantem-se à vontade; podem ficar de boca aberta, dar de ombros, tudo; não admito réplica. Se me replicarem, acabo o charuto e vou dormir. A alma exterior pode ser um espírito, um fluido, um homem, muitos homens, um objeto, uma operação. Há casos, por exemplo, em que um simples botão de camisa é a alma exterior de uma pessoa; – e assim também a polca, o voltarete, um livro, uma máquina, um par de botas, uma cavatina, um tambor, etc. Está claro que o ofício dessa segunda alma é transmitir a vida, como a primeira; as duas completam o homem, que é, metafisicamente falando, uma laranja. Quem perde uma das metades, perde naturalmente metade da existência; e casos há, não raros, em que a perda da alma exterior implica a da existência inteira. Shylock, por exemplo. A alma exterior daquele judeu eram os seus ducados; perdê-los equivalia a morrer. "Nunca mais verei o meu ouro, diz ele a Tubal; *é um punhal que me enterras no coração.*" Vejam bem esta frase; a perda dos ducados, alma exterior, era a morte para ele. Agora, é preciso saber que a alma exterior não é sempre a mesma...

– Não?

– Não, senhor; muda de natureza e de estado. Não aludo a certas almas absorventes, como a pátria, com a qual disse o Camões que morria, e o poder, que foi a alma exterior de César e de Cromwell. São almas enérgicas e exclusivas; mas há outras, embora enérgicas, de natureza mudável. Há cavalheiros, por exemplo, cuja alma exterior, nos primeiros anos, foi um chocalho ou um cavalinho de pau, e mais tarde uma provedoria de irmandade, suponhamos. Pela minha parte, conheço uma senhora, – na verdade, gentilíssima, – que muda de alma exterior cinco, seis vezes por ano. Durante a estação lírica é a ópera; cessando a estação, a alma exterior substitui-se por outra: um concerto, um baile do Cassino, a rua do Ouvidor, Petrópolis...

– Perdão; essa senhora quem é?

– Essa senhora é parenta do diabo, e tem o mesmo nome; chama-se Legião... E assim outros mais casos. Eu mesmo tenho experimentado dessas trocas. Não as relato, porque iria longe; restrinjo-me ao episódio de que lhes falei. Um episódio dos meus vinte e cinco anos...

Os quatro companheiros, ansiosos de ouvir o caso prometido, esqueceram a controvérsia. Santa curiosidade! tu não és só a alma da civilização, és também o pomo da concórdia, fruta divina, de outro sabor que não aquele pomo da mitologia. A sala, até há pouco ruidosa de física e metafísica, é agora um mar morto; todos os olhos estão no Jacobina, que conserta a ponta do charuto, recolhendo as memórias. Eis aqui como ele começou a narração:

– Tinha vinte e cinco anos, era pobre, e acabava de ser nomeado alferes da Guarda Nacional. Não imaginam o acontecimento que isto foi em nossa casa. Minha mãe ficou tão orgulhosa! Tão contente! Chamava-me o seu alferes. Primos e tios, foi tudo uma alegria sincera e pura. Na vila, note-se bem, houve alguns despeitados; choro e ranger de dentes, como na Escritura; e o motivo não foi outro senão que o posto tinha muitos candidatos e que esses perderam. Suponho também que uma parte do desgosto foi inteiramente gratuita: nasceu da simples distinção. Lembra-me de alguns rapazes, que se davam comigo, e passaram a olhar-me de revés, durante algum tempo. Em compensação, tive muitas pessoas que ficaram satisfeitas com a nomeação; e a prova é que todo o fardamento me foi dado por amigos... Vai então uma das minhas tias, D. Marcolina, viúva do Capitão Peçanha, que morava a muitas léguas da vila, num sítio escuso e solitário, desejou ver-me, e pediu que fosse ter com ela e levasse a farda. Fui, acompanhado de um pajem, que daí a dias tornou à vila, porque a tia Marcolina, apenas me pilhou no sítio, escreveu a minha mãe dizendo que não me soltava antes de um mês, pelo menos. E abraçava-me! Chamava-me também o seu alferes. Achava-me um rapagão bonito. Como era um tanto patusca, chegou a confessar que tinha inveja da moça que houvesse de ser minha mulher. Jurava que em toda a província não havia outro que me pusesse o pé adiante. E sempre alferes; era alferes para cá, alferes para lá, alferes a toda a hora. Eu pedia-lhe que me chamasse Joãozinho, como dantes; e ela abanava a cabeça, bradando que não, que era o "senhor alferes". Um cunhado dela, irmão do finado Peçanha, que ali morava, não me chamava de outra maneira. Era o "senhor alferes", não por gracejo, mas a sério, e à vista dos escravos, que naturalmente foram pelo mesmo caminho. Na mesa tinha eu o melhor lugar, e era o primeiro servido. Não imaginam. Se lhes disser que o entusiasmo da tia Marcolina chegou ao ponto de mandar pôr no meu quarto um grande espelho, obra rica e magnífica, que destoava do resto da casa, cuja mobília era modesta e simples... Era um espelho que lhe dera a madrinha, e que esta herdara da mãe, que o comprara a uma das fidalgas vindas em 1808 com a corte de D. João VI. Não sei o que havia nisso de verdade; era a tradição. O espelho estava naturalmente muito velho; mas via-se-lhe ainda o ouro, comido em parte pelo tempo, uns delfins esculpidos nos ângulos superiores da moldura, uns enfeites de madrepérola e outros caprichos do artista. Tudo velho, mas bom...

– Espelho grande?

– Grande. E foi, como digo, uma enorme fineza, porque o espelho estava na sala; era a melhor peça da casa. Mas não houve forças que a demovessem do propósito; respondia que não fazia falta, que era só por algumas semanas, e finalmente que o "senhor alferes" merecia muito mais. O certo é que todas essas cousas, carinhos, atenções, obséquios, fizeram em mim uma transformação, que o natural sentimento da mocidade ajudou e completou. Imaginam, creio eu?

– Não.

– O alferes eliminou o homem. Durante alguns dias as duas naturezas equilibraram-se; mas não tardou que a primitiva cedesse à outra; ficou-me uma parte mínima de humanidade. Aconteceu então que a alma exterior, que era dantes o sol, o ar, o campo, os olhos das moças, mudou de natureza, e passou a ser a cortesia e os rapapés da casa, tudo o que me falava do posto, nada do que me falava do homem. A única parte do cidadão que ficou comigo foi aquela que entendia com o exercício da patente; a outra dispersou-se no ar e no passado. Custa-lhes acreditar, não?

— Custa-me até entender, respondeu um dos ouvintes.

— Vai entender. Os fatos explicarão melhor os sentimentos: os fatos são tudo. A melhor definição do amor não vale um beijo de moça namorada; e, se bem me lembro, um filósofo antigo demonstrou o movimento andando. Vamos aos fatos. Vamos ver como, ao tempo em que a consciência do homem se obliterava, a do alferes tornava-se viva e intensa. As dores humanas, as alegrias humanas, se eram só isso, mal obtinham de mim uma compaixão apática ou um sorriso de favor. No fim de três semanas, era outro, totalmente outro. Era exclusivamente alferes. Ora, um dia recebeu a tia Marcolina uma notícia grave; uma de suas filhas, casada com um lavrador residente dali a cinco léguas, estava mal e à morte. Adeus, sobrinho! Adeus, alferes! Era mãe extremosa, armou logo uma viagem, pediu ao cunhado que fosse com ela, e a mim que tomasse conta do sítio. Creio que, se não fosse a aflição, disporia o contrário; deixaria o cunhado e iria comigo. Mas o certo é que fiquei só, com os poucos escravos da casa. Confesso-lhes que desde logo senti uma grande opressão, alguma coisa semelhante ao efeito de quatro paredes de um cárcere, subitamente levantadas em torno de mim. Era a alma exterior que se reduzia; estava agora limitada a alguns espíritos boçais. O alferes continuava a dominar em mim, embora a vida fosse menos intensa, e a consciência mais débil. Os escravos punham uma nota de humildade nas suas cortesias, que de certa maneira compensava a afeição dos parentes e a intimidade doméstica interrompida. Notei mesmo, naquela noite, que eles redobravam de respeito, de alegria, de protestos. Nhô alferes, de minuto a minuto; nhô alferes é muito bonito; nhô alferes há de ser coronel; nhô alferes há de casar com moça bonita, filha de general; um concerto de louvores e profecias, que me deixou extático.

Ah! Pérfidos! Mal podia eu suspeitar a intenção secreta dos malvados.

— Matá-lo?

— Antes assim fosse.

— Coisa pior?

— Ouçam-me. Na manhã seguinte achei-me só. Os velhacos, seduzidos por outros, ou de movimento próprio, tinham resolvido fugir durante a noite; e assim fizeram.

Achei-me só, sem mais ninguém, entre quatro paredes, diante do terreiro deserto e da roça abandonada. Nenhum fôlego humano. Corri a casa toda, a senzala, tudo, ninguém, um molequinho que fosse. Galos e galinhas tão somente, um par de mulas, que filosofavam a vida, sacudindo as moscas, e três bois. Os mesmos cães foram levados pelos escravos. Nenhum ente humano. Parece-lhes que isto era melhor do que ter morrido? Era pior. Não por medo; juro-lhes que não tinha medo; era um pouco atrevidinho, tanto que não senti nada, durante as primeiras horas. Fiquei triste por causa do dano causado à tia Marcolina; fiquei também um pouco perplexo, não sabendo se devia ir ter com ela, para lhe dar a triste notícia, ou ficar tomando conta da casa. Adotei o segundo alvitre, para não desamparar a casa, e porque, se a minha prima enferma estava mal, eu ia somente aumentar a dor da mãe, sem remédio nenhum; finalmente, esperei que o irmão do tio Peçanha voltasse naquele dia ou no outro, visto que tinha saído havia já trinta e seis horas. Mas a manhã passou sem vestígio dele; à tarde comecei a sentir a sensação como de pessoa que houvesse perdido toda a ação nervosa, e não tivesse consciência da ação muscular. O irmão do tio Peçanha não voltou nesse dia, nem no outro, nem em toda aquela semana. Minha solidão tomou proporções enormes. Nunca os dias foram mais compridos, nunca o sol abrasou a terra com uma obstinação mais cansativa. As horas batiam de século a século no velho relógio da sala, cuja pêndula, *tic-tac, tic-tac*, feria-me a alma interior, como um piparote contínuo da eternidade. Quando, muitos anos depois, li uma poesia americana, creio que de Longfellow, e topei com este famoso estribilho: *Never, for ever! – For ever, never!* Confesso-lhes que tive um calafrio: recordei-me daqueles dias medonhos. Era justamente assim que fazia o relógio da tia Marcolina: – *Never, for ever! – For ever, never!* Não eram golpes de pêndula, era um diálogo do abismo, um cochicho do nada. E então de noite! Não que a noite fosse mais silenciosa. O silêncio era o mesmo que de dia. Mas a noite era a sombra, era a solidão ainda mais estreita ou mais larga. *Tic-tac, tic-tac.* Ninguém nas salas, na varanda, nos corredores, no terreiro, ninguém em parte nenhuma... Riem-se?

– Sim, parece que tinha um pouco de medo.

– Oh! Fora bom se eu pudesse ter medo! Viveria. Mas o característico daquela situação é que eu nem sequer podia ter medo, isto é, o medo vulgarmente entendido. Tinha uma sensação inexplicável. Ela como um defunto andando, um sonâmbulo, um boneco mecânico. Dormindo, era outra coisa. O sono dava-me alívio, não pela razão comum de ser irmão da morte, mas por outra. Acho que posso explicar assim esse fenômeno: – o sono, eliminando a necessidade de uma alma exterior, deixava atuar a alma interior. Nos sonhos, fardava-me orgulhosamente, no meio da família e dos amigos, que me elogiavam o garbo, que me chamavam alferes; vinha um amigo de nossa casa, e prometia-me o posto de tenente, outro o de capitão ou major; e tudo isso fazia-me viver. Mas quando acordava, dia claro, esvaía-se com o sono a consciência do meu ser novo e único – porque a alma interior perdia a ação exclusiva, e ficava dependente da outra, que teimava em não tornar... Não tornava. Eu saía fora, a um lado e outro, a ver se descobria algum sinal de regresso. *Soeur Anne, soeur Anne, ne vois-tu rien (re) venir?* Nada, coisa nenhuma; tal qual como na lenda francesa. Nada mais do que a poeira da estrada e o capinzal dos morros. Voltava para casa, nervoso, desesperado, estirava-me no canapé da sala. *Tic-tac, tic-tac.* Levantava-me, passeava, tamborilava nos vidros das janelas, assobiava. Em certa ocasião lembrei-me de escrever alguma coisa, um artigo político, um romance, uma ode; não escolhi nada definitivamente; sentei-me e tracei no papel algumas palavras e frases soltas, para intercalar no estilo. Mas o estilo, como tia Marcolina, deixava-se estar. *Soeur Anne, soeur Anne...* Coisa nenhuma. Quando muito via negrejar a tinta e alvejar o papel.

– Mas não comia?

– Comia mal, frutas, farinha, conservas, algumas raízes tostadas ao fogo, mas suportaria tudo alegremente, se não fora a terrível situação moral em que me achava. Recitava versos, discursos, trechos latinos, liras de Gonzaga, oitavas de Camões, décimas, uma antologia em trinta volumes. Às vezes fazia ginástica; outras dava beliscões nas pernas; mas o efeito era só uma sensação física de dor ou de cansaço, e mais nada. Tudo silêncio, um silêncio vasto, enorme, infinito, apenas sublinhado pelo eterno *tic-tac* da pêndula. *Tic-tac, tic-tac...*

— Na verdade, era de enlouquecer.

— Vão ouvir coisa pior. Convém dizer-lhes que, desde que ficara só, não olhara uma só vez para o espelho. Não era abstenção deliberada, não tinha motivo; era um impulso inconsciente, um receio de achar-me um e dois, ao mesmo tempo, naquela casa solitária; e se tal explicação é verdadeira, nada prova melhor a contradição humana, porque no fim de oito dias deu-me na veneta de olhar para o espelho com o fim justamente de achar-me dois. Olhei e recuei. O próprio vidro parecia conjurado com o resto do universo; não me estampou a figura nítida e inteira, mas vaga, esfumada, difusa, sombra de sombra. A realidade das leis físicas não permite negar que o espelho reproduziu-me textualmente, com os mesmos contornos e feições; assim devia ter sido. Mas tal não foi a minha sensação. Então tive medo; atribuí o fenômeno à excitação nervosa em que andava; receei ficar mais tempo, e enlouquecer. — Vou-me embora, disse comigo. E levantei o braço com gesto de mau humor, e ao mesmo tempo de decisão, olhando para o vidro; o gesto lá estava, mas disperso, esgaçado, mutilado... Entrei a vestir-me, murmurando comigo, tossindo sem tosse, sacudindo a roupa com estrépito, afligindo-me a frio com os botões, para dizer alguma coisa. De quando em quando, olhava furtivamente para o espelho; a imagem era a mesma difusão de linhas, a mesma decomposição de contornos... Continuei a vestir-me. Subitamente por uma inspiração inexplicável, por um impulso sem cálculo, lembrou-me... Se forem capazes de adivinhar qual foi a minha ideia...

— Diga.

— Estava a olhar para o vidro, com uma persistência de desesperado, contemplando as próprias feições derramadas e inacabadas, uma nuvem de linhas soltas, informes, quando tive o pensamento... Não, não são capazes de adivinhar.

— Mas, diga, diga.

— Lembrou-me vestir a farda de alferes. Vesti-a, aprontei-me de todo; e, como estava defronte do espelho, levantei os olhos, e... Não lhes digo nada; o vidro reproduziu então a figura integral; nenhuma linha de menos, nenhum contorno diverso; era eu mesmo, o alferes, que achava, enfim, a alma exterior. Essa alma ausente com a dona do sítio, dispersa e fugida com os escravos, ei-la recolhida no espelho. Imaginai um homem que, pouco a pouco, emerge de um letargo, abre os olhos sem ver, depois começa a ver, distingue as pessoas dos objetos, mas não conhece individualmente uns nem outros; enfim, sabe que este é Fulano, aquele é Sicrano; aqui está uma cadeira, ali um sofá. Tudo volta ao que era antes do sono. Assim foi comigo. Olhava para o espelho, ia de um lado para outro, recuava, gesticulava, sorria e o vidro exprimia tudo. Não era mais um autômato, era um ente animado. Daí em diante, fui outro. Cada dia, a uma certa hora, vestia-me de alferes, e sentava-me diante do espelho, lendo, olhando, meditando; no fim de duas, três horas, despia-me outra vez. Com este regime pude atravessar mais seis dias de solidão sem os sentir...

Quando os outros voltaram a si, o narrador tinha descido as escadas.

O caso da vara[52]

Damião fugiu do seminário às onze horas da manhã de uma sexta-feira de agosto. Não sei bem o ano; foi antes de 1850. Passados alguns minutos parou vexado; não contava com o efeito que produzia nos olhos da outra gente aquele seminarista que ia espantado, medroso, fugitivo. Desconhecia as ruas, andava e desandava; finalmente parou. Para onde iria? Para casa, não; lá estava o pai que o devolveria ao seminário, depois de um bom castigo. Não assentara no ponto de refúgio, porque a saída estava determinada para mais tarde; uma circunstância fortuita a apressou. Para onde iria? Lembrou-se do padrinho, João Carneiro, mas o padrinho era um moleirão sem vontade, que por si só não faria cousa útil. Foi ele que o levou ao seminário e o apresentou ao reitor:

— Trago-lhe o grande homem que há de ser, disse ele ao reitor.

— Venha, acudiu este, venha o grande homem, contanto que seja também humilde e bom. A verdadeira grandeza é chã. Moço...

Tal foi a entrada. Pouco tempo depois fugiu o rapaz ao seminário. Aqui o vemos agora na rua, espantado, incerto, sem atinar com refúgio nem conselho; percorreu de memória as casas de parentes e amigos, sem se fixar em nenhuma. De repente, exclamou:

— Vou pegar-me com Sinhá Rita! Ela manda chamar meu padrinho, diz-lhe que quer que eu saia do seminário... Talvez assim...

Sinhá Rita era uma viúva, querida de João Carneiro; Damião tinha umas ideias vagas dessa situação e tratou de a aproveitar. Onde morava? Estava tão atordoado, que só daí a alguns minutos é que lhe acudiu a casa; era no Largo do Capim.

---

[52] Conto escolhido pelo autor para abrir o volume *Páginas recolhidas*, publicado em 1899. No prefácio, Machado afirma que tais páginas "saíram primeiro nas folhas volantes do jornalismo, em data diversa, e foram escolhidas dentre muitas, por achar que ainda possam interessar."

— Santo nome de Jesus! Que é isto? bradou Sinhá Rita, sentando-se na marquesa, onde estava reclinada.

Damião acabava de entrar espavorido; no momento de chegar à casa, vira passar um padre, e deu um empurrão à porta, que por fortuna não estava fechada a chave nem ferrolho. Depois de entrar espiou pela rótula, a ver o padre. Este não deu por ele e ia andando.

— Mas que é isto, Sr. Damião? bradou novamente a dona da casa, que só agora o conhecera. Que vem fazer aqui?

Damião, trêmulo, mal podendo falar, disse que não tivesse medo, não era nada; ia explicar tudo.

— Descanse; e explique-se.

— Já lhe digo; não pratiquei nenhum crime, isso juro, mas espere.

Sinhá Rita olhava para ele espantada, e todas as crias, de casa, e de fora, que estavam sentadas em volta da sala, diante das suas almofadas de renda, todas fizeram parar os bilros e as mãos. Sinhá Rita vivia principalmente de ensinar a fazer renda, crivo e bordado. Enquanto o rapaz tomava fôlego, ordenou às pequenas que trabalhassem, e esperou. Afinal, Damião contou tudo, o desgosto que lhe dava o seminário; estava certo de que não podia ser bom padre; falou com paixão, pediu-lhe que o salvasse.

— Como assim? Não posso nada.

— Pode, querendo.

— Não, replicou ela abanando a cabeça, não me meto em negócios de sua família, que mal conheço; e então seu pai, que dizem que é zangado!

Damião viu-se perdido. Ajoelhou-se-lhe aos pés, beijou-lhe as mãos, desesperado.

— Pode muito, Sinhá Rita; peço-lhe pelo amor de Deus, pelo que a senhora tiver de mais sagrado, por alma de seu marido, salve-me da morte, porque eu mato-me, se voltar para aquela casa.

Sinhá Rita, lisonjeada com as súplicas do moço, tentou chamá-lo a outros sentimentos. A vida de padre era santa e bonita, disse-lhe ela; o tempo lhe mostraria que era melhor vencer as repugnâncias e um dia... Não nada, nunca! redarguia Damião, abanando a cabeça e beijando-lhe as mãos, e repetia que era a sua morte. Sinhá Rita hesitou ainda muito tempo; afinal perguntou-lhe por que não ia ter com o padrinho.

– Meu padrinho? Esse é ainda pior que papai; não me atende, duvido que atenda a ninguém...

– Não atende? interrompeu Sinhá Rita ferida em seus brios. Ora, eu lhe mostro se atende ou não...

Chamou um moleque e bradou-lhe que fosse à casa do Sr. João Carneiro chamá-lo, já e já; e se não estivesse em casa, perguntasse onde podia ser encontrado, e corresse a dizer-lhe que precisava muito de lhe falar imediatamente.

– Anda, moleque.

Damião suspirou alto e triste. Ela, para mascarar a autoridade com que dera aquelas ordens, explicou ao moço que o Sr. João Carneiro fora amigo do marido e arranjara-lhe algumas crias para ensinar. Depois, como ele continuasse triste, encostado a um portal, puxou-lhe o nariz, rindo:

– Ande lá, seu padreco, descanse que tudo se há de arranjar.

Sinhá Rita tinha quarenta anos na certidão de batismo, e vinte e sete nos olhos. Era apessoada, viva, patusca, amiga de rir; mas, quando convinha, brava como diabo. Quis alegrar o rapaz, e, apesar da situação, não lhe custou muito. Dentro de pouco, ambos eles riam, ela contava-lhe anedotas, e pedia-lhe outras, que ele referia com singular graça. Uma destas, estúrdia, obrigada a trejeitos, fez rir a uma das crias de Sinhá Rita, que esquecera o trabalho, para mirar e escutar o moço. Sinhá Rita pegou de uma vara que estava ao pé da marquesa, e ameaçou-a:

– Lucrécia, olha a vara!

A pequena abaixou a cabeça, aparando o golpe, mas o golpe não veio. Era uma advertência; se à noitinha a tarefa não estivesse pronta, Lucrécia receberia o castigo do costume. Damião olhou para a pequena; era uma negrinha, magricela, um frangalho de nada, com uma cicatriz na testa e uma queimadura na mão esquerda. Contava onze anos. Damião reparou que tossia, mas para dentro, surdamente, a fim de não interromper a conversação. Teve pena da negrinha, e resolveu apadrinhá-la, se não acabasse a tarefa. Sinhá Rita não lhe negaria o perdão... Demais, ela rira por achar-lhe graça; a culpa era sua, se há culpa em ter chiste.

Nisto, chegou João Carneiro. Empalideceu quando viu ali o afilhado, e olhou para Sinhá Rita, que não gastou tempo com preâmbulos. Disse-lhe que era preciso tirar o moço do seminário, que ele não tinha vocação para a vida eclesiástica, e antes um padre de menos que um padre ruim. Cá fora também se podia amar e servir a Nosso Senhor. João Carneiro, assombrado, não achou que replicar durante os primeiros minutos; afinal, abriu a boca e repreendeu o afilhado por ter vindo incomodar "pessoas estranhas", e em seguida afirmou que o castigaria.

— Qual castigar, qual nada! interrompeu Sinhá Rita. Castigar por quê? Vá, vá falar a seu compadre.

— Não afianço nada, não creio que seja possível...

— Há de ser possível, afianço eu. Se o senhor quiser, continuou ela com certo tom insinuativo, tudo se há de arranjar. Peça-lhe muito, que ele cede. Ande, Senhor João Carneiro, seu afilhado não volta para o seminário; digo-lhe que não volta...

— Mas, minha senhora...

— Vá, vá.

João Carneiro não se animava a sair, nem podia ficar. Estava entre um puxar de forças opostas. Não lhe importava, em suma, que o rapaz acabasse clérigo, advogado ou médico, ou outra qualquer coisa, vadio que fosse; mas o pior é que lhe cometiam uma luta ingente com os sentimentos mais íntimos do compadre, sem certeza do resultado; e, se este fosse negativo, outra luta com Sinhá Rita, cuja última palavra era ameaçadora: "digo-lhe que ele não volta". Tinha de haver por força um escândalo. João Carneiro estava com a pupila desvairada, a pálpebra trêmula, o peito ofegante. Os olhares que deitava a Sinhá Rita eram de súplica, mesclados de um tênue raio de censura. Por que lhe não pedia outra cousa? Por que lhe não ordenava que fosse a pé, debaixo de chuva, à Tijuca, ou Jacarepaguá? Mas logo persuadir ao compadre que mudasse a carreira do filho... Conhecia o velho; era capaz de lhe quebrar uma jarra na cara. Ah! se o rapaz caísse ali, de repente, apoplético, morto! Era uma solução – cruel, é certo, mas definitiva.

— Então? insistiu Sinhá Rita.

Ele fez-lhe um gesto de mão que esperasse. Coçava a barba, procurando um recurso. Deus do céu! um decreto do papa dissolvendo a Igreja, ou, pelo menos, extinguindo os seminários, faria acabar tudo em bem. João Carneiro voltaria para casa e ia jogar os *três-setes*. Imaginai que o barbeiro de Napoleão era encarregado de comandar a batalha de Austerlitz... Mas a Igreja continuava, os seminários continuavam, o afilhado continuava cosido à parede, olhos baixos esperando, sem solução apoplética.

— Vá, vá, disse Sinhá Rita dando-lhe o chapéu e a bengala.

Não teve remédio. O barbeiro meteu a navalha no estojo, travou da espada e saiu à campanha. Damião respirou; exteriormente deixou-se estar na mesma, olhos fincados no chão, acabrunhado. Sinhá Rita puxou-lhe desta vez o queixo.

— Ande jantar, deixe-se de melancolias.

— A senhora crê que ele alcance alguma coisa?

— Há de alcançar tudo, redarguiu Sinhá Rita cheia de si. Ande, que a sopa está esfriando.

Apesar do gênio galhofeiro de Sinhá Rita, e do seu próprio espírito leve, Damião esteve menos alegre ao jantar que na primeira parte do dia. Não fiava do caráter mole do padrinho. Contudo, jantou bem; e, para o fim, voltou às pilhérias da manhã. À sobremesa, ouviu um rumor de gente na sala, e perguntou se o vinham prender.

— Hão de ser as moças.

Levantaram-se e passaram à sala. As moças eram cinco vizinhas que iam todas as tardes tomar café com Sinhá Rita, e ali ficavam até o cair da noite.

As discípulas, findo o jantar delas, tornaram às almofadas do trabalho. Sinhá Rita presidia a todo esse mulherio de casa e de fora. O sussurro dos bilros e o palavrear das moças eram ecos tão mundanos, tão alheios à teologia e ao latim, que o rapaz deixou-se ir por eles e esqueceu o resto. Durante os primeiros minutos, ainda houve da parte das vizinhas certo acanhamento; mas passou depressa. Uma delas cantou uma modinha, ao som da guitarra, tangida por Sinhá Rita, e a tarde foi passando depressa. Antes do fim, Sinhá Rita pediu a Damião que contasse certa anedota que lhe agradara muito. Era a tal que fizera rir Lucrécia.

— Ande, senhor Damião, não se faça de rogado, que as moças querem ir embora. Vocês vão gostar muito.

Damião não teve remédio senão obedecer. Malgrado o anúncio e a expectação, que serviam a diminuir o chiste e o efeito, a anedota acabou entre risadas das moças. Damião, contente de si, não esqueceu Lucrécia e olhou para ela, a ver se rira também. Viu-a com a cabeça metida na almofada para acabar a tarefa. Não ria; ou teria rido para dentro, como tossia.

Saíram as vizinhas, e a tarde caiu de todo. A alma de Damião foi-se fazendo tenebrosa, antes da noite. Que estaria acontecendo? De instante a instante, ia espiar pela rótula, e voltava cada vez mais desanimado. Nem sombra do padrinho. Com certeza, o pai fê-lo calar, mandou chamar dois negros, foi à polícia pedir um pedestre, e aí vinha pegá-lo à força e levá-lo ao seminário. Damião perguntou a Sinhá Rita se a casa não teria saída pelos fundos; correu ao quintal e calculou que podia saltar o muro. Quis ainda saber se haveria modo de fugir para a Rua da Vala, ou se era melhor falar a algum vizinho que fizesse o favor de o receber. O pior era a batina; se Sinhá Rita lhe pudesse arranjar um rodaque, uma sobrecasaca velha... Sinhá Rita dispunha justamente de um rodaque, lembrança ou esquecimento de João Carneiro.

— Tenho um rodaque do meu defunto, disse ela, rindo; mas para que está com esses sustos? Tudo se há de arranjar, descanse.

Afinal, à boca da noite, apareceu um escravo do padrinho, com uma carta para Sinhá Rita. O negócio ainda não estava composto; o pai ficou furioso e quis quebrar tudo; bradou que não, senhor, que o peralta havia de ir para o seminário, ou então metia-o no Aljube ou na presiganga. João Carneiro lutou muito para conseguir que o compadre não resolvesse logo, que dormisse a noite, e meditasse bem se era conveniente dar à religião um sujeito tão rebelde e vicioso. Explicava na carta que falou assim para melhor ganhar a causa. Não a tinha por ganha, mas no dia seguinte lá iria ver o homem, e teimar de novo. Concluía dizendo que o moço fosse para a casa dele.

Damião acabou de ler a carta e olhou para Sinhá Rita. Não tenho outra tábua de salvação, pensou ele. Sinhá Rita mandou vir um tinteiro de chifre, e na meia folha da própria carta escreveu esta resposta: "Joãozinho, ou você salva o moço, ou nunca mais nos vemos". Fechou a carta com obreia, e deu-a ao escravo, para que a levasse depressa. Voltou a reanimar o seminarista, que estava outra vez no capuz da humildade e da consternação. Disse-lhe que sossegasse, que aquele negócio era agora dela.

— Hão de ver para quanto presto! Não, que eu não sou de brincadeiras!

Era a hora de recolher os trabalhos. Sinhá Rita examinou-os; todas as discípulas tinham concluído a tarefa. Só Lucrécia estava ainda à almofada, meneando os bilros, já sem ver; Sinhá Rita chegou-se a ela, viu que a tarefa não estava acabada, ficou furiosa, e agarrou-a por uma orelha.

— Ah! malandra!

— Nhanhã, nhanhã! pelo amor de Deus! por Nossa Senhora que está no céu.

— Malandra! Nossa Senhora não protege vadias!

Lucrécia fez um esforço, soltou-se das mãos da senhora, e fugiu para dentro; a senhora foi atrás e agarrou-a.

— Anda cá!

— Minha senhora, me perdoe!

— Não perdoo, não.

E tornaram ambas à sala, uma presa pela orelha, debatendo-se, chorando e pedindo; a outra dizendo que não, que a havia de castigar.

— Onde está a vara?

A vara estava à cabeceira da marquesa, do outro lado da sala. Sinhá Rita, não querendo soltar a pequena, bradou ao seminarista:

— Sr. Damião, dê-me aquela vara, faz favor?

Damião ficou frio... Cruel instante! Uma nuvem passou-lhe pelos olhos. Sim, tinha jurado apadrinhar a pequena, que por causa dele, atrasara o trabalho...

— Dê-me a vara, Sr. Damião!

Damião chegou a caminhar na direção da marquesa. A negrinha pediu-lhe então por tudo o que houvesse mais sagrado, pela mãe, pelo pai, por Nosso Senhor...

— Me acuda, meu sinhô moço!

Sinhá Rita, com a cara em fogo e os olhos esbugalhados, instava pela vara, sem largar a negrinha, agora presa de um acesso de tosse. Damião sentiu-se compungido; mas ele precisava tanto sair do seminário! Chegou à marquesa, pegou na vara e entregou-a a Sinhá Rita.

Pai contra mãe[53]

A escravidão levou consigo ofícios e aparelhos, como terá sucedido a outras instituições sociais. Não cito alguns aparelhos senão por se ligarem a certo ofício. Um deles era o ferro ao pescoço, outro o ferro ao pé; havia também a máscara de folha de flandres. A máscara fazia perder o vício da embriaguez aos escravos, por lhes tapar a boca. Tinha só três buracos, dois para ver, um para respirar, e era fechada atrás da cabeça por um cadeado. Com o vício de beber, perdiam a tentação de furtar, porque geralmente era dos vinténs do senhor que eles tiravam com que matar a sede, e aí ficavam dois pecados extintos, e a sobriedade e a honestidade certas. Era grotesca tal máscara, mas a ordem social e humana nem sempre se alcança sem o grotesco, e alguma vez o cruel. Os funileiros as tinham penduradas, à venda, na porta das lojas. Mas não cuidemos de máscaras.

O ferro ao pescoço era aplicado aos escravos fujões. Imaginai uma coleira grossa, com a haste grossa também à direita ou à esquerda, até ao alto da cabeça e fechada atrás com chave. Pesava, naturalmente, mas era menos castigo que sinal. Escravo que fugia assim, onde quer que andasse, mostrava um reincidente, e com pouco era pegado.

Há meio século, os escravos fugiam com frequência. Eram muitos, e nem todos gostavam da escravidão. Sucedia ocasionalmente apanharem pancada, e nem todos gostavam de apanhar pancada. Grande parte era apenas repreendida; havia alguém de casa que servia de padrinho, e o mesmo dono não era mau; além disso, o sentimento da propriedade moderava a ação, porque dinheiro também dói. A fuga repetia-se, entretanto. Casos houve, ainda que raros, em que o escravo

---

[53] Primeiro conto do volume *Relíquias de casa velha*, publicado em 1906, dois anos antes da morte do escritor. Na "Advertência" ele declara: "uma casa tem muita vez suas relíquias, lembranças de um dia ou de outro, da tristeza que passou, da felicidade que se perdeu. [...] Chama-lhe à minha vida uma casa, dá o nome de relíquias aos inéditos e impressos que aqui vão, ideias, histórias, críticas, diálogos, e verás explicados o livro e o título".

de contrabando, apenas comprado no Valongo, deitava a correr, sem conhecer as ruas da cidade. Dos que seguiam para casa, não raro, apenas ladinos, pediam ao senhor que lhes marcasse aluguel, e iam ganhá-lo fora, quitandando.

Quem perdia um escravo por fuga dava algum dinheiro a quem lho levasse. Punha anúncios nas folhas públicas, com os sinais do fugido, o nome, a roupa, o defeito físico, se o tinha, o bairro por onde andava e a quantia de gratificação. Quando não vinha a quantia, vinha promessa: "gratificar-se-á generosamente", – ou "receberá uma boa gratificação". Muita vez o anúncio trazia em cima ou ao lado uma vinheta, figura de preto, descalço, correndo, vara ao ombro, e na ponta uma trouxa. Protestava-se com todo o rigor da lei contra quem o acoitasse.

Ora, pegar escravos fugidios era um ofício do tempo. Não seria nobre, mas por ser instrumento da força com que se mantêm a lei e a propriedade, trazia esta outra nobreza implícita das ações reivindicadoras. Ninguém se metia em tal ofício por desfastio ou estudo; a pobreza, a necessidade de uma achega, a inaptidão para outros trabalhos, o acaso, e alguma vez o gosto de servir também, ainda que por outra via, davam o impulso ao homem que se sentia bastante rijo para pôr ordem à desordem.

Cândido Neves, – em família, Candinho, – é a pessoa a quem se liga a história de uma fuga, cedeu à pobreza, quando adquiriu o ofício de pegar escravos fugidos. Tinha um defeito grave esse homem, não aguentava emprego nem ofício, carecia de estabilidade; é o que ele chamava caiporismo. Começou por querer aprender tipografia, mas viu cedo que era preciso algum tempo para compor bem, e ainda assim talvez não ganhasse o bastante; foi o que ele disse a si mesmo. O comércio chamou-lhe a atenção, era carreira boa. Com algum esforço entrou de caixeiro para um armarinho. A obrigação, porém, de atender e servir a todos feria-o na corda do orgulho, e ao cabo de cinco ou seis semanas estava na rua por sua vontade. Fiel de cartório, contínuo de uma repartição anexa ao Ministério do Império, carteiro e outros empregos foram deixados pouco depois de obtidos.

Quando veio a paixão da moça Clara, não tinha ele mais que dívidas, ainda que poucas, porque morava com um primo, entalhador de ofício. Depois de várias tentativas para obter emprego, resolveu adotar o ofício do primo, de que aliás já tomara algumas lições. Não lhe custou apanhar outras, mas, querendo aprender depressa, aprendeu mal. Não fazia obras finas nem complicadas, apenas garras para sofás e relevos comuns para cadeiras. Queria ter em que trabalhar quando casasse, e o casamento não se demorou muito.

 Contava trinta anos. Clara, vinte e dois. Ela era órfã, morava com uma tia, Mônica, e cosia com ela. Não cosia tanto que não namorasse o seu pouco, mas os namorados apenas queriam matar o tempo; não tinham outro empenho. Passavam às tardes, olhavam muito para ela, ela para eles, até que a noite a fazia recolher para a costura. O que ela notava é que nenhum deles lhe deixava saudades nem lhe acendia desejos. Talvez nem soubesse o nome de muitos. Queria casar, naturalmente. Era, como lhe dizia a tia, um pescar de caniço, a ver se o peixe pegava, mas o peixe passava de longe; algum que parasse, era só para andar à roda da isca, mirá-la, cheirá-la, deixá-la e ir a outras.

 O amor traz sobrescritos. Quando a moça viu Cândido Neves, sentiu que era este o possível marido, o marido verdadeiro e único. O encontro deu-se em um baile; tal foi – para lembrar o primeiro ofício do namorado, – tal foi a página inicial daquele livro, que tinha de sair mal composto e pior brochado. O casamento fez-se onze meses depois, e foi a mais bela festa das relações dos noivos. Amigas de Clara, menos por amizade que por inveja, tentaram arredá-la do passo que ia dar. Não negavam a gentileza do noivo, nem o amor que lhe tinha, nem ainda algumas virtudes; diziam que era dado em demasia a patuscadas.

 – Pois ainda bem, replicava a noiva; ao menos, não caso com defunto.

 – Não, defunto não; mas é que...

 Não diziam o que era. Tia Mônica, depois do casamento, na casa pobre onde eles se foram abrigar, falou-lhes uma vez nos filhos possíveis. Eles queriam um, um só, embora viesse agravar a necessidade.

 – Vocês, se tiverem um filho, morrem de fome, disse a tia à sobrinha.

 – Nossa Senhora nos dará de comer, acudiu Clara.

 Tia Mônica devia ter-lhes feito a advertência, ou ameaça, quando ele lhe foi pedir a mão da moça; mas também ela era amiga de patuscadas, e o casamento seria uma festa, como foi.

 A alegria era comum aos três. O casal ria a propósito de tudo. Os mesmos nomes eram objeto de trocados, Clara, Neves, Cândido; não davam que comer, mas davam que rir, e o riso digeria-se sem esforço. Ela cosia agora mais, ele saía a empreitadas de uma cousa e outra; não tinha emprego certo.

Nem por isso abriam mão do filho. O filho é que, não sabendo daquele desejo específico, deixava-se estar escondido na eternidade. Um dia, porém, deu sinal de si a criança; varão ou fêmea, era o fruto abençoado que viria trazer ao casal a suspirada ventura. Tia Mônica ficou desorientada, Cândido e Clara riram dos seus sustos.

— Deus nos há de ajudar, titia, insistia a futura mãe.

A notícia correu de vizinha a vizinha. Não houve mais que espreitar a aurora do dia grande. A esposa trabalhava agora com mais vontade, e assim era preciso, uma vez que, além das costuras pagas, tinha de ir fazendo com retalhos o enxoval da criança. À força de pensar nela, vivia já com ela, media-lhe fraldas, cosia-lhe camisas. A porção era escassa, os intervalos longos. Tia Mônica ajudava, é certo, ainda que de má vontade.

— Vocês verão a triste vida, suspirava ela.

— Mas as outras crianças não nascem também? perguntou Clara.

— Nascem, e acham sempre alguma coisa certa que comer, ainda que pouco...

— Certa como?

— Certa, um emprego, um ofício, uma ocupação, mas em que é que o pai dessa infeliz criatura que aí vem gasta o tempo?

Cândido Neves, logo que soube daquela advertência, foi ter com a tia, não áspero, mas muito menos manso que de costume, e lhe perguntou se já algum dia deixara de comer.

— A senhora ainda não jejuou senão pela semana santa, e isso mesmo quando não quer jantar comigo. Nunca deixamos de ter o nosso bacalhau...

— Bem sei, mas somos três.

— Seremos quatro.

— Não é a mesma coisa.

— Que quer então que eu faça, além do que faço?

— Alguma coisa mais certa. Veja o marceneiro da esquina, o homem do armarinho, o tipógrafo que casou sábado, todos têm um emprego certo... Não fique zangado; não digo que você seja vadio, mas a ocupação que escolheu é vaga. Você passa semanas sem vintém.

— Sim, mas lá vem uma noite que compensa tudo, até de sobra. Deus não me abandona, e preto fugido sabe que comigo não brinca; quase nenhum resiste, muitos entregam-se logo.

Tinha glória nisto, falava da esperança como de capital seguro. Daí a pouco ria, e fazia rir à tia, que era naturalmente alegre, e previa uma patuscada no batizado.

Cândido Neves perdera já o ofício de entalhador, como abrira mão de outros muitos, melhores ou piores. Pegar escravos fugidos trouxe-lhe um encanto novo. Não obrigava a estar longas horas sentado. Só exigia força, olho vivo, paciência, coragem e um pedaço de corda. Cândido Neves lia os anúncios, copiava-os, metia-os no bolso e saía às pesquisas. Tinha boa memória. Fixados os sinais e os costumes de um escravo fugido, gastava pouco tempo em achá-lo, segurá-lo, amarrá-lo e levá-lo. A força era muita, a agilidade também. Mais de uma vez, a uma esquina, conversando de coisas remotas, via passar um escravo como os outros, e descobria logo que ia fugido, quem era, o nome, o dono, a casa deste e a gratificação; interrompia a conversa e ia atrás do vicioso. Não o apanhava logo, espreitava lugar azado, e de um salto tinha a gratificação nas mãos. Nem sempre saía sem sangue, as unhas e os dentes do outro trabalhavam, mas geralmente ele os vencia sem o menor arranhão.

Um dia os lucros entraram a escassear. Os escravos fugidos não vinham já, como dantes, meter-se nas mãos de Cândido Neves. Havia mãos novas e hábeis. Como o negócio crescesse, mais de um desempregado pegou em si e numa corda, foi aos jornais, copiou anúncios e deitou-se à caçada. No próprio bairro havia mais de um competidor. Quer dizer que as dívidas de Cândido Neves começaram de subir, sem aqueles pagamentos prontos ou quase prontos dos primeiros tempos. A vida fez-se difícil e dura. Comia-se fiado e mal; comia-se tarde. O senhorio mandava pelos aluguéis.

Clara não tinha sequer tempo de remendar a roupa ao marido, tanta era a necessidade de coser para fora. Tia Mônica ajudava a sobrinha, naturalmente. Quando ele chegava à tarde, via-se-lhe pela cara que não trazia vintém. Jantava e saía outra vez, à cata de algum fugido. Já lhe sucedia, ainda que raro, enganar-se de pessoa, e pegar em escravo fiel que ia a serviço de seu senhor; tal era a cegueira da necessidade. Certa vez capturou um preto livre; desfez-se em desculpas, mas recebeu grande soma de murros que lhe deram os parentes do homem.

— É o que lhe faltava! exclamou a tia Mônica, ao vê-lo entrar, e depois de ouvir narrar o equívoco e suas consequências. Deixe-se disso, Candinho; procure outra vida, outro emprego.

Cândido quisera efetivamente fazer outra coisa, não pela razão do conselho, mas por simples gosto de trocar de ofício; seria um modo de mudar de pele ou de pessoa. O pior é que não achava à mão negócio que aprendesse depressa.

A natureza ia andando, o feto crescia, até fazer-se pesado à mãe, antes de nascer. Chegou o oitavo mês, mês de angústias e necessidades, menos ainda que o nono, cuja narração dispenso também. Melhor é dizer somente os seus efeitos. Não podiam ser mais amargos.

— Não, tia Mônica! bradou Candinho, recusando um conselho que me custa escrever, quanto mais ao pai ouvi-lo. Isso nunca!

Foi na última semana do derradeiro mês que a tia Mônica deu ao casal o conselho de levar a criança que nascesse à Roda dos enjeitados. Em verdade, não podia haver palavra mais dura de tolerar a dois jovens pais que espreitavam a criança, para beijá-la, guardá-la, vê-la rir, crescer, engordar, pular... Enjeitar quê? enjeitar como? Candinho arregalou os olhos para a tia, e acabou dando um murro na mesa de jantar. A mesa, que era velha e desconjuntada, esteve quase a se desfazer inteiramente. Clara interveio.

— Titia não fala por mal, Candinho.

— Por mal? replicou tia Mônica. Por mal ou por bem, seja o que for, digo que é o melhor que vocês podem fazer. Vocês devem tudo; a carne e o feijão vão faltando. Se não aparecer algum dinheiro, como é que a família há de aumentar? E depois, há tempo; mais tarde, quando o senhor tiver a vida mais segura, os filhos que vierem serão recebidos com o mesmo cuidado que este ou maior. Este será bem criado, sem lhe faltar nada. Pois então a Roda é alguma praia ou monturo? Lá não se mata ninguém, ninguém morre à toa, enquanto que aqui é certo morrer, se viver à míngua. Enfim...

Tia Mônica terminou a frase com um gesto de ombros, deu as costas e foi meter-se na alcova. Tinha já insinuado aquela solução, mas era a primeira vez que o fazia com tal franqueza e calor, – crueldade, se preferes. Clara estendeu a mão ao marido, como a amparar-lhe o ânimo; Cândido Neves fez uma careta, e chamou maluca à tia, em voz baixa. A ternura dos dois foi interrompida por alguém que batia à porta da rua.

– Quem é? perguntou o marido.

– Sou eu.

Era o dono da casa, credor de três meses de aluguel, que vinha em pessoa ameaçar o inquilino. Este quis que ele entrasse.

– Não é preciso...

– Faça favor.

O credor entrou e recusou sentar-se; deitou os olhos à mobília para ver se daria algo à penhora; achou que pouco. Vinha receber os aluguéis vencidos, não podia esperar mais; se dentro de cinco dias não fosse pago, pô-lo-ia na rua. Não havia trabalhado para regalo dos outros. Ao vê-lo, ninguém diria que era proprietário; mas a palavra supria o que faltava ao gesto, e o pobre Cândido Neves preferiu calar a retorquir. Fez uma inclinação de promessa e súplica ao mesmo tempo. O dono da casa não cedeu mais.

– Cinco dias ou rua! repetiu, metendo a mão no ferrolho da porta e saindo.

Candinho saiu por outro lado. Nesses lances não chegava nunca ao desespero, contava com algum empréstimo, não sabia como nem onde, mas contava. Demais, recorreu aos anúncios. Achou vários, alguns já velhos, mas em vão os buscava desde muito. Gastou algumas horas sem proveito, e tornou para casa. Ao fim de quatro dias, não achou recursos; lançou mão de empenhos, foi a pessoas amigas do proprietário, não alcançando mais que a ordem de mudança.

A situação era aguda. Não achavam casa, nem contavam com pessoa que lhes emprestasse alguma; era ir para a rua. Não contavam com a tia. Tia Mônica teve arte de alcançar aposento para os três em casa de uma senhora velha e rica, que lhe prometeu emprestar os quartos baixos da casa, ao fundo da cocheira, para os lados de um pátio. Teve ainda a arte maior de não dizer nada aos dois, para que Cândido Neves, no desespero da crise começasse por enjeitar o filho e acabasse alcançando algum meio seguro e regular de obter dinheiro; emendar a vida, em suma. Ouvia as queixas de Clara, sem as repetir, é certo, mas sem as consolar. No dia em que fossem obrigados a deixar a casa, fá-los-ia espantar com a notícia do obséquio e iriam dormir melhor do que cuidassem.

Assim sucedeu. Postos fora da casa, passaram ao aposento de favor, e dois dias depois nasceu a criança. A alegria do pai foi enorme, e a tristeza também. Tia Mônica insistiu em dar a criança à Roda. "Se você não a quer levar, deixe isso comigo; eu vou à Rua dos Barbonos." Cândido Neves pediu que não, que esperasse, que ele mesmo a levaria. Notai que era um menino, e que ambos os pais desejavam justamente este sexo. Mal lhe deram algum leite; mas, como chovesse à noite, assentou o pai levá-lo à Roda na noite seguinte.

Naquela reviu todas as suas notas de escravos fugidos. As gratificações pela maior parte eram promessas; algumas traziam a soma escrita e escassa. Uma, porém, subia a cem mil-réis. Tratava-se de uma mulata; vinham indicações de gesto e de vestido. Cândido Neves andara a pesquisá-la sem melhor fortuna, e abrira mão do negócio; imaginou que algum amante da escrava a houvesse recolhido. Agora, porém, a vista nova da quantia e a necessidade dela animaram Cândido Neves a fazer um grande esforço derradeiro. Saiu de manhã a ver e indagar pela Rua e Largo da Carioca, Rua do Parto e da Ajuda, onde ela parecia andar, segundo o anúncio. Não a achou; apenas um farmacêutico da Rua da Ajuda se lembrava de ter vendido uma onça de qualquer droga, três dias antes, à pessoa que tinha os sinais indicados. Cândido Neves parecia falar como dono da escrava, e agradeceu cortesmente a notícia. Não foi mais feliz com outros fugidos de gratificação incerta ou barata.

Voltou para a triste casa que lhe haviam emprestado. Tia Mônica arranjara de si mesma a dieta para a recente mãe, e tinha já o menino para ser levado à Roda. O pai, não obstante o acordo feito, mal pôde esconder a dor do espetáculo. Não quis comer o que tia Mônica lhe guardara; não tinha fome, disse, e era verdade. Cogitou mil modos de ficar com o filho; nenhum prestava. Não podia esquecer o próprio albergue em que vivia. Consultou a mulher, que se mostrou resignada. Tia Mônica pintara-lhe a criação do menino; seria maior a miséria, podendo suceder que o filho achasse a morte sem recurso. Cândido Neves foi obrigado a cumprir a promessa; pediu à mulher que desse ao filho o resto do leite que ele beberia da mãe. Assim se fez; o pequeno adormeceu, o pai pegou dele, e saiu na direção da Rua dos Barbonos.

Que pensasse mais de uma vez em voltar para casa com ele, é certo; não menos certo é que o agasalhava muito, que o beijava, que cobria o rosto para preservá-lo do sereno. Ao entrar na Rua da Guarda Velha, Cândido Neves começou a afrouxar o passo.

– Hei de entregá-lo o mais tarde que puder, murmurou ele.

Mas não sendo a rua infinita ou sequer longa, viria a acabá-la; foi então que lhe ocorreu entrar por um dos becos que ligavam aquela à Rua da Ajuda. Chegou ao fim do beco e, indo a dobrar à direita, na direção do Largo da Ajuda, viu do lado oposto um vulto de mulher; era a mulata fugida. Não dou aqui a comoção de Cândido Neves por não podê-lo fazer com a intensidade real. Um adjetivo basta; digamos enorme. Descendo a mulher, desceu ele também; a poucos passos estava a farmácia onde obtivera a informação, que referi acima. Entrou, achou o farmacêutico, pediu-lhe a fineza de guardar a criança por um instante; viria buscá-la sem falta.

– Mas...

Cândido Neves não lhe deu tempo de dizer nada; saiu rápido, atravessou a rua, até ao ponto em que pudesse pegar a mulher sem dar alarma. No extremo da rua, quando ela ia a descer a de S. José, Cândido Neves aproximou-se dela. Era a mesma, era a mulata fujona.

– Arminda! bradou, conforme a nomeava o anúncio.

Arminda voltou-se sem cuidar malícia. Foi só quando ele, tendo tirado o pedaço de corda da algibeira, pegou dos braços da escrava, que ela compreendeu e quis fugir. Era já impossível. Cândido Neves, com as mãos robustas, atava-lhe os pulsos e dizia que andasse. A escrava quis gritar, parece que chegou a soltar alguma voz mais alta que de costume, mas entendeu logo que ninguém viria libertá-la, ao contrário. Pediu então que a soltasse pelo amor de Deus.

– Estou grávida, meu senhor! exclamou. Se Vossa Senhoria tem algum filho, peço-lhe por amor dele que me solte; eu serei tua escrava, vou servi-lo pelo tempo que quiser. Me solte, meu senhor moço!

– Siga! repetiu Cândido Neves.

— Me solte!

— Não quero demoras; siga!

Houve aqui luta, porque a escrava, gemendo, arrastava-se a si e ao filho. Quem passava ou estava à porta de uma loja, compreendia o que era e naturalmente não acudia. Arminda ia alegando que o senhor era muito mau, e provavelmente a castigaria com açoites, — coisa que, no estado em que ela estava, seria pior de sentir. Com certeza, ele lhe mandaria dar açoites.

— Você é que tem culpa. Quem lhe manda fazer filhos e fugir depois? perguntou Cândido Neves.

Não estava em maré de riso, por causa do filho que lá ficara na farmácia, à espera dele. Também é certo que não costumava dizer grandes coisas. Foi arrastando a escrava pela Rua dos Ourives, em direção à da Alfândega, onde residia o senhor. Na esquina desta a luta cresceu; a escrava pôs os pés à parede, recuou com grande esforço, inutilmente. O que alcançou foi, apesar de ser a casa próxima, gastar mais tempo em lá chegar do que devera. Chegou, enfim, arrastada, desesperada, arquejando. Ainda ali ajoelhou-se, mas em vão. O senhor estava em casa, acudiu ao chamado e ao rumor.

— Aqui está a fujona, disse Cândido Neves.

— É ela mesma.

— Meu senhor!

— Anda, entra...

Arminda caiu no corredor. Ali mesmo o senhor da escrava abriu a carteira e tirou os cem mil-réis de gratificação. Cândido Neves guardou as duas notas de cinquenta mil-réis, enquanto o senhor novamente dizia à escrava que entrasse. No chão, onde jazia, levada do medo e da dor, e após algum tempo de luta a escrava abortou.

O fruto de algum tempo entrou sem vida neste mundo, entre os gemidos da mãe e os gestos de desespero do dono. Cândido Neves viu todo esse espetáculo. Não sabia que horas eram. Quaisquer que fossem, urgia correr à Rua da Ajuda, e foi o que ele fez sem querer conhecer as consequências do desastre.

Quando lá chegou, viu o farmacêutico sozinho, sem o filho que lhe entregara. Quis esganá-lo. Felizmente, o farmacêutico explicou tudo a tempo; o menino estava lá dentro com a família, e ambos entraram. O pai recebeu o filho com a mesma fúria com que pegara a escrava fujona de há pouco, fúria diversa, naturalmente, fúria de amor. Agradeceu depressa e mal, e saiu às carreiras, não para a Roda dos enjeitados, mas para a casa de empréstimo com o filho e os cem mil-réis de gratificação. Tia Mônica, ouvida a explicação, perdoou a volta do pequeno, uma vez que trazia os cem mil-réis. Disse, é verdade, algumas palavras duras contra a escrava, por causa do aborto, além da fuga. Cândido Neves, beijando o filho, entre lágrimas, verdadeiras, abençoava a fuga e não se lhe dava do aborto.

— Nem todas as crianças vingam, bateu-lhe o coração.

Romances
(excertos)

Ressurreição[54]

Capítulo XXII / A Carta[55]

Quando Menezes chegou à Tijuca eram quatro horas da tarde. A casa de Félix ficava afastada do caminho. O portão estava aberto; Meneses atravessou rapidamente o espaço que ia da estrada à casa e bateu. Veio um moleque abrir-lhe a porta. Meneses entrou precipitadamente e perguntou:

– Onde esta o senhor?

– Senhor não fala a ninguém, respondeu o moleque com a mão na chave como se o convidasse a sair.

– Há de falar comigo, insistiu resolutamente Meneses.

O tom decidido do rapaz abalou o escravo, cujo espírito, costumado à obediência, não sabia quase distingui-la do dever. Seguiram ambos por um corredor, chegaram diante de outra porta, e aí o moleque, antes de a abrir, recomendou a Meneses que esperasse fora. Perdida recomendação, porque, apenas o moleque abriu a porta, Meneses entrou afoitamente atrás dele.

Era um gabinete pequeno com quatro janelas que o enchiam de luz. Perto de uma janela havia uma rede estendida. Sobre a rede via-se um homem negligentemente deitado com um livro nas mãos.

Era Félix.

---

[54] Primeira incursão machadiana pelo gênero romanesco, *Ressurreição* apresenta um enredo tipicamente romântico, centrado no tema do ciúme e num duplo triângulo amoroso. A trama é protagonizada por Félix – jovem médico sem aptidão para a carreira e favorecido pelo recebimento de uma herança, fato que o livra de trabalhar –, e Lívia, viúva também cortejada por Menezes. Publicado em 1872, o romance tem como cenário os ambientes elitistas da capital do Império, não existindo praticamente nenhum personagem negro, à exceção do que aparece na cena abaixo, em verdade um mero figurante.

[55] Nesse capítulo, Menezes vai à chácara de Félix e interrompe o recolhimento do amigo e rival para discutir a situação de Lívia, objeto dos amores e preocupações de ambos. A passagem descreve e dá a medida da relação entre brancos e negros, com destaque para a posição de subalternidade e de invisibilidade social destes últimos. O narrador abstém-se de qualquer julgamento, mas seu comentário a respeito do mutismo do escravo diante da atitude desrespeitosa do visitante revela sua consciência do padrão de comportamento da classe senhorial. A cena é realista e está em perfeita homologia com o lugar social ocupado pelo negro naquele momento histórico.

Félix levantou a cabeça, deu com os olhos em Meneses, e empalideceu. Meneses não dera um passo mais. Ficaram assim alguns segundos a olhar um para o outro. Enfim, o médico disse ao escravo que se retirasse, e os dois ficaram sós.

O silêncio prolongou-se ainda mais. Da parte de Félix era confusão; da parte de Meneses, desapontamento. Viera ele em todo o caminho a descrever na imaginação o estado de Félix, acabrunhado por alguma grande dor, e em vez disso achava-o a ler pacificamente um livro. Quis lançar mão do livro, para conhecer bem até que ponto a sua desilusão era completa; mas o médico rapidamente o afastou.

[...]

Helena[56]

Capítulo IV

As primeiras semanas correram sem nenhum sucesso notável, mas ainda assim interessantes. Era, por assim dizer, um tempo de espera, de hesitação, de observação recíproca, um tatear de caracteres, em que de uma e de outra parte procuravam conhecer o terreno e tomar posição. O próprio Estácio, não obstante a primeira impressão, recolhera-se a prudente reserva, de que o arrancou aos poucos o procedimento de Helena.

Helena tinha os predicados próprios a captar a confiança e a afeição da família. Era dócil, afável, inteligente. Não eram estes, contudo, nem ainda a beleza, os seus dotes por excelência eficazes. O que a tornava superior e lhe dava probabilidade de triunfo, era a arte de acomodar-se às circunstâncias do momento e a toda a casta de espíritos, arte preciosa, que faz hábeis os homens e estimáveis as mulheres. Helena praticava de livros ou de alfinetes, de bailes ou de arranjos de casa, com igual interesse e gosto, frívola com os frívolos, grave com os que o eram, atenciosa e ouvida, sem entono nem vulgaridade. Havia nela a jovialidade da menina e a compostura da mulher feita, um acordo de virtudes domésticas e maneiras elegantes.

Além das qualidades naturais, possuía Helena algumas prendas de sociedade, que a tornavam aceita a todos, e mudaram em parte o teor da vida da família. Não falo da magnífica voz de contralto, nem da correção com que sabia usar dela,

---

[56] Terceiro romance do escritor, publicado inicialmente em folhetim nas páginas de *O Globo*, a partir de 6 de agosto de 1876. Conta a história de Helena, jovem pobre cuja mãe tinha sido amante de um rico senhor, o Conselheiro Vale, que "adota" a menina, sustentando às escondidas sua educação. Antes de morrer, o Conselheiro inclui em seu testamento a informação falsa de que era pai biológico de Helena, bem como a exigência de que ela viesse residir junto à família. A jovem cumpre seu papel na encenação e conquista a afeição de todos, especialmente de D. Úrsula, irmã do falecido, e de Estácio, filho do Conselheiro. Desse engano surge o grande imbróglio que alicerça as peripécias da narrativa.

porque ainda então, estando fresca a memória do conselheiro, não tivera ocasião de fazer-se ouvir. Era pianista distinta, sabia desenho, falava correntemente a língua francesa, um pouco a inglesa e a italiana. Entendia de costura e bordados, e toda a sorte de trabalhos feminis. Conversava com graça e lia admiravelmente. Mediante os seus recursos, e muita paciência, arte e resignação, – não humilde, mas digna, – conseguia polir os ásperos, atrair os indiferentes e domar os hostis.

Pouco havia ganho no espírito de D. Úrsula; mas a repulsa desta já não era tão viva como nos primeiros dias. Estácio cedeu de todo, e era fácil; seu coração tendia para ela, mais que nenhum outro. Não cedeu, porém, sem alguma hesitação e dúvida. A flexibilidade do espírito da irmã afigurou-se-lhe a princípio mais calculada que espontânea. Mas foi impressão que passou. Dos próprios escravos não obteve Helena desde logo a simpatia e boa vontade; esses pautavam os sentimentos pelos de D. Úrsula. Servos de uma família, viam com desafeto e ciúme a parenta nova, ali trazida por um ato de generosidade. Mas também a estes venceu o tempo. Um só de tantos pareceu vê-la desde princípio com olhos amigos; era um rapaz de 16 anos, chamado Vicente, cria da casa e particularmente estimado do conselheiro. Talvez esta última circunstância o ligou desde logo à filha do seu senhor. Despida de interesse, porque a esperança da liberdade, se a podia haver, era precária e remota, a afeição de Vicente não era menos viva e sincera; faltando-lhe os gozos próprios do afeto, – a familiaridade e o contato, – condenado a viver da contemplação e da memória, a não beijar sequer a mão que o abençoava, limitado e distanciado pelos costumes, pelo respeito e pelos instintos, Vicente foi, não obstante, um fiel servidor de Helena, seu advogado convicto nos julgamentos da senzala.[57]

As pessoas da intimidade da casa acolheram Helena com a mesma hesitação de D. Úrsula. Helena sentiu-lhes a polidez fria e parcimoniosa. Longe de abater-se ou vituperar os sentimentos sociais, explicava-os e tratava de os torcer em seu favor, – tarefa em que se esmerou superando os obstáculos na família; o resto viria de si mesmo.

---

[57] Neste ponto, Machado introduz o escravo Vicente, pajem de Helena e um dos personagens de relevo na trama, por facilitar e acobertar os encontros da personagem com seu pai verdadeiro. Ao contrário dos romances anteriores, em *Helena* o negro ganha espaço e tem sua condição submissa vinculada à da protagonista. Machado aproxima a opressão de classe à de gênero, colocando ambas como oriundas do sistema patriarcal que sustenta o poder dos senhores.

Uma pessoa, entre os familiares da casa, não os acompanhou no procedimento reservado e frio; foi o Padre-mestre Melchior. Melchior era capelão em casa do conselheiro, que mandara construir alguns anos antes uma capelinha na chácara, onde muita gente da vizinhança ouvia missa aos domingos. Tinha sessenta anos o padre; era homem de estatura mediana, magro, calvo, brancos os poucos cabelos, e uns olhos não menos sagazes que mansos. De compostura quieta e grave, austero sem formalismo, sociável sem mundanidade, tolerante sem fraqueza, era o verdadeiro varão apostólico, homem de sua Igreja e de seu Deus, íntegro na fé, constante na esperança, ardente na caridade. Conhecera a família do conselheiro algum tempo depois do consórcio deste. Descobriu a causa da tristeza que minou os últimos anos da mãe de Estácio; respeitou a tristeza, mas atacou diretamente a origem. O conselheiro era homem geralmente razoável, salvo nas coisas do amor; ouviu o padre, prometeu o que este lhe exigia, mas foi promessa feita na areia; o primeiro vento do coração apagou a escritura. Entretanto, o conselheiro ouvia-o sinceramente em todas as ocasiões graves, e o voto de Melchior pesava em seu espírito. Morando na vizinhança daquela família, tinha ali o padre todo o seu mundo. Se as obrigações eclesiásticas não o chamavam a outro lugar, não se arredava de Andaraí, sítio de repouso após trabalhosa mocidade.

Das outras pessoas que frequentavam a casa e residiam no mesmo bairro de Andaraí, mencionaremos ainda o Dr. Matos, sua mulher, o Coronel Macedo e dois filhos.

O Dr. Matos era um velho advogado que, em compensação da ciência do direito, que não sabia, possuía noções muito aproveitáveis de meteorologia e botânica, da arte de comer, do voltarete, do gamão e da política. Era impossível a ninguém queixar-se do calor ou do frio, sem ouvir dele a causa e a natureza de um e outro, e logo a divisão das estações, a diferença dos climas, influência destes, as chuvas, os ventos, a neve, as vazantes dos rios e suas enchentes, as marés e a pororoca. Ele falava com igual abundância das qualidades terapêuticas de uma erva, do nome científico de uma flor, da estrutura de certo vegetal e suas peculiaridades. Alheio às paixões da política, se abria a boca em tal assunto era para criticar igualmente de liberais e conservadores, – os quais todos lhe pareciam abaixo do país. O jogo e a comida achavam-no menos cético; e nada lhe avivava tanto a fisionomia como um bom gamão depois de um bom jantar. Estas prendas faziam do Dr. Matos um conviva interessante nas noites que o não eram. Posto soubesse efetivamente alguma coisa dos assuntos que lhe eram mais prezados, não ganhou o pecúlio que possuía, professando a botânica ou a meteorologia, mas aplicando as regras do direito, que ignorou até a morte.

A esposa do Dr. Matos fora uma das belezas do primeiro reinado. Era uma rosa fanada, mas conservava o aroma da juventude. Algum tempo se disse que o conselheiro ardera aos pés da mulher do advogado, sem repulsa desta; mas só era verdade a primeira parte do boato. Nem os princípios morais, nem o temperamento de D. Leonor lhe consentiam outra coisa que não fosse repelir o conselheiro sem o molestar. A arte com que o fez, iludiu os malévolos; daí o sussurro, já agora esquecido e morto. A reputação dos homens amorosos parece-se muito com o juro do dinheiro: alcançado certo capital, ele próprio se multiplica e avulta. O conselheiro desfrutou essa vantagem, de maneira que, se no outro mundo lhe levassem à coluna dos pecados todos os que lhe atribuíam na Terra, receberia dobrado castigo do que mereceu.

O Coronel Machado tinha a particularidade de não ser coronel. Era major. Alguns amigos, levados de um espírito de retificação, começaram a dar-lhe o título de coronel, que a princípio recusou, mas que afinal foi compelido a aceitar, não podendo gastar a vida inteira a protestar contra ele. Macedo tinha visto e vivido muito; e, sobre o pecúlio da experiência, possuía imaginação viva, fértil e agradável. Era bom companheiro, folgazão e comunicativo, pensando sério quando era preciso. Tinha dois filhos, um rapaz de vinte anos, que estudava em S. Paulo, e uma moça de vinte e três, mais prendada que formosa.

[...]

Capítulo VI

[...]

Estácio costumava dar um passeio a cavalo quase todas as manhãs. O do dia seguinte foi dispensado; começariam as lições de Helena. Antes disso, porém, escreveu Estácio à filha de Camargo uma carta recendente a ternura e afeto. Pedia-lhe desculpa do que se passara na véspera; jurava-lhe amor eterno;

coisas todas que lhe dissera mais de uma vez, com o mesmo estilo, se não com as mesmas palavras. A carta dissipou-lhe a última sombra de remorso. Antes que ela chegasse ao seu destino, reconciliara-se ele consigo mesmo. O portador saiu para o Rio Comprido, e ele desceu ao terreiro que ficava nos fundos da casa, ao pé do qual estava situada a cavalariça. Naquele lado da casa corria a varanda antiga, onde a família costumava às vezes tomar café ou conversar nas noites de luar, que ali penetrava pelas largas janelas. Do meio da varanda descia uma escada de pedra que ia ter ao terreiro.

Já ali estava Helena. D. Úrsula emprestara-lhe um vestido de amazona com que algumas vezes montara, antes da morte do irmão. O vestido ficava-lhe mal; era folgado demais para o talhe delgado da moça. Mas a elegância natural fazia esquecer o acessório das roupas.

– Pronta! exclamou Helena apenas viu o irmão assomar no alto da escada.

– Oh! isso não vai assim! respondeu Estácio. Não suponha que há de montar já hoje como a moça que ontem viu passar na estrada. Vença primeiramente o medo...

– Não sei o que é medo, interrompeu ela com ingenuidade.

– Sim? Não a supunha valente. Pois eu sei o que ele é.

– O medo? O medo é um preconceito dos nervos. E um preconceito desfaz-se; basta a simples reflexão. Em pequena educaram-me com almas do outro mundo. Até à idade de dez anos era incapaz de penetrar numa sala escura. Um dia perguntei a mim mesma se era possível que uma pessoa morta voltasse à Terra. Fazer a pergunta e dar-lhe resposta era a mesma coisa. Lavei o meu espírito de semelhante tolice, e hoje era capaz de entrar, de noite, num cemitério... E daí talvez não: os corpos que ali dormem têm direito de não ouvir mais um só rumor de vida.

[...]

– Prometo ir pacificamente.

Helena cumprimentou a tia com um gesto gracioso, deu de rédea ao animal e seguiu ao lado do irmão. Transposto o portão, seguiram os dois para o lado de cima, a passo lento. O sol estava encoberto e a manhã fresca. Helena cavalgava perfeitamente; de quando em quando a égua, instigada por ela, adiantava-se alguns passos ao cavalo; Estácio repreendia a irmã, a seu pesar, porque ao mesmo tempo que temia alguma imprudência, gostava de lhe ver o airoso do busto e a firme serenidade com que ela conduzia o animal.

— Não me dirá você, perguntou ele, por que motivo, sabendo montar, pedia-me ontem lições?

— A razão é clara, disse ela; foi uma simples travessura, um capricho... ou antes um cálculo.

— Um cálculo?

— Profundo, hediondo, diabólico, continuou a moça sorrindo. Eu queria passear algumas vezes a cavalo; não era possível sair só, e nesse caso...

— Bastava pedir-me que a acompanhasse.

— Não bastava. Havia um meio de lhe dar mais gosto em sair comigo; era fingir que não sabia montar. A ideia momentânea de sua superioridade neste assunto era bastante para lhe inspirar uma dedicação decidida...

Estácio sorriu do cálculo; logo depois ficou sério, e perguntou em tom seco:

— Já lhe negamos algum prazer que desejasse?

Helena estremeceu e ficou igualmente séria.

— Não! murmurou; minha dívida não tem limites.

Esta palavra saiu-lhe do coração. As pálpebras caíram-lhe e um véu de tristeza lhe apagou o rosto. Estácio arrependeu-se do que dissera. Compreendeu a irmã; viu que, por mais inocentes que suas palavras fossem, podiam ser tomadas à má parte, e, em tal caso, o menos que se lhe podia arguir era a descortesia. Estácio timbrava em ser o mais polido dos homens. Inclinou-se para ela e rompeu o silêncio.

— Você ficou triste, disse Estácio; mas eu desculpo-a.

— Desculpa-me? perguntou a moça erguendo para o irmão os belos olhos úmidos.

— Desculpo a injúria que me fez, supondo-me grosseiro.

Apertaram-se as mãos, e o passeio continuou nas melhores disposições do mundo. Helena deu livre curso à imaginação e ao pensamento; suas falas exprimiam, ora a sensibilidade romanesca, ora a reflexão da experiência prematura, e iam direitas à alma do irmão, que se comprazia em ver nela a mulher como ele queria que fosse, uma graça pensadora, uma sisudez amável. De quando em quando faziam parar os animais para contemplar o caminho percorrido, ou discretear acerca de um acidente do terreno. Uma vez, aconteceu que iam falando das desvantagens da riqueza.

— Valem muito os bens da fortuna, dizia Estácio; eles dão a maior felicidade da Terra, que é a independência absoluta. Nunca experimentei a necessidade; mas imagino que o pior que há nela não é a privação de alguns apetites ou desejos, de sua natureza transitórios, mas sim essa escravidão moral que submete o homem aos outros homens. A riqueza compra até o tempo, que é o mais precioso e fugitivo bem que nos coube. Vê aquele preto que ali está? Para fazer o mesmo trajeto que nós, terá de gastar, a pé, mais de uma hora ou quase.[58]

O preto de quem Estácio falara, estava sentado no capim, descascando uma laranja, enquanto a primeira das duas mulas que conduzia, olhava filosoficamente para ele. O preto não atendia aos dois cavaleiros que se aproximavam. Ia esburgando a fruta e deitando os pedaços de casca ao focinho do animal, que fazia apenas um movimento de cabeça, com o que parecia alegrá-lo infinitamente. Era homem de cerca de quarenta anos; ao parecer, escravo. As roupas eram rafadas; o chapéu que lhe cobria a cabeça tinha já uma cor inverossímil. No entanto, o rosto exprimia a plenitude da satisfação; em todo o caso, a serenidade do espírito.

Helena relanceou os olhos ao quadro que o irmão lhe mostrara. Ao passarem por ele, o preto tirou respeitosamente o chapéu e continuou na mesma posição e ocupação que dantes.

— Tem razão, disse Helena; aquele homem gastará muito mais tempo do que nós em caminhar. Mas não é isto uma simples questão de ponto de vista? A rigor, o tempo corre do mesmo modo, quer o desperdicemos, quer o economizemos. O essencial não é fazer muita cousa no menor prazo; é fazer muita cousa aprazível ou útil. Para aquele preto o mais aprazível é, talvez, esse mesmo

---

[58] Ao comparar a pobreza com a escravidão – nesta cena, através do discurso do próprio chefe da família –, o texto evidencia mais uma vez a aproximação entre a condição econômica e a racial. A identificação que se constrói entre Helena e Vicente, fundada na confiança e respeito mútuos, confirma a postura autoral de situá-los na base da pirâmide em cujo topo se encontra o senhor. A crítica ao sistema se faz ainda em outras passagens, abrindo espaço às inserções irônicas e satíricas do narrador.

caminhar a pé, que lhe alongará a jornada, e lhe fará esquecer o cativeiro, se é cativo. É uma hora de pura liberdade.

Estácio soltou uma risada.

– Você devia ter nascido...

– Homem?

– Homem e advogado. Sabe defender com habilidade as causas mais melindrosas. Nem estou longe de crer que o próprio cativeiro lhe parecerá uma bem-aventurança, se eu disser que é o pior estado do homem.

– Sim? retorquiu Helena sorrindo; estou quase a fazer-lhe a vontade. Não faço; prefiro admirar a cabeça de *Moema*. Veja, veja como se vai faceirando. Esta não maldiz o cativeiro; pelo contrário, parece que lhe dá glória. Pudera! Se não a tivéssemos cativa, receberia ela o gosto de me sustentar e conduzir? Mas não é só faceirice, é também impaciência.

– De quê?

– Impaciência de correr por essa estrada da Tijuca fora, e beber o vento da manhã, espreguiçando os músculos, e sentindo-se alguma cousa senhora e livre. Mas que queres tu, minha pobre égua? continuou a moça inclinando a cabeça até às orelhas do animal; vai aqui aos pés de nós um homem muito mau e medroso, que é ao mesmo tempo meu irmão e meu inimigo...

[...]

– Que tem você? perguntou ele.

– Nada, disse ela; ia... ia embebida naquela toada. Não ouve?

Ouvia-se, efetivamente, a algumas braças adiante, uma cantiga da roça, meio alegre, meio plangente. O cantor apareceu, logo que os cavaleiros dobraram a curva que a estrada fazia naquele lugar. Era o preto, que pouco antes tinham visto sentado no chão.

– Que lhe dizia eu? observou a irmã de Estácio. Ali vai o infeliz de há pouco. Uma laranja chupada no capim e três ou quatro quadras é o bastante para lhe encurtar o caminho. Creia que vai feliz, sem precisar comprar o tempo. Nós poderíamos dizer o mesmo?[59]

---

[59] Mais uma vez a protagonista questiona os preconceitos do falso irmão e relativiza seus juízos de valor. A cena evidencia o quanto a busca da liberdade é inerente ao oprimido, que tenta desfrutá-la até nos momentos mais ínfimos de seu cativeiro. A personagem expressa, sem dúvida, o ponto de vista autoral, em discordância com o pensamento hegemônico em seu tempo.

– Por que não?

A moça recolheu-se ao silêncio.

– Helena, isso que você acaba de dizer... Vamos, estamos sós; confesse alguma tristeza que tenha.

– Nenhuma, respondeu a moça. Peço-lhe, entretanto, uma coisa.

– Diga.

– Peço-lhe que me comunique todas as más impressões que tiver a meu respeito. Explicarei umas, procurarei desvanecer-lhe outras, emendando-me. Sobretudo, peço-lhe que escreva em seu espírito esta verdade: é que sou uma pobre alma lançada num turbilhão.

Estácio ia pedir explicação mais desenvolvida daquelas últimas palavras; mas Helena, como se esperasse a pergunta, brandira o chicote, e deitou a égua a correr. Estácio fez o mesmo ao cavalo; daí a alguns minutos entravam na chácara, ele aturdido e curioso, ela com a face vermelha e a bater-lhe violentamente o coração.

Capítulo IX

[...]

Estácio não havia esquecido a carta lida pela irmã; entretanto, por mais que a espreitasse e estudasse, nada descobria que lhe fizesse supor afeição encoberta. Nenhum dos homens que iam ali, – e eram poucos, – parecia receber de Helena mais do que a cortesia comum. D. Úrsula, a quem ele incumbira de interrogar a irmã acerca das palavras que esta lhe dissera na manhã do primeiro passeio, não obteve resposta mais decisiva.

A promessa de ir pedir Eugênia, fê-la Estácio na segunda semana de dezembro, em uma noite sem visitas, que eram as melhores noites para ele. No dia seguinte de manhã, erguendo-se tarde, soube que Helena saíra a cavalo.

– Sozinha?

– Com o Vicente.

Vicente era o escravo que, como sabemos, se afeiçoara, primeiro que todos, a Helena; Estácio designara-o para servi-la. A notícia do passeio não lhe agradou. O tempo andava com o passo do costume, mas à ansiedade do mancebo afigurava-se mais longo. Estácio chegava à janela, ia até o portão da chácara, com ar de aparente indiferença, que a todos iludia, a começar por ele próprio. Numa das vezes em que voltou à casa, achou levantada D. Úrsula; falou-lhe; D. Úrsula sorriu com tranquilidade.

— Que tem isso? disse ela. Já uma vez saiu a passeio com o Vicente e não aconteceu nada.

— Mas não é bonito, insistiu Estácio. Não está livre de um ato de desatenção.

— Qual! Toda a vizinhança a conhece. Demais, Vicente já não é tão criança. Tranquiliza-te, que ela não tarda. Que horas são?

— Oito!

— Dez ou quinze minutos mais. Parece-me que já ouço um tropel...

Os dois estavam na sala de jantar; passaram à varanda, e viram efetivamente entrar no terreiro Helena e o pajem. Helena deu um salto e entregou a rédea de *Moema* ao pajem que acabava de apear-se. Depois subiu a escada da varanda. Ao colocar o pé no primeiro degrau, deu com os olhos no irmão e na tia. Fez-lhes um cumprimento com a mão, e subiu a ter com eles.

— Já de pé! exclamou abraçando D. Úrsula.

— Já, para lhe ralhar, disse esta sorrindo. Que ideia foi essa de bater a linda plumagem? É a segunda vez que você se lembra de sair sem o urso do seu irmão.

— Não quis incomodar o urso, replicou ela voltando-se para Estácio. Tinha imensa vontade de dar um passeio, e *Moema* também. Apenas hora e meia.

Aquele dia foi o de maior tristeza para a moça. Estácio passou quase todo o tempo no gabinete; nas poucas ocasiões em que se encontraram, ele só falou por monossílabos, às vezes por gestos. De tarde, acabado o jantar, Estácio desceu à chácara. Já não era só o passeio de Helena que o mortificava; ao passeio juntava-se a carta. Teria razão a tia em suas primeiras repugnâncias? Como ele fizesse essa pergunta a si mesmo, ouviu atrás de si um passo apressado e o farfalhar de um vestido.

— Está mal comigo? perguntou Helena com doçura.

Ao ouvir-lhe a voz, fundiu-se a cólera do mancebo. Voltou-se; Helena estava diante dele, com os olhos submissos e puros. Estácio refletiu um instante.

— Mal? disse ele.

— Parece que sim. Não me fala, não se importa comigo, anda carrancudo... Seria por eu sair de manhã?

— Confesso que não gostei muito.

— Pois não sairei mais.

— Não; pode sair. Mas está certa de que não corre nenhum perigo indo só com o pajem?

— Estou.

— E se eu lhe pedir que não saia nunca sem mim?

— Não sei se poderei obedecer. Nem sempre você poderá acompanhar-me; além disso, indo com o pajem, é como se fosse só; e meu espírito gosta, às vezes, de trotar livremente na solidão.

— Naturalmente a pensar de coisas amorosas... acrescentou Estácio cravando os olhos interrogadores na irmã.

Helena não respondeu; tomou-lhe o braço e os dois seguiram silenciosamente uns dez minutos. Chegando a um banco de madeira, Estácio sentou-se; Helena ficou de pé diante dele. Olharam um para outro sem proferir palavra; mas o lábio de Estácio tremera duas ou três vezes como hesitando no que ia dizer. Por fim, o moço venceu-se.

— Helena, disse ele, você ama.

A moça estremeceu e corou vivamente; olhou em volta de si, como assustada, e pousou as mãos nos ombros de Estácio. Refletiu ela no que disse depois? É duvidoso; mas a voz, que nessa ocasião parecia concentrar todas as melodias da palavra humana, suspirou lentamente:

— Muito! Muito! Muito!

Estácio empalideceu. A moça recuou um passo, e, trêmula, pôs o dedo na boca, como a impor-lhe silêncio. A vergonha flamejava no rosto; Helena voltou as costas ao irmão e afastou-se rapidamente. Ao mesmo tempo, a sineta do portão era agitada com força, e uma voz atroava a chácara:

— Licença para o amigo que vem do outro mundo!

Capítulo XV

Estácio levantou-se ao amanhecer. Uma vez pronto, quis surpreender a tia e a irmã com uma lembrança sua, e escreveu numa folha de papel estas simples palavras: "Até à volta; 6 horas da manhã." Dobrou-a e foi pô-la sobre a mesa de costura de D. Úrsula. Dali passou à sala de jantar, depois à varanda. Aqui chegando, deu com os olhos em Helena, que o esperava ao pé da escada.

— Silêncio! disse graciosamente a moça. Não faça espantos, que pode acordar titia. Vim saber se você precisa de alguma coisa.

— De nada, respondeu Estácio comovido. Mas que imprudência foi essa de se levantar tão cedo?

— Cedo! O sol não tarda a cumprimentar-nos. Adeus! muitas recomendações a Eugênia. Não lhe falta nada, não é assim?

— Nada.

Estácio recebeu a mão que Helena lhe estendera e ficou a olhar para ela.

— Olhe que é tarde!

Dizendo isto, Helena apertou-lhe a mão e procurou retirar a sua; Estácio reteve-a.

— Se soubesses como me custa ir!

— São apenas alguns dias...

— Valem por meses, Helena! Adeus, não te esqueças de mim. Escreve-me; eu escreverei logo que chegar. Não faças imprudências; não saias a passeio enquanto eu estiver ausente.

— Adeus!

— Adeus!

Estácio quis dar-lhe o abraço da despedida; mas a moça, menos ainda com a palavra que com o gesto, fê-lo recuar.

— Não, disse ela afastando-se; as despedidas mais longas são as mais difíceis de suportar.

Recuou até à porta da sala de jantar, fez um gesto de despedida e entrou. Estácio desceu a custo as escadas. Helena viu-o descer e sair; depois subiu cautelosamente ao seu aposento. Ali sentou-se alguns minutos, pensativa e triste. Ergueu-se enfim, vestiu rapidamente as roupas de montar, colocou o chapelinho preto sobre os cabelos penteados à ligeira, e desceu. Na chácara esperava-a Vicente, com a égua ajaezada e pronta. Helena montou sem demora; o pajem cavalgou uma das duas mulas que havia na cavalariça e os dois saíram a trote na direção da casa do alpendre e da bandeira azul.[60]

A casa estava ainda silenciosa; porta e janelas conservavam-se hermeticamente fechadas. Helena apeou-se e bateu de mansinho; repetiu as pancadas progressivamente mais fortes. Ninguém lhe respondeu. Helena impaciente rodeou a casa; mas, parece que achou igualmente fechadas as portas do fundo, porque volveu logo. Colou o ouvido à porta e esperou. Quando lhe pareceu que era baldado o esforço, tirou da algibeira um lápis e um pedacinho de papel; colocou o pé no degrau de tijolo e sobre o joelho escreveu algumas palavras; dobrou depois o papel e introduziu-o por baixo da porta. Esperou ainda alguns minutos, caminhou para a égua, montou e regressou à casa.

Vinha triste e pensativa. A égua, a passo vagaroso, não sentia o esforço da cavaleira, que a deixava ir, frouxa a rédea, inútil o chicote. O pajem levava os olhos na moça com um ar de adoração visível; mas, ao mesmo tempo, com a liberdade que dá a confiança e a cumplicidade, fumava um grosso charuto havanês, tirado às caixas do senhor.

[...]

Capítulo XXI

[...]

Quase à hora do jantar, Estácio, que não saíra uma só vez do gabinete, chegou a uma das janelas, e viu atravessar a chácara a mais humilde figura daquele enigma, humilde e importante ao mesmo tempo: o pajem. O pajem apareceu-lhe como uma ideia nova; até aquele instante não cogitara nele uma só vez. Era o confidente e o cúmplice. Ao vê-lo, recordou-se de que Helena lhe pedira uma vez a liberdade daquele escravo. A ameaça rugiu-lhe no coração; mas a cólera cedeu à angústia, e ele sentiu na face alguma coisa semelhante a uma lágrima.

Nesse momento duas mãos lhe taparam os olhos.

---

[60] A passagem refere-se à viagem de Estácio com a família de Eugênia, sua noiva, ocasião que permite a Helena novas escapadas para visitar incógnita o pai verdadeiro.

Capítulo XXII

[...]

D. Úrsula aguardava os sobrinhos para jantar. Demorando-se estes, dirigiu-se ela própria ao gabinete de Estácio. A porta estava aberta; D. Úrsula entrou e deu com ele, sentado numa poltrona, com o lenço na cara como a soluçar. A tia correu com a velocidade que lhe permitiam os anos. Estácio não a ouviu entrar; só deu por ela quando as mãos da boa senhora lhe arrancaram as suas dos olhos. O assombro de D. Úrsula foi indescritível, sobretudo quando Estácio, erguendo-se, atirou-se-lhe aos braços, exclamando:

– Que fatalidade!

– Mas... que é?... explica-te.

Estácio enxugou as faces molhadas do longo e silencioso pranto, com o gesto decidido de um homem que se envergonha de um ato de debilidade. A explosão desabafara-lhe o espírito; podia enfim ser homem, e era preciso que o fosse. D. Úrsula pediu e ordenou que lhe confiasse a causa da inexplicável aflição em que viera achá-lo. Estácio recusou dizê-la.

– Saberá tudo amanhã ou logo. Agora só poderia dar-lhe um enigma, e eu sei o que ele me há custado. Algumas horas mais, e precisarei de seu conselho e apoio.

D. Úrsula resignou-se à demora. Quando chegou à sala de jantar, achou um recado de Helena; mandava-lhe dizer que se sentira repentinamente incomodada e que a dispensasse naquela tarde e noite. Dona Úrsula suspeitou logo que o recado de Helena tivesse relação com a aflição de Estácio, e correu ao quarto da sobrinha. Achou-a meio inclinada sobre a cama, com o rosto na almofada, e o corpo tranquilo e como morto. Ao sentir os passos de D. Úrsula, ergueu a cabeça. A palidez era grande e profundo o abatimento; mas não houvera lágrimas. A dor, se a houve, e houve, parecia ter-se petrificado. O que restava ainda vivo na figura da moça, eram os olhos que não perderam o fulgor natural. Ela ergueu-os a medo, e abraçou a tia com um olhar de súplica e de amor. D. Úrsula travou-lhe das mãos, encarou-a silenciosamente, e murmurou:

– Conte-me tudo.

– Saberá depois! suspirou a moça.

— Não tens confiança em tua tia?

Helena ergueu-se e lançou-se-lhe nos braços; duas lágrimas rebentaram-lhe dos olhos, e foram as primeiras que eles verteram naquela meia hora. Depois beijou-lhe as mãos com ternura:

— Pode receber estes beijos, disse ela, os anjos não os têm mais puros.

Foram as últimas palavras que D. Úrsula pôde arrancar-lhe; a moça recolheu-se ao silêncio em que ela a encontrou. D. Úrsula saiu; e foi dali ter com Estácio. O sobrinho encaminhava-se para a sala de jantar.

— Vamos para a mesa, disse ele, não convém que os escravos saibam de tais crises...

D. Úrsula referiu o estado em que achara Helena e as palavras que trocara com ela. Estácio ouviu-a sem nenhuma expressão de simpatia. O jantar foi um simulacro; era um meio de iludir a perspicácia dos escravos, que aliás não caíam naquele embuste. Eles conheceram perfeitamente que algum acontecimento oculto trazia suspensos e concentrados os espíritos. As iguarias voltavam quase intactas; as palavras eram trocadas com esforço entre a sinhá velha e o senhor moço. A causa daquilo era, com certeza, nhanhã Helena.

Estácio deu ordem para que a todas as pessoas estranhas se declarasse estar ausente a família. A única exceção era o Padre Melchior. A esse escreveu pedindo-lhe que os fosse ver.

— Não posso esperar até amanhã, disse D. Úrsula; se tens de revelar alguma coisa a um estranho, por que o não fazer a mim primeiro? Diz-me o que há. Não posso ver padecer Helena; quero consolá-la e animá-la.

— O que tenho para dizer é longo e triste, retorquiu Estácio; mas, se deseja sabê-lo desde já, peço-lhe ao menos que espere a presença do Padre Melchior. Eu não poderia dizer duas vezes as mesmas coisas, seria revolver o punhal na ferida.

A curiosidade de D. Úrsula cresceu com estas meias palavras do sobrinho; mas era forçoso esperar, e esperou. Foi dali ao quarto de Helena. Como a porta estivesse fechada, espreitou pela fechadura. Helena escrevia. Esta nova circunstância veio complicar as impressões de D. Úrsula.

— Helena está encerrada no quarto, e escreve, disse ela ao sobrinho.

— Naturalmente, respondeu este, com sequidão.

O Padre Melchior não se demorou em acudir ao chamado de Estácio. O bilhete era instante e a letra febril. Algum acontecimento grave devia ter-se dado. A reflexão do padre era justa, como sabemos; ele o reconheceu desde logo, não só no aspecto lúgubre da família, como na ânsia com que era esperado. Os três recolheram-se a uma das salas interiores.

– Vamos tratar dela, respondeu Estácio.

Referir o que se passara naquela fatal manhã era mais fácil de planear que de executar. No momento de expor a situação e as circunstâncias dela, Estácio sentiu que a língua rebelde não obedecia à intenção. Achava-se num tribunal doméstico, e o que até então fora conflito interior entre a afeição e a dignidade, cumpria agora reduzi-lo às proporções de um libelo claro, seco e decidido. Inocente ou culpada, Helena aparecia-lhe naquele momento como uma recordação das horas felizes, – doce recordação que os sucessos presentes ou futuros podiam somente tornar mais saudosa, mas não destruiriam nunca, porque é esse o misterioso privilégio do passado. Reagiu, entretanto, sobre si mesmo; e, ainda que a custo, referiu minuciosa e sinceramente o que se passara desde aquela manhã.

Não fora talhado para tão melindrosas revelações o coração de D. Úrsula. Desde o princípio da conversação sentiu o atordoamento que dão os grandes golpes. Esperava, decerto, um grande infortúnio de Helena, um episódio da família anterior, alguma coisa que desafiasse a compaixão, sem diminuir o sentimento da estima. Acontecia justamente o contrário; a estima era impossível e a compaixão tornava-se apenas provável.

– Mas não! é impossível! exclamou ela daí a pouco, logo que a razão, obscurecida pelo abalo, pôde readquirir alguma luz... não! eu a vi há pouco; senti-lhe as lágrimas na minha face, ouvi-lhe palavras que só a inocência pode proferir. E, além disso, seu procedimento irrepreensível, um ano quase de convivência sem mácula, a elevação de seus sentimentos... não posso crer que tudo isso... Não! Pobre Helena! Vamos chamá-la, ela explicará tudo. Interroguemos o Vicente.

Um gesto dos dois homens mostrou que nenhum deles julgava digno este último recurso para conhecer a verdade.

[...]

Capítulo XXIV

A noite era escura. Calcando a terra e a areia das largas calhes da chácara, Melchior, em sua imaginação, refloria o passado, nem sempre feliz, mas geralmente quieto. Mais de uma vez buscara dissipar a sombra pesarosa que alguns erros do conselheiro acumularam na frente da consorte. Haveria naquela casa uma geração de dores, destinadas a abater o orgulho da riqueza com o irremediável espetáculo da debilidade humana?

"Não, dizia ele consigo mesmo. A verdade é que tudo se encadeia e desenvolve logicamente. Jesus o disse: não se colhem figos dos abrolhos. A vida sensual do marido produziu o infortúnio calado e profundo daquela senhora, que se foi em pleno meio-dia; o fruto há de ser tão amargo como a árvore; tem o sabor travado de remorsos."

Neste ponto chegava ao portão. Aí deteve-se um instante. O passo cauteloso e tímido de alguém fê-lo voltar a cabeça. Um vulto, cujo rosto não se via, tão escuro como a noite, ali estava e lhe tocava respeitosamente as abas da sobrecasaca. Era o pajem de Helena.

– Seu padre, disse este, diga-me por favor o que aconteceu em casa. Vejo todos tristes; nhanhã Helena não aparece; fechou-se no quarto... Me perdoe a confiança. O que foi que aconteceu?

– Nada, respondeu Melchior.

– Oh! é impossível! Alguma coisa há por força. Seu padre não tem confiança em seu escravo. Nhanhã Helena está doente?

– Sossega; não há nada.

– Hum! gemeu incredulamente o pajem. Há alguma coisa que o escravo não pode saber; mas também o escravo pode saber alguma coisa que os brancos tenham vontade de ouvir...

Melchior reprimiu uma exclamação. A noite não lhe permitia examinar o rosto do escravo, mas a voz era dolente e sincera. A ideia de interrogá-lo passou pela mente do padre, mas não fez mais do que passar; ele a rejeitou logo, como a rejeitara algumas horas antes. Melchior preferia a linha reta; não quisera empregar um meio tortuoso. Iria pedir a Helena a solução das dificuldades. Entretanto, o pajem, como interpretasse de modo afirmativo o silêncio do sacerdote, continuou:

— Nhanhã Helena é uma santa. Se alguém a acusa, acusa o bom procedimento dela. Eu lhe direi tudo...

Melchior ia recusar, mas um incidente interrompeu a palavra do pajem, contra a vontade deste, e talvez contra o desejo de Melchior. Ouviram-se passos; era um escravo que vinha fechar o portão.

— Vem gente, disse Vicente; amanhã...

O pajem tateou nas trevas em procura da mão do padre; achou-a, enfim, beijou-a e afastou-se. Melchior seguiu para casa, abalado com a meia revelação que acabava de ouvir. Outro qualquer podia duvidar um instante da sinceridade do escravo; podia supor que o ato dele era menos espontâneo do que parecia; enfim, que a própria Helena sugerira aquele meio de transviar a expectação e congraçar os sentimentos. A interpretação era verossímil; mas o padre não cogitou de tal coisa. A ele era principalmente aplicável a máxima apostólica: para os corações limpos, todas as coisas são limpas.

A seguinte aurora alumiou um céu puro de nuvens. Estácio acordou com ela, depois de uma noite mal dormida. Nunca a manhã lhe pareceu mais rumorosa e jovial; nunca o ar apresentara tão fina transparência nem a folhagem tão lustrosa cor. Da janela a que se encostara, via as flores de todos os matizes, quebrando a monotonia da verdura, e enviando-lhe, a ele, uma nuvem invisível de aromas: aspecto de festa e ironia da natureza. Estácio achava-se ali como um saimento em horas de carnaval.

Almoçou sozinho; D. Úrsula estava com Helena. Logo depois do almoço, recebeu uma carta de Mendonça, que, tendo ido na véspera a Andaraí recebera a resposta dada a todos, e mandava saber se havia moléstia em casa. Estácio respondeu afirmativamente, acrescentando que, posto não se tratasse de coisa grave, só o esperava dois dias depois.

A resposta podia ser mais circunspecta; no estado em que ele se achava, pareceu-lhe excelente.

Pela volta do meio-dia, chegou Melchior. Na sala de visitas achou D. Úrsula, que o espreitava de uma das janelas.

— Helena? perguntou ele ansioso.

— Já hoje desceu, respondeu D. Úrsula. Está mais tranquila. Não lhe perguntei nada, mas dizendo-lhe que o senhor viria falar-lhe, mostrou-se ansiosa por vê-lo, e pediu-me até que o mandasse chamar.

Seguiram os dois até à saleta que ficava ao pé da sala de jantar. Helena estava sentada, com a cabeça saída sobre as costas da cadeira, e os olhos metade cerrados. Logo que o padre entrou, Helena abriu os olhos e ergueu-se. Vivo e passageiro rubor coloriu-lhe as faces pálidas da vigília e da aflição. Ergueu-se e deu dois passos para o padre, que lhe apertou as mãos entre as suas.

— Imprudente! murmurou Melchior.

Helena sorriu, um sorriso pálido e tão passageiro como a cor que lhe tingira o rosto. D. Úrsula dispôs-se a ir chamar Estácio, que estava no andar de cima. Apenas a viu sair, Helena segurou em uma das mãos do padre.

— Queria vê-lo! disse ela. Não tenho ânimo de falar a ninguém mais, de dizer tudo...

— É inútil; tudo sei, interrompeu Melchior sorrindo. O Vicente foi hoje de manhã à minha casa; foi de movimento próprio; relatou-me quanto sabia; disse-me que esse homem é seu irmão; que a senhora o ia ver, a ocultas, não podendo ou não querendo apresentá-lo em casa de seus parentes. O escrúpulo era excessivo, e o ato leviano. Por que motivo dar aparência incorreta a um sentimento natural? Teria poupado muita aflição e muita lágrima, a si e aos seus, se tomasse antes o caminho direito, que é sempre o melhor.

Helena ouviu estas palavras do padre com a alma debruçada dos olhos. Não parecia sequer respirar. Quando ele acabou, perguntou sôfrega:

— Com que intento lhe falou ele?

— Com o mais puro de todos; desconfiou que a senhora padecia e por isso veio contar-me tudo.

Helena cruzou os dedos e ergueu os olhos. Melchior não a quis interromper nessa ascensão mental ao Céu; limitou-se a contemplá-la. A beleza de Helena nunca lhe parecera mais tocante do que nessa atitude implorativa. A contemplação não durou muito, porque a oração foi breve.

— Orei a Deus, disse ela, descendo as mãos, porque infundiu aí no corpo vil do escravo tão nobre espírito de dedicação. Delatou-me para restituir-me a estima da família. Aquilo que ninguém lhe arrancaria do coração, tirou-o ele mesmo no dia em que viu em perigo o meu nome e a paz de meu espírito. Infelizmente, mentiu.

Melchior empalideceu.

– Mentiu sem o saber, continuou a moça. Disse o que supunha ser verdade, o que eu lhe dei como tal. Não é meu irmão esse homem.

Melchior inclinou-se para a moça e pegando-lhe nos pulsos, disse imperiosamente:

– Então quem é? Seu silêncio é uma delação; não tem já direito de hesitar.

– Não hesito, replicou Helena; em tais situações, uma criatura, como eu, caminha direto a um rochedo ou a um abismo; despedaça-se ou some-se. Não há escolha. Este papel – continuou, tirando da algibeira uma carta, – este papel lhe dirá tudo, leia e refira tudo a Estácio e a D. Úrsula. Não tenho ânimo de os encarar nesta ocasião.

Melchior, atordoado, fez um leve sinal de cabeça.

– Lido esse papel, estão rotos os vínculos que me prendem a esta casa. A culpa do que me acontece, não é minha, é de outros; aceitarei contudo as consequências. Poderei contar ao menos com a sua bênção?

A resposta do padre foi pousar-lhe um beijo na fronte, beijo de absolvição ou de clemência, que ela lhe pagou com muitos na destra enrugada e trêmula de comoção. Helena precipitou-se depois para o corredor, deixando o padre só, com a carta nas mãos, sem ousar abri-la, receoso dos males que iam dali sair, sem certeza ao menos de que ficaria no fundo a esperança. Ia abri-la, e hesitou se o devia fazer na ausência de Estácio e D. Úrsula; venceu o escrúpulo e leu.

D. Úrsula, que entrou na ocasião em que ele fechava a carta, recuou aterrada. Melchior estava pálido como um defunto. Antes que nenhum deles falasse, entrou Estácio na saleta. Melchior dirigiu-se a ele e entregou a carta. Leu-a Estácio e dizia assim:

"Minha boa filha. Sei pelo Vicente que alguma coisa aí há que te aflige. Presumo adivinhar o que é. Estácio esteve comigo, logo depois que daqui saíste a última vez. Entrou desconfiado, e deu como razão ou pretexto a necessidade de curar algumas feridas feitas na mão. Talvez ele próprio as fizesse para entrar aqui em casa. Interrogou-me; respondi conforme pedia o caso. Supondo que ele soubesse de tuas visitas, não lhe ocultei a minha pobreza; era o meio de atribuí-las a um sentimento de caridade. A virtude serviu assim de capa a impulsos da natureza. Não é isso em grande parte o teor da vida humana? Fiquei, entretanto, inquieto; talvez lhe não arrancasse o espinho do coração. Pelo que me disse o Vicente, receio que assim acontecesse. Conta-me o que há, pobre filha do coração; não me escondas nada. Em todo caso, procede com cautela. Não provoques nenhum rompimento. Se for preciso, deixa de vir aqui algumas semanas ou meses. Contar-me-á a ideia de saber que vives em paz e feliz. Abençoo-te, Helena, com quanta efusão pode haver no peito do mais venturoso dos pais, a quem a fortuna, tirando tudo, não tirou o gosto de se sentir amado por ti. Adeus. Escreve-me. – SALVADOR."[61]

[...]

---

[61] A carta do pai de Helena confirma o papel de relevo exercido pelo escravizado, que funciona como elo entre a verdade da personagem e a farsa por ela vivida na casa dos ricos que a hospedam. Vicente conhece as duas faces da heroína, que logo após adoece e morre sem encontrar a felicidade.

Iaiá Garcia[62]

Capítulo Primeiro

[...]

A vida de Luís Garcia era como a pessoa dele, – taciturna e retraída. Não fazia nem recebia visitas. A casa era de poucos amigos; havia lá dentro a melancolia da solidão. Um só lugar podia chamar-se alegre; eram as poucas braças de quintal que Luís Garcia percorria e regava todas as manhãs. Erguia-se com o sol, tomava do regador, dava de beber às flores e à hortaliça; depois, recolhia-se e ia trabalhar antes do almoço, que era às oito horas. Almoçado, descia a passo lento até à repartição, onde, se tinha algum tempo, folheava rapidamente as gazetas do dia. Trabalhava silenciosamente com a fria serenidade do método. Fechado o expediente, voltava logo para casa, detendo-se raras vezes em caminho. Ao chegar a casa já o preto Raimundo lhe havia preparado a mesa, – uma mesa de quatro a cinco palmos, – sobre a qual punha o jantar, parco em número, medíocre na espécie, mas farto e saboroso para um estômago sem aspirações nem saudades. Ia dali ver as plantas e reler algum tomo truncado, até que a noite caía. Então, sentava-se a trabalhar até às nove horas, que era a hora do chá.

Não somente o teor da vida tinha essa uniformidade, mas também a casa participava dela. Cada móvel, cada objeto, – ainda os ínfimos, – parecia haver-se petrificado. A cortina, que usualmente era corrida a certa hora, como que se enfadava se lhe não deixavam passar o ar e a luz, à hora costumada; abriam-se as mesmas janelas e nunca outras. A regularidade era o estatuto comum. E se

---

[62] Publicado em 1878, *Iaiá Garcia* é o quarto romance escrito por Machado de Assis e conserva ainda a dicção e a estrutura românticas. A história gira em torno das relações e triângulos amorosos vividos por personagens em busca de realização pessoal através do casamento. Num jogo constante entre ingenuidade e astúcia, destaca-se Iaiá, "embrião" de grandes personagens machadianas como Capitu e Sofia.

o homem amoldara as coisas a seu jeito, não admira que amoldasse também o homem. Raimundo parecia feito expressamente para servir Luís Garcia. Era um preto de cinquenta anos, estatura mediana, forte, apesar de seus largos dias, um tipo de africano, submisso e dedicado. Era escravo e livre. Quando Luís Garcia o herdou de seu pai, – não avultou mais o espólio, – deu-lhe logo carta de liberdade. Raimundo, nove anos mais velho que o senhor, carregara-o ao colo e amava-o como se fora seu filho. Vendo-se livre, pareceu-lhe que era um modo de o expelir de casa, e sentiu um impulso atrevido e generoso. Fez um gesto para rasgar a carta de alforria, mas arrependeu-se a tempo. Luís Garcia viu só a generosidade, não o atrevimento; palpou o afeto do escravo, sentiu-lhe o coração todo. Entre um e outro houve um pacto que para sempre os uniu.

– És livre, disse Luís Garcia; viverás comigo até quando quiseres.[63]

Raimundo foi dali em diante como um espírito externo de seu senhor; pensava por este e refletia-lhe o pensamento interior, em todas as suas ações, não menos silenciosas que pontuais. Luís Garcia não dava ordem nenhuma; tinha tudo à hora e no lugar competente. Raimundo, posto fosse o único servidor da casa, sobrava-lhe tempo, à tarde, para conversar com o antigo senhor, no jardinete, enquanto a noite vinha caindo. Ali falavam de seu pequeno mundo, das raras ocorrências domésticas, do tempo que devia fazer no dia seguinte, de uma ou outra circunstância exterior. Quando a noite caía de todo e a cidade abria os seus olhos de gás, recolhiam-se eles à casa, a passo lento, à ilharga um do outro.

– Raimundo hoje vai tocar, não é? dizia às vezes o preto.

– Quando quiseres, meu velho.

Raimundo acendia as velas, ia buscar a marimba, caminhava para o jardim, onde se sentava a tocar e a cantarolar baixinho umas vozes de África, memórias desmaiadas da tribo em que nascera. O canto do preto não era de saudade; nenhuma de suas cantilenas vinha afinada na clave pesarosa. Alegres eram, guerreiras, entusiastas; por fim calava-se. O pensamento, em vez de volver ao berço africano, galgava a janela da sala em que Luís Garcia trabalhava e pousava sobre ele como

---

[63] Raimundo faz a figura do "escravo contente", que vive acomodado na cidade e distante do trabalho pesado das fazendas. Já Luís Garcia, cumpre o papel do "bom senhor", que não maltrata o negro porque ligado a ele por afeição. Apesar de idealizados, são personagens verossímeis, que refletem situações comuns à época, sobretudo nos estratos mais baixos da população.

um feitiço protetor. Quaisquer que fossem as diferenças civis e naturais entre os dois, as relações domésticas os tinham feito amigos.[64]

Entretanto, das duas afeições de Luís Garcia, Raimundo era apenas a segunda; a primeira era uma filha.

Se o jardim era a parte mais alegre da casa, o domingo era o dia mais festivo da semana. No sábado à tarde, acabado o jantar, descia Raimundo até à Rua dos Arcos, a buscar a sinhá moça, que estava sendo educada em um colégio. Luís Garcia esperava por eles, sentado à porta ou encostado à janela, quando não era escondido em algum recanto da casa para fazer rir a pequena. Se a menina o não via à janela ou à porta, percebia que se escondera e corria a casa, onde não era difícil dar com ele, porque os recantos eram poucos. Então caíam nos braços um do outro. Luís Garcia pegava dela e sentava-a nos joelhos. Depois, beijava-a, tirava-lhe o chapelinho, que cobria os cabelos acastanhados e lhe tapava parte da testa rosada e fina; beijava-a outra vez, mas então nos cabelos e nos olhos, – os olhos, que eram claros e filtravam uma luz insinuante e curiosa.

Contava onze anos e chamava-se Lina. O nome doméstico era Iaiá. No colégio, como as outras meninas lhe chamassem assim, e houvesse mais de uma com igual nome, acrescentavam-lhe o apelido de família. Esta era Iaiá Garcia. Era alta, delgada, travessa; possuía os movimentos súbitos e incoerentes da andorinha. A boca desabrochava facilmente em riso, – um riso que ainda não toldavam as dissimulações da vida, nem ensurdeciam as ironias de outra idade. Longos e muitos eram os beijos trocados com o pai. Luís Garcia punha-a no chão, tornava a subi-la aos joelhos, até que consentia finalmente em separar-se dela por alguns instantes. Iaiá ia ter com o preto.

– Raimundo, o que é que você me guardou?

– Guardei uma coisa, respondia ele sorrindo. Iaiá não é capaz de adivinhar o que é.

– É uma fruta.

– Não é.

---

[64] O texto de Machado dá ao africano um perfil de ser humano humilde, porém sincero e firme, que o eleva e dignifica perante o leitor.

– Um passarinho?
– Não adivinhou.
– Um doce?
– Que doce é?
– Não sei; dá cá o doce.

Raimundo negaceava ainda um pouco; mas afinal entregava a lembrança guardada. Era às vezes um confeito, outras uma fruta, um inseto esquisito, um molho de flores. Iaiá festejava a lembrança do escravo[65], dando saltos de alegria e de agradecimento. Raimundo olhava para ela, bebendo a felicidade que se lhe entornava dos olhos como um jorro de água pura. Quando o presente era uma fruta ou um doce, a menina trincava-o logo, a olhar e a rir para o preto, a gesticular e a interromper-se de quando em quando:

– Muito bom! Raimundo é amigo de Iaiá... Viva Raimundo!

E seguia dali a mudar de roupa, e a visitar o resto da casa e o jardim. No jardim achava o pai já sentado no banco do costume, com uma das pernas sobre a outra, e as mãos cruzadas sobre o joelho. Ia ter com ele, sentava-se, erguia-se, colhia uma flor, corria atrás dos insetos. De noite, não havia trabalho para Luís Garcia; a noite, como o dia seguinte, era toda consagrada à criança. Iaiá referia ao pai as anedotas do colégio, as puerilidades que não valem mais nem menos que outras da idade madura, as intriguinhas de nada, as pirraças de coisa nenhuma. Luís Garcia escutava-a com igual atenção à que prestaria a uma grande narrativa histórica. Seu magro rosto austero perdia a frieza e a indiferença; inclinado sobre a mesa, com os braços estendidos, as mãos da filha nas suas, considerava-se o mais venturoso dos homens. A narrativa da pequena era como costumam ser as da idade infantil: desigual e truncada, mas cheia de um colorido seu. Ele ouvia-a sem interromper; corrigia, sim algum erro de prosódia ou alguma reflexão menos justa; fora disso, ouvia somente.

Pouco depois da madrugada todos três estavam de pé. O sol de Santa Teresa era o mesmo da Rua dos Arcos; Iaiá, porém, achava-lhe alguma coisa

---

[65] Apesar de liberto, Raimundo, em vários momentos do texto é chamado de escravo, fato que aponta para a ambiguidade de sua condição social.

mais ou melhor, quando o via entrar pela alcova dentro, através das persianas. Ia à janela que dava para uma parte do Jardim. Via o pai bebendo a xícara de café, que aos domingos precedia o almoço. Às vezes ia ter com ele; outras vezes ele caminhava para a janela, e, com o peitoril de permeio, trocavam os ósculos da saudação. Durante o dia, Iaiá derramava pela casa todas as sobras de vida, que tinha em si. O rosto de Luís Garcia acendia-se de um reflexo de juventude, que lhe dissipava as sombras acumuladas pelo tempo. Raimundo vivia da alegria dos dois. Era domingo para todos três, e tanto o senhor como o antigo escravo não ficavam menos colegiais que a menina.

– Raimundo, dizia esta, você gosta de santo de comer?

Raimundo empertigava o corpo, abria um riso, e dando aos quadris e ao tronco o movimento de suas danças africanas, respondia cantarolando:

– Bonito santo! Santo gostoso!

– E santo de trabalhar?

Raimundo, que já esperava o reverso, estacava subitamente, punha a cabeça entre as mãos, e afastava-se murmurando com terror:

– Eh... eh... não fala nesse santo, Iaiá! não fala nesse santo!

– E santo de comer?

– Bonito santo! santo gostoso!

E o preto repetia o primeiro jogo, depois o segundo, até que Iaiá, aborrecida, passava a outra coisa.

[...]

Capítulo II

[...]

No dia seguinte foi ele jantar à Rua dos Inválidos. Achou a viúva menos consternada do que deveria estar, à vista das notícias da véspera, se porventura os sucessos da guerra a preocupassem tanto como dizia. Pareceu-lhe até mais serena. Ela ia e vinha com um ar satisfeito e resoluto. Tinha um sorriso para cada coisa que ouvia, um carinho, uma familiaridade, uma intenção de agradar e seduzir que Luís Garcia estudava com os olhos agudos da suspeita.

Jorge, pelo contrário, mostrava-se retraído e mudo. Luís Garcia, à mesa do jantar, examinava-lhe a furto a expressão dos olhos tristes e a ruga desenhada entre as sobrancelhas, gesto que indicava nele o despeito e a irritação. Na verdade, era duro enviar para a guerra um dos mais belos ornamentos da paz. Naqueles olhos não morava habitualmente a tristeza; eles eram, de costume, brandos e pacíficos. Um bigode negro e basto, obra comum da natureza e do cabeleireiro, cobria-lhe o lábio e dava ao rosto a expressão viril que este não tinha. A estatura esbelta e nobre era a única feição que absolutamente podia ser militar. Elegante, ocupava Jorge um dos primeiros lugares entre os *dandies* da Rua do Ouvidor; ali podia ter nascido, ali poderia talvez morrer.

Valéria acertava quando dizia não achar no filho nenhum amor à profissão de advogado. Jorge sabia muita coisa do que aprendera; tinha inteligência pronta, rápida compreensão e memória vivíssima. Não era profundo; abrangia mais do que penetrava. Sobretudo, era uma inteligência teórica; para ele, o praxista representava o bárbaro. Possuindo muitos bens, que lhe davam para viver à farta, empregava uma partícula do tempo em advogar o menos que podia – apenas o bastante para ter o nome no portal do escritório e no *Almanaque* de Laemmert. Nenhuma experiência contrastava nele os ímpetos da juventude e os arroubos da imaginação. A imaginação era o seu lado fraco, porque não a tinha criadora e límpida, mas vaga, tumultuosa e estéril. Era generoso e bom, mas padecia um pouco de fatuidade, que lhe diminuía a bondade nativa. Havia ali a massa de um homem futuro, à espera que os anos, cuja ação é lenta, oportuna e inevitável, lhe dessem fixidez ao caráter e virilidade à razão.

[...]

Era noite quando Luís Garcia saiu da casa de Valéria. Ia aborrecido de tudo, da mãe e do filho, – de suas relações naquela casa, das circunstâncias em que se via posto. Galgando a ladeira a pé, detendo-se de quando em quando a olhar para baixo, ia como apreensivo do futuro, supersticioso, tomado de temores intermitentes e inexplicáveis. Não tardou a aparecer-lhe a luz da casa, e, daí a pouco, a ouvir a cantilena solitária do escravo e as notas rudimentais da marimba. Eram as vozes da paz; ele apertou o passo e refugiou-se na solidão.

Capítulo XVI[66]

[...]

Raimundo, chamado a levar essa carta, recebeu-a depois de alguma hesitação. Olhou para o papel e para a sinhá moça. Depois sacudiu a cabeça com ar de dúvida. Iaiá simulou não ver nada, mas o gesto do preto impressionou-a. Ia afastar-se, Raimundo reteve-a dizendo:

— Iaiá me desculpe... essa carta... Raimundo não gosta de falar àquele homem.

— Não lhe fales; basta deixar a carta em casa dele.

Raimundo não insistiu; acompanhou com os olhos a filha de seu antigo senhor, abanando a cabeça com o mesmo ar de alguns momentos antes. Depois olhou para a carta, como se quisesse adivinhar o que ia dentro. Não era só pressentimento, mas também dedução do que ele via naquelas últimas semanas. Tinham-lhe dado notícia do casamento; falara-se nisso todos os dias antes da morte de Luís Garcia. Morto este, cessou toda alusão ao projeto, que parecia dever executar-se dentro de pouco tempo. O coração do preto dizia que aquela carta era alguma coisa mais do que um recado sem consequência. Quis levá-la a Estela; mas rejeitou o expediente, por lhe parecer infidelidade. Dez minutos depois saiu em direção à casa de Procópio Dias.

[...]

Capítulo XVII

Iaiá foi ter com Raimundo.

— Entregaste?

— Não entreguei, disse o preto.

Iaiá ficou alguns instantes imóvel. Raimundo tirou a carta do bolso, e esteve com ela nas mãos, sem atrever-se a levantar os olhos; levantou-os enfim e disse resolutamente:

---

[66] Aqui a história encontra-se próxima do desfecho. Apaixonada por Jorge, porém tendo descoberto a respeito do amor que este nutria no passado por Estela, sua madrasta, Iaiá rompe o noivado e escreve carta a outro pretendente, Procópio Dias, sujeito "sem melindres nem escrúpulos", encorajando-o a uma aproximação. Raimundo terá, como veremos, papel decisivo no desenlace da trama.

— Raimundo não achou bonito que Iaiá escrevesse àquele homem, que não é seu pai nem seu noivo, e voltou para falar com nhanhã Estela.

— Dê cá, disse a moça secamente; não é preciso.

Raimundo entregou-lhe a carta, e sacudiu a cabeça encanecida, como se quisera repelir os anos que sobre ela pesavam, e retroceder ao tempo em que Iaiá era uma simples criança, travessa e nada mais. Tinha-lhe custado a resolução; três vezes a porta de Procópio Dias para obedecer à filha de seu antigo senhor, e três vezes recuara, até que venceu nele o pressentimento, – uma coisa que lhe martelava no coração, dizia ele daí a pouco a Estela, quando lhe referiu tudo.[67]

[...]

---

[67] Aqui o texto enfatiza a postura não subalterna de Raimundo e o papel exercido por ele junto à família de Iaiá. Já idoso e ligado à jovem por laços de afeto desde quando esta era criança, o ex-escravizado recusa-se a ser mero moleque de recados da menina e não endossa seu gesto inconsequente. Raimundo conhece e desconfia do caráter inescrupuloso de Procópio Dias. Assim, toma partido e interfere não apenas na decisão impensada da jovem, mas no próprio futuro desta, ao dificultar sua aproximação com o pretendente.

Memórias póstumas de Brás Cubas[68]

PRÓLOGO DA QUARTA EDIÇÃO

A primeira edição destas *Memórias póstumas de Brás Cubas* foi feita aos pedaços na *Revista Brasileira*, pelos anos de 1880. Postas mais tarde em livro, corrigi o texto em vários lugares. Agora que tive de o rever para a terceira edição, emendei ainda alguma coisa e suprimi duas ou três dúzias de linhas. Assim composto, sai novamente à luz esta obra que alguma benevolência parece ter encontrado no público.

Capistrano de Abreu, noticiando a publicação do livro, perguntava: "As *Memórias póstumas de Brás Cubas* são um romance?" Macedo Soares, em carta que me escreveu por esse tempo, recordava amigamente as *Viagens na minha terra*. Ao primeiro respondia já o defunto Brás Cubas (como o leitor viu e verá no prólogo dele que vai adiante) que sim e que não, que era romance para uns e não o era para outros.[69] Quanto ao segundo, assim se explicou o finado: "Trata-se de uma obra difusa, na qual eu, Brás Cubas, se adotei a forma livre de um Sterne ou de um Xavier de Maistre, não sei se lhe meti algumas rabugens de pessimismo." Toda essa gente viajou: Xavier de Maistre à roda do quarto, Garrett na terra dele, Sterne na terra dos outros. De Brás Cubas se pode talvez dizer que viajou à roda da vida.[70]

---

[68] Publicado inicialmente em folhetim na *Revista Brasileira*, em 1880, é seguramente o romance mais sarcástico escrito por Machado de Assis. Nele, o autor desnuda a hipocrisia dominante entre as elites escravistas de seu tempo.
[69] Machado refere-se ao historiador Capistrano de Abreu (1853-1927), autor de *Capítulos de história colonial* e ao jornalista e lexicógrafo Antônio Joaquim de Macedo Soares (1838-1905), autor do *Dicionário brasileiro da língua portuguesa*, um dos primeiros a referendar termos de origem africana e a distinguir oficialmente o português do Brasil frente ao de Portugal. Ambos repetem a prática comum entre a crítica da época de buscar sempre uma origem europeia para a literatura aqui produzida.
[70] O francês Xavier de Maistre (1763-1852) escreveu *Viagem à roda do meu quarto* e *Expedição noturna à roda do meu quarto*; já o português João Batista Almeida Garrett (1799-1854) é autor de *Viagens na minha terra*, um dos clássicos da literatura portuguesa; e o irlandês Laurence Sterne (1713-1768) ficou conhecido através dos romances *A vida e as opiniões de Tristam Shandy* (nove volumes) e *Viagem sentimental através da França e da Itália*.

O que se faz do meu Brás Cubas um autor particular é o que ele chama "rabugens de pessimismo". Há na alma deste livro, por mais risonho que pareça, um *sentimento amargo e áspero, que está longe de vir dos seus modelos. É taça que pode ter lavores de igual escola, mas leva outro vinho.*[71] Não digo mais para não entrar na crítica de um defunto, que se pintou a si e a outros, conforme lhe pareceu melhor e mais certo.

MACHADO DE ASSIS

AO LEITOR[72]

Que Stendhal confessasse haver escrito um de seus livros para cem leitores, coisa é que admira e consterna.[73] O que não admira, nem provavelmente consternará é se este outro livro não tiver os cem leitores de Stendhal, nem cinquenta, nem vinte, e quando muito, dez. Dez? Talvez cinco. Trata-se, na verdade, de uma obra difusa, na qual eu, Brás Cubas, se adotei a forma livre de um Sterne, ou de um Xavier de Maistre, não sei se lhe meti algumas rabugens de pessimismo. Pode ser. Obra de finado. Escrevi-a com a pena da galhofa e a tinta da melancolia, e não é difícil antever o que poderá sair desse conúbio.[74] Acresce que a gente grave

---

[71] Escritor moderno e antropófago *avant la lettre*, Machado já anuncia no prólogo sua independência frente aos modelos literários do velho mundo e a apropriação desabusada que irá fazer da cultura ocidental. O "sentimento amargo e áspero" condutor da escrita do romance está em diálogo com aquele "sentimento íntimo", teorizado no "Instinto de Nacionalidade" e se traduz numa linguagem crítica que tem como contraface a crítica da própria linguagem. Assim, por mais europeia – e branca – que seja a *forma* de seu texto, nela está inscrita a consciência do Outro: de quem vê "seu tempo" e "seu país" com o olhar dos de baixo, numa perspectiva crítica tanto da tradição e do pensamento ocidentais, quanto da elite senhorial que assegurava a hegemonia desse pensamento entre nós. A metáfora do "outro vinho" aponta para essa identidade cultural periférica e descentrada. Grifos nossos.

[72] Os dois prólogos colocados na abertura do romance expressam a mudança do sujeito de enunciação, com a passagem do discurso do autor para o discurso do personagem que, na condição de narrador irá, daí por diante, conduzir o texto a partir de uma perspectiva cínica e aparentemente autocrítica. Entre a fala do escritor e a de seu personagem toda uma rede de disfarces se constrói.

[73] Stendhal é o pseudônimo do escritor Marie Henry Beyle (1783-1842), autor de *O vermelho e o negro*, um dos clássicos da literatura francesa. Em sua edição comentada de *Memórias póstumas de Brás Cubas* (1999, p. 29), Letícia Malard cita Stendhal para afirmar que este "escreveu o livro *Do amor* para agradar a cem leitores, dos quais conhecia apenas um ou dois."

[74] Um dos pontos centrais da arquitetura do romance é a condição de morto ostentada pelo narrador protagonista. Por um lado, confere verossimilhança à crítica impiedosa a tudo que o rodeava (e a si próprio), pois, afinal, o "defunto autor" nada mais pode querer da vida que se foi, o que explica o tom de "galhofa" e "melancolia". Por outro, o discurso ácido do morto não deixa de apontar para a sua condição de beneficiário do escravismo. O herdeiro ocioso "afeiçoado à contemplação da injustiça humana", e empenhado em "explicá-la" e "classificá-la por partes", está morto e é de dentro de seu caixão que este senhor de escravos fala, em 1880, aos seus pares, leitores da *Revista Brasileira*.

achará no livro umas aparências de puro romance, ao passo que a gente frívola não achará nele o seu romance usual; ei-lo aí fica privado da estima dos graves e do amor dos frívolos, que são as duas colunas máximas da opinião.

Mas eu ainda espero angariar as simpatias da opinião, e o primeiro remédio é fugir a um prólogo explícito e longo. O melhor prólogo é o que contém menos coisas, ou o que as diz de um jeito obscuro e truncado. Conseguintemente, evito contar o processo extraordinário que empreguei na composição destas *Memórias,* trabalhadas cá no outro mundo. Seria curioso, mas nimiamente extenso, e aliás desnecessário ao entendimento da obra. A obra em si mesma é tudo: se te agradar, fino leitor, pago-me da tarefa; se te não agradar, pago-te com um piparote, e adeus.

BRÁS CUBAS

Capítulo XI – O MENINO É O PAI DO HOMEM

Cresci; e nisso é que a família não interveio; cresci naturalmente como crescem as magnólias e os gatos. Talvez os gatos são menos matreiros, e com certeza, as magnólias são menos inquietas de que eu era na minha infância. Um poeta dizia que o menino é pai do homem. Se isto é verdade, vejamos alguns lineamentos do menino.

Desde os cinco anos merecera eu a alcunha de "menino diabo"; e verdadeiramente não era outra coisa; fui dos mais malignos do meu tempo, arguto, indiscreto, traquinas e voluntarioso. Por exemplo, um dia quebrei a cabeça de uma escrava, porque me negara uma colher do doce de coco que estava fazendo, e, não contente com o malefício, deitei um punhado de cinza ao tacho, e, não satisfeito da travessura, fui dizer à minha mãe que a escrava é que estragara o doce "por pirraça"; e eu tinha apenas seis anos. Prudêncio, um moleque de casa, era o meu cavalo de todos os dias; punha as mãos no chão, recebia um cordel nos queixos, à guisa de freio, eu trepava-lhe ao dorso, com uma varinha na mão, fustigava-o, dava mil voltas a um e outro lado, e ele obedecia, – algumas vezes gemendo, –

mas obedecia sem dizer palavra, ou, quando muito, um – "ai, nhonhô!" – ao que eu retorquia: – "Cala a boca, besta!" – Esconder os chapéus das visitas, deitar rabos de papel a pessoas graves, puxar pelo rabicho das cabeleiras, dar beliscões nos braços das matronas, e outras muitas façanhas deste jaez, eram mostras de um gênio indócil, mas devo crer que eram também expressões de um espírito robusto, porque meu pai tinha-me em grande admiração; e se às vezes me repreendia, à vista de gente, fazia-o por simples formalidade: em particular dava-me beijos.

Não se conclua daqui que eu levasse todo o resto da minha vida a quebrar a cabeça dos outros nem a esconder-lhes os chapéus; mas opiniático, egoísta e algo contemptor dos homens, isso fui; se não passei o tempo a esconder-lhes os chapéus, alguma vez lhes puxei pelo rabicho das cabeleiras.

Outrossim, afeiçoei-me à contemplação da injustiça humana, inclinei-me a atenuá-la, a explicá-la a classificá-la por partes, a entendê-la não segundo um padrão rígido, mas ao sabor das circunstâncias e lugares. Minha mãe doutrinava-me a seu modo, fazia-me decorar alguns preceitos e orações; mas eu sentia que, mais do que as orações, me governavam os nervos e o sangue, e a boa regra perdia o espírito, que a faz viver, para se tornar uma vã fórmula. De manhã, antes do mingau, e de noite, antes da cama, pedia a Deus que me perdoasse, assim como eu perdoava aos meus devedores; mas entre a manhã e a noite fazia uma grande maldade, e meu pai, passado o alvoroço, dava-me pancadinhas na cara, e exclamava a rir: Ah! brejeiro! ah! brejeiro!

Sim, meu pai adorava-me. Minha mãe era uma senhora fraca, de pouco cérebro e muito coração, assaz crédula, sinceramente piedosa, – caseira, apesar de bonita, e modesta, apesar de abastada; temente às trovoadas e ao marido. O marido era na Terra o seu deus. Da colaboração dessas duas criaturas nasceu a minha educação, que, se tinha alguma coisa boa, era no geral viciosa, incompleta, e, em partes, negativa. Meu tio cônego fazia às vezes alguns reparos ao irmão; dizia-lhe que ele me dava mais liberdade do que ensino, e mais afeição do que emenda; mas meu pai respondia que aplicava na minha educação um sistema inteiramente superior ao sistema usado; e por este modo, sem confundir o irmão, iludia-se a si próprio.

De envolta com a transmissão e a educação, houve ainda o exemplo estranho, o meio doméstico. Vimos os pais; vejamos os tios. Um deles, o João, era um homem de língua solta, vida galante, conversa picaresca. Desde os onze anos entrou a admitir-me às anedotas reais ou não, eivadas todas de obscenidade ou imundície. Não me respeitava a adolescência, como não respeitava a batina do irmão; com a diferença que este fugia logo que ele enveredava por assunto escabroso. Eu não; deixava-me estar, sem entender nada, a princípio, depois entendendo, e enfim achando-lhe graça. No fim de certo tempo, quem o procurava era eu; e ele gostava muito de mim, dava-me doces, levava-me a passeio. Em casa, quando lá ia passar alguns dias, não poucas vezes me aconteceu achá-lo, no fundo da chácara, no lavadouro, a palestrar com as escravas que batiam roupa; aí é que era um desfiar de anedotas, de ditos, de perguntas, e um estalar de risadas, que ninguém podia ouvir, porque o lavadouro ficava muito longe de casa. As pretas, com uma tanga no ventre, a arregaçar-lhes um palmo dos vestidos, umas dentro do tanque, outras fora, inclinadas sobre as peças de roupa, a batê-las, a ensaboá-las, a torcê-las, iam ouvindo e redarguindo às pilhérias do tio João, e a comentá-las de quando em quando com esta palavra:

– Cruz, diabo!... Este sinhô João é o diabo!

[...]

Não digo nada de minha tia materna, dona Emerenciana, e aliás era a pessoa que mais autoridade tinha sobre mim; essa diferençava-se grandemente dos outros; mas viveu pouco tempo em nossa companhia, uns dois anos. Outros parentes e alguns íntimos não merecem a pena de ser citados; não tivemos vida comum, mas intermitente, com grandes claros de separação. O que importa é a expressão geral do meio doméstico, e essa aí fica indicada, – vulgaridade de caracteres, amor das aparências rutilantes, do arruído, frouxidão da vontade, domínio do capricho, e o mais. Dessa terra e desse estrume é que nasceu esta flor.[75]

---

[75] Como se vê, já de início Brás Cubas se coloca como parte de um todo – a elite senhorial brasileira do século XIX. Há ainda diversas passagens em que o personagem expressa sua identificação aos hábitos e formas de agir e pensar da classe social de onde provém. O "menino diabo" é o "pai do homem", mas foi a "educação viciosa" recebida na família que permitiu o embrutecimento de seu caráter e a insensibilidade para com o outro, em especial, os submetidos ao escravismo ou à pobreza.

Capítulo XII – Um episódio de 1814

[...]

Era à sobremesa; ninguém já pensava em comer. No intervalo das glosas, corria um burburinho alegre, um palavrear de estômagos satisfeitos; os olhos moles e úmidos, ou vivos e cálidos, espreguiçavam-se ou saltitavam de uma ponta à outra da mesa, atulhada de doces e frutas, aqui o ananás em fatias, ali o melão em talhadas, as compoteiras de cristal deixando ver o doce de coco, finamente ralado, amarelo como uma gema, – ou então o melado escuro e grosso, não longe do queijo e do cará. De quando em quando um riso jovial, amplo, desabotoado, um riso de família, vinha quebrar a gravidade política do banquete. No meio do interesse grande e comum, agitavam-se também os pequenos e particulares. As moças falavam das modinhas que haviam de cantar ao cravo, e do minuete e do solo inglês; nem faltava matrona que prometesse bailar um oitavado de compasso, só para mostrar como folgara nos seus bons tempos de criança. Um sujeito, ao pé de mim, dava a outro notícia recente dos negros novos, que estavam a vir, segundo cartas que recebera de Luanda, uma carta em que o sobrinho lhe dizia ter já negociado cerca de quarenta cabeças, e outra carta em que... Trazia-as justamente na algibeira, mas não as podia ler naquela ocasião. O que afiançava é que podíamos contar, só nessa viagem, uns cento e vinte negros, pelo menos.[76]

Capítulo XXXI – A borboleta preta

No dia seguinte, como eu estivesse a preparar-me para descer, entrou no meu quarto uma borboleta, tão negra como a outra, e muito maior do que ela. Lembrou-me o caso da véspera, e ri-me; entrei logo a pensar na filha de Dona Eusébia, no susto que tivera, e na dignidade que, apesar dele, soube conservar.

---

[76] A presente cena se passa num banquete em casa de Brás, cujos pais fazem questão de comemorar a primeira queda de Napoleão Bonaparte, ocorrida em 20 de abril de 1814. É importante destacar a forma dissimulada como o autor inscreve a menção ao tráfico negreiro: o assunto surge *en passant* e ocupa poucas linhas dentre os "interesses pequenos e particulares" dos convivas. O tópico é tratado pelo narrador de forma homóloga à sua inserção nos ambientes da classe senhorial, ou seja, como algo normal, como um negócio a mais... Dessa forma, tem o leitor uma visão da frieza com que o tráfico era encarado e inserido na conversação familiar, entre as inocentes modinhas e bailados das mulheres. Destaque-se ainda a primeira pessoa do plural empregada pelo narrador: "podíamos contar, só nessa viagem, uns cento e vinte negros, pelo menos". A passagem evidencia o pertencimento e a perspectiva de classe a que está vinculado o personagem.

A borboleta, depois de esvoaçar muito em torno de mim, pousou-me na testa. Sacudi-a, ela foi pousar na vidraça; e, porque eu a sacudisse de novo, saiu dali e veio parar em cima de um velho retrato de meu pai. Era negra como a noite. O gesto brando com que, uma vez posta, começou a mover as asas, tinha um certo ar escarninho, que me aborreceu muito. Dei de ombros, saí do quarto; mas tornando lá, minutos depois, e achando-a ainda no mesmo lugar, senti um repelão dos nervos, lancei mão de uma toalha, bati-lhe e ela caiu.

Não caiu morta; ainda torcia o corpo e movia as farpinhas da cabeça. Apiedei-me; tomei-a na palma da mão e fui depô-la no peitoril da janela. Era tarde; a infeliz expirou dentro de alguns segundos. Fiquei um pouco aborrecido, incomodado.

– Também por que diabo não era ela azul? disse comigo.

E esta reflexão, – uma das mais profundas que se tem feito, desde a invenção das borboletas, – me consolou do malefício, e me reconciliou comigo mesmo. Deixei-me estar a contemplar o cadáver, com alguma simpatia, confesso. Imaginei que ela saíra do mato, almoçada e feliz. A manhã era linda. Veio por ali fora, modesta e negra, espairecendo as suas borboletices, sob a vasta cúpula de um céu azul, que é sempre azul, para todas as asas. Passa pela minha janela, entra e dá comigo. Suponho que nunca teria visto um homem; não sabia, portanto, o que era o homem; descreveu infinitas voltas em torno do meu corpo, e viu que me movia, que tinha olhos, braços, pernas, um ar divino, uma estatura colossal. Então disse consigo: "Este é provavelmente o inventor das borboletas." A ideia subjugou-a, aterrou-a; mas o medo, que é também sugestivo, insinuou-lhe que o melhor modo de agradar ao seu criador era beijá-lo na testa, e beijou-me na testa. Quando enxotada por mim, foi pousar na vidraça, viu dali o retrato de meu pai, e não é impossível que descobrisse meia verdade, a saber, que estava ali o pai do inventor das borboletas, e voou a pedir-lhe misericórdia.

Pois um golpe de toalha rematou a aventura. Não lhe valeu a imensidade azul, nem a alegria das flores, nem a pompa das folhas verdes, contra uma toalha de rosto, dois palmos de linho cru. Vejam como é bom ser superior às borboletas! Porque, é justo dizê-lo, se ela fosse azul, ou cor de laranja, não teria mais segura a vida; não era impossível que eu a atravessasse com um alfinete, para recreio dos olhos. Não era. Esta última ideia restituiu-me a consolação; uni o dedo grande ao polegar, despedi um piparote e o cadáver caiu no jardim. Era tempo; aí vinham já as próvidas formigas... Não, volto à primeira ideia; creio que para ela era melhor ter nascido azul.[77]

Capítulo XLVI – A HERANÇA

Veja-nos agora o leitor, oito dias depois da morte de meu pai, – minha irmã sentada num sofá, – pouco adiante, Cotrim, de pé, encostado a um consolo, com os braços cruzados e a morder o bigode, – eu a passear de um lado para outro, com os olhos no chão. Luto pesado. Profundo silêncio.

– Mas afinal, disse Cotrim; esta casa pouco mais pode valer de trinta contos; demos que valha trinta e cinco...

– Vale cinquenta, ponderei; Sabina sabe que custou cinquenta e oito...

– Podia custar até sessenta, tornou Cotrim; mas não se segue que os valesse, e menos ainda que os valha hoje. Você sabe que as casas, aqui há anos, baixaram muito. Olhe, se esta vale os cinquenta contos, quantos não vale a que você deseja para si, a do Campo?

– Não fale nisso! Uma casa velha.

– Velha! exclamou Sabina, levantando as mãos ao teto.

– Parece-lhe nova, aposto?

– Ora, mano, deixe-se dessas coisas, disse Sabina, erguendo-se do sofá; podemos arranjar tudo em boa amizade, e com lisura. Por exemplo, Cotrim não aceita os pretos, quer só o boleeiro de papai e o Paulo...

– O boleeiro não, acudi eu; fico com a sege e não hei de ir comprar outro.

– Bem; fico com o Paulo e o Prudêncio.

– O Prudêncio está livre.

– Livre?

– Há dois anos.

– Livre? Como seu pai arranjava estas coisas cá por casa, sem dar parte a ninguém! Está direito. Quanto à prata... creio que não libertou a prata?

---

[77] Apesar do tom extremamente irônico com que é narrada, a cena põe mais uma vez em destaque a profunda megalomania do personagem, que se vê como Deus e criador das borboletas. De quebra, fica ressaltado o preconceito envolvendo a cor preta.

Tínhamos falado na prata, a velha prataria do tempo de Dom José I, a porção mais grave da herança, já pelo lavor, já pela vetustez, já pela origem da propriedade; dizia meu pai que o conde da Cunha, quando vice-rei do Brasil, a dera de presente a meu bisavô Luís Cubas.

— Quanto à prata, continuou Cotrim, eu não faria questão nenhuma, se não fosse o desejo que sua irmã tem de ficar com ela; e acho-lhe razão. Sabina é casada, e precisa de uma copa digna, apresentável. Você é solteiro, não recebe, não...

— Mas posso casar.

— Para quê? interrompeu Sabina.

Era tão sublime esta pergunta, que por alguns instantes me fez esquecer os interesses. Sorri; peguei na mão de Sabina, bati-lhe levemente na palma, tudo isso com tão boa sombra, que o Cotrim interpretou o gesto como de aquiescência, e agradeceu-mo.

— Que é lá? redargui; não cedi coisa nenhuma, nem cedo.

— Nem cede?

Abanei a cabeça.

— Deixa, Cotrim, disse minha irmã ao marido; vê se ele quer ficar também com a nossa roupa do corpo; é só o que falta.

— Não falta mais nada. Quer a sege, quer o boleeiro, quer a prata, quer tudo. Olhe, é muito mais sumário citar-nos a juízo e provar com testemunhas que Sabina não é sua irmã, que eu não sou seu cunhado, e que Deus não é Deus. Faça isto, e não perde nada, nem uma colherinha. Ora, meu amigo, outro ofício!

Estava tão agastado, e eu não menos, que entendi oferecer um meio de conciliação; dividir a prata. Riu-se e perguntou-me a quem caberia o bule e a quem o açucareiro; e depois desta pergunta, declarou que teríamos tempo de liquidar a pretensão, quando menos em juízo. Entretanto, Sabina fora até à janela que dava para a chácara, — e depois de um instante, voltou, e propôs ceder o Paulo e outro preto, com a condição de ficar com a prata; eu ia dizer que não me convinha, mas Cotrim adiantou-se e disse a mesma coisa.

— Isso nunca! não faço esmolas! disse ele.

Jantamos tristes. Meu tio cônego apareceu à sobremesa, e ainda presenciou uma pequena altercação.

— Meus filhos, disse ele, lembrem-se que meu irmão deixou um pão bem grande para ser repartido por todos.

Mas Cotrim:

— Creio, creio. A questão, porém, não é de pão, é de manteiga. Pão seco é que eu não engulo.

Fizeram-se finalmente as partilhas, mas nós estávamos brigados. E digo-lhes que, ainda assim, custou-me muito a brigar com Sabina. Éramos tão amigos! Jogos pueris, fúrias de criança, risos e tristezas da idade adulta, dividimos muita vez esse pão da alegria e da miséria, irmãmente, como bons irmãos que éramos. Mas estávamos brigados. Tal qual a beleza de Marcela, que se esvaiu com as bexigas.[78]

Capítulo LXVIII – O Vergalho

Tais eram as reflexões que eu vinha fazendo, por aquele Valongo fora, logo depois de ver e ajustar a casa.[79] Interrompeu-mas um ajuntamento; era um preto que vergalhava outro na praça. O outro não se atrevia a fugir; gemia somente estas únicas palavras: – "Não, perdão, meu senhor; meu senhor, perdão!" Mas o primeiro não fazia caso, e, a cada súplica, respondia com uma vergalhada nova.

— Toma, diabo! dizia ele; toma mais perdão, bêbado!

— Meu senhor! gemia o outro.

— Cala a boca, besta! replicava o vergalho.[80]

Parei, olhei... Justos céus! Quem havia de ser o do vergalho? Nada menos que o meu moleque Prudêncio, – o que meu pai libertara alguns anos antes. Cheguei-me; ele deteve-se logo e pediu-me a bênção; perguntei-lhe se aquele preto era escravo dele.

---

[78] Machado dá um tratamento realista à discussão da partilha dos bens deixados em herança, e mostra irmãos e cunhado brigando para diminuir suas perdas a apenas poucos dias de uma perda bem maior – a do pai e, no caso de Cotrim, do sogro. O tom realista prossegue com o desnudamento da absoluta frieza com que os membros da classe senhorial tratam os escravizados, encarados não como pessoas, mas como simples "peças", bens materiais disputados em inventário.

[79] O antigo Largo do Valongo, situado no Rio de Janeiro entre os bairros da Saúde e da Gamboa, foi durante longa data não só porto de chegada dos "pretos novos" – africanos recém-escravizados –, mas também local onde o tráfico se realizava "às escâncaras" como afirma o autor na citada crônica de 1 de outubro de 1876. O local escolhido para a cena é, portanto, carregado de significações e remete ao rebaixamento social de africanos e seus descendentes.

[80] Liberto e transformado paradoxalmente em senhor, o negro Prudêncio repete as atitudes dos brancos e até as mesmas palavras que ouvia em resposta aos seus gemidos de criança torturada pelo sinhozinho. Temos aqui um exemplo da visão cética do autor quanto aos malefícios da escravidão: violência gera violência e ao oprimido não basta a liberdade, quer usá-la para também oprimir.

— É, sim, nhonhô.

— Fez-te alguma coisa?

— É um vadio e um bêbado muito grande. Ainda hoje deixei ele na quitanda, enquanto eu ia lá embaixo na cidade, e ele deixou a quitanda para ir na venda beber.

— Está bom, perdoa-lhe, disse eu.

— Pois não, nhonhô. Nhonhô manda, não pede. Entra para casa, bêbado![81]

Saí do grupo, que me olhava espantado e cochichava as suas conjeturas. Segui caminho, a desfiar uma infinidade de reflexões, que sinto haver inteiramente perdido; aliás, seria matéria para um bom capítulo, e talvez alegre. Eu gosto dos capítulos alegres; é o meu fraco. Exteriormente, era torvo o episódio do Valongo; mas só exteriormente. Logo que meti mais dentro a faca do raciocínio achei-lhe um miolo gaiato, fino, e até profundo. Era um modo que o Prudêncio tinha de se desfazer das pancadas recebidas, — transmitindo-as a outro. Eu, em criança, montava-o, punha-lhe um freio na boca, e desancava-o sem compaixão; ele gemia e sofria. Agora, porém, que era livre, dispunha de si mesmo, dos braços, das pernas, podia trabalhar, folgar, dormir, desagrilhoado da antiga condição, agora é que ele se desbancava: comprou um escravo, e ia-lhe pagando, com alto juro, as quantias que de mim recebera. Vejam as sutilezas do maroto!

Capítulo LXIX – Um grão de sandice

Este caso faz-me lembrar um doido que conheci. Chamava-se Romualdo e dizia ser Tamerlão. Era a sua grande e única mania, e tinha uma curiosa maneira de a explicar.

— Eu sou o ilustre Tamerlão, dizia ele. Outrora fui Romualdo, mas adoeci, e tomei tanto tártaro, tanto tártaro, tanto tártaro, que fiquei Tártaro e até rei dos Tártaros. O tártaro tem a virtude de fazer Tártaros.

---

[81] Já aqui o escritor destaca o caráter subordinado do pensamento de Prudêncio que, apesar de liberto, "pede a bênção" e continua vendo em Brás a figura do dono do poder: "Nhonhô manda, não pede". A frase soa profética quando nos deparamos com o rebaixamento social e com a difícil situação econômica da maioria dos afro-brasileiros. Machado, todavia, não perdoa os beneficiários da escravidão. A forma cínica com que Brás reflete sobre o episódio, para ele "gaiato" e "talvez alegre", enfatiza o embrutecimento e insensibilidade da classe responsável pela continuidade do sistema escravista: o "maroto" empregado por Brás em relação a Prudêncio se equipara ao "brejeiro" que o sinhozinho ouvia do pai quando de suas traquinagens.

Pobre Romualdo! A gente ria da resposta, mas é provável que o leitor não se ria, e com razão; eu não lhe acho graça nenhuma. Ouvida, tinha algum chiste; mas assim contada, no papel, e a propósito de um vergalho recebido e transferido, força é confessar que é muito melhor voltar à casinha da Gamboa; deixemos os Romualdos e Prudêncios.[82]

Capítulo CXXIII – O Verdadeiro Cotrim

[...]

Talvez pareça excessivo o escrúpulo do Cotrim, a quem não souber que ele possuía um caráter ferozmente honrado. Eu mesmo fui injusto com ele durante os anos que se seguiram ao inventário de meu pai. Reconheço que era um modelo. Arguíam-no de avareza, e cuido que tinham razão; mas a avareza é apenas a exageração de uma virtude e as virtudes devem ser como os orçamentos: melhor é o saldo que o *déficit*. Como era muito seco de maneiras tinha inimigos, que chegavam a acusá-lo de bárbaro. O único fato alegado neste particular era o de mandar com frequência escravos ao calabouço, donde eles desciam a escorrer sangue; mas, além de que ele só mandava os perversos e os fujões, ocorre que, tendo longamente contrabandeado em escravos, habituara-se de certo modo ao trato um pouco mais duro que esse gênero de negócio requeria, e não se pode honestamente atribuir à índole original de um homem o que é puro efeito de relações sociais. A prova de que o Cotrim tinha sentimentos pios encontrava-se no seu amor aos filhos, e na dor que padeceu quando lhe morreu Sara, dali a alguns meses; prova irrefutável, acho eu, e não única. Era tesoureiro de uma confraria, e irmão de várias irmandades, e até irmão remido de uma destas, o que não se coaduna muito com a reputação da avareza; verdade é que o benefício não caíra no chão: a irmandade (de que ele fora juiz) mandara-lhe tirar o retrato a óleo. Não era perfeito, decerto; tinha, por exemplo, o sestro de mandar para os jornais a notícia de um ou outro benefício que praticava, – sestro repreensível ou

---

[82] Este capítulo dialoga com o anterior e nele Brás Cubas debocha da condição humana submetida ao sacrifício rotineiro, seja ele de que qualidade for. As chicotadas recebidas por Prudêncio são equiparadas à ingestão do tártaro, "medicamento" que "curava" os problemas digestivos através do vômito, e que, no caso, acaba levando o paciente à loucura. O escritor tira partido da ambiguidade da palavra e nos remete ao povo tártaro, cujo rei – Tamerlão (1333-1405) – foi pródigo em conquistas. É bom lembrar ainda que, em diversas passagens de sua obra, o escritor compara a escravidão à loucura.

não louvável, concordo; mas ele desculpava-se dizendo que as boas ações eram contagiosas, quando públicas; razão a que se não pode negar algum peso. Creio mesmo (e nisto faço o seu maior elogio) que ele não praticava, de quando em quando, esses benefícios senão com o fim de espertar a filantropia dos outros; e se tal era o intuito, força é confessar que a publicidade tornava-se uma condição *sine qua non*. Em suma, poderia dever algumas atenções, mas não devia um real a ninguém.[83]

---

[83] A cena é dedicada a Cotrim, cunhado de Brás e antigo traficante de escravos. O personagem vai consultá-lo a respeito de uma possibilidade de casamento com sua sobrinha e, diante das ponderações em contrário do outro, tece essas considerações nada elogiosas a seu respeito. Fica patente o duplo estatuto que rege o modo de ser e agir da classe senhorial: apesar de bom pai, esposo exemplar e caridoso homem de religião, Cotrim tem explicitado todo o seu desprezo pelos negros escravizados, submetidos por ele à tortura sempre que tentavam reagir ao cativeiro. Ironias à parte, é importante destacar a "solidariedade" que lhe presta o narrador, a partir da concordância com tais métodos, que, de resto, apontam para a forma como as elites do Segundo Império encaravam os africanos e seus descendentes.

Casa velha[84]

Capítulo V

Falei a D. Antônia no dia seguinte. Estava disposto a pedir-lhe uma conversação particular, mas foi ela mesma que veio ter comigo, dizendo que durante a minha moléstia tinha acabado umas alfaias, e queria ouvir a minha opinião; estavam na sacristia. Enquanto atravessávamos a sala e um dos corredores que ficavam ao lado do pátio central, ia-lhe eu falando, sem que me prestasse grande atenção. Subimos os três degraus que davam para uma vasta sala calçada de pedra, e abobadada. Ao fundo havia uma grande porta, que levava ao terreiro e à chácara; à direita ficava a da sacristia, à esquerda outra, destinada a um ou mais aposentos, não sei bem.

Naquela sala achamos Lalau e o sineiro, este sentado, ela de pé.

O sineiro era um preto velho e doido. Não fazia mais que tocar o sino da capela, para a missa, aos domingos. O resto do tempo vivia calado ou resmungando. Ninguém lhe falava, embora fosse manso. Lalau era a única, entre todos, parentes, agregados ou fâmulos, que ia conversar com ele, interrogá-lo, escutá-lo, pedir-lhe histórias. E ele contava-lhe histórias muito compridas, sem sentido algumas, outras quase sem nexo, reminiscências vagas e embrulhadas, ou sugestões do delírio.

Era curioso vê-los. Lalau perdia a inquietação; ficava séria e tranquila, durante dez, quinze, vinte minutos, a escutá-lo. O Gira (nunca lhe conheci outro nome) alegrava-se ao vê-la. Com a razão, perdera a convivência dos mais. Vivia

---

[84] Novela publicada em folhetins, na revista de moda *A Estação*, entre janeiro de 1885 e fevereiro de 1886. Descoberta e reeditada em 1944, com organização e prefácio de Lúcia Miguel Pereira. Como nos romances, retrata o universo da família patriarcal brasileira do século XIX: viúva, filho, agregada, escravos. Por fora – e, ao mesmo tempo, por dentro – o cônego-narrador, que adentra àquele mundo para pesquisar os documentos deixados pelo chefe da família e acaba se envolvendo na trama.

entregue aos pensamentos solitários, mergulhado na inconsciência e na solidão. A moça representava aos olhos dele alguma coisa mais do que uma simples criatura, era a sociedade humana, e uma sombra de sombra da consciência antiga. Ela, que o sentia, dava-lhe essa curta emersão do abismo, e uma ou duas vezes por semana ia conversar com ele.

D. Antônia parou. Não contava com a moça ali, ao pé da porta da sacristia, e queria falar-me em particular, como se vai ver. Compreendi-o logo pelo desagrado do gesto, como já suspeitara alguma coisa ao vê-la preocupada. No momento em que chegávamos, Lalau perguntou ao Gira:

— E depois, e depois?

— Depois, o rei pegou gavião, e gavião cantou.

— Gavião canta?

— Gavião? Uê, gente! Gavião cantou: Calunga, mussanga, monandenguê... Calunga, mussanga, monandenguê... Calunga...[85]

E o preto dava ao corpo umas sacudidelas para acompanhar a toada africana. Olhei para Lalau. Ela, que ria de tudo, não se ria daquilo, parecia ter no rosto uma expressão de grande piedade. Voltei-me para D. Antônia; esta, depois de hesitar um pouco, deliberou entrar na sacristia, cuja porta estava aberta. Lalau tinha-nos visto, sorriu para nós e continuou a falar com o Gira. D. Antônia e eu entramos.

Sobre a cômoda da sacristia estavam as tais alfaias. D. Antônia disse ao preto sacristão, que fosse ajudar a descarregar o carro que chegara da roça, e lá a esperasse. Ficamos sós; mostrou-me duas alvas e duas sobrepelizes; depois, sem transição, disse-me que precisava de mim para um grande obséquio. Soube na véspera que o filho andava com ideias de ser deputado; pedia-me duas coisas, a primeira é que o dissuadisse.

---

[85] "Calunga": palavra com vários sentidos no português do Brasil. Segundo Nei Lopes (2003, p. 57), "do termo multilinguístico banto *Kalunga*, que encerra ideia de grandeza, imensidão, designando Deus, o mar, a morte"; "Mussanga": segundo Nei Lopes, do Quimbundo "misanga, conta de vidro", coisa miúda, de pouco ou nenhum valor, miudeza; "Monandenguê": consta no *Novo Aurélio* (2004) como "monandengue", termo de origem quimbundo que significa criancinha, bebê. Vale ressaltar ainda a referência que o negro faz ao "rei", ou seja, no discurso do africano, as comunidades de origem são tratadas como "reinos" e, não, "tribos", fato que remete à adoção por parte de Machado de um ponto de vista identificado à africanidade, descartando desta forma a adoção do lugar de enunciação do europeu colonizador.

– Mas por quê? disse-lhe eu. A política foi a carreira do pai, é a carreira principal no Brasil...

– Vá que seja; mas, Reverendíssimo, ele não tem jeito para política.

– Quem lhe disse que não? Pode ser que tenha. No trabalho é que se conhece o trabalhador.[86]

[...]

---

[86] Como quase sempre ocorre na ficção machadiana, também aqui não temos um protagonista negro. É uma história de brancos para brancos, escrita de encomenda para a indústria literária da época. Publicada entre moldes e figurinos, tinha como público alvo mocinhas e senhoras da sociedade. E, novamente, a figura do escravo entra de passagem e aparentemente por acaso. Mesmo assim, cresce em dramaticidade: designado apenas como o "Gira", o negro tem estampada no próprio nome (ou na ausência dele) toda a despersonalização identitária e social de que eram vítimas os africanos e seus descendentes. Discriminado pela cor e pela demência, o personagem comove pelo patético de sua condição.

Quincas Borba[87]

Capítulo III

Um criado trouxe o café. Rubião pegou na xícara, e, enquanto lhe deitava açúcar, ia disfarçadamente mirando a bandeja, que era de prata lavrada. Prata, ouro, eram os metais do seu coração; não gostava de bronze, mas o amigo Palha desse-lhe que era matéria de preço, e assim se explica este par de figuras que aqui está na sala, um *Mefistófeles* e um *Fausto*. Tivesse, porém, de escolher, escolheria a bandeja, – primor de argentaria, execução fina e acabada. O criado esperava seco e sério. Era espanhol; e não foi sem resistência que Rubião o aceitou das mãos de Cristiano; por mais que lhe dissesse que estava acostumado aos seus crioulos de Minas, e não queria línguas estrangeiras em casa, o amigo Palha insistiu, demonstrando-lhe a necessidade de criados brancos. Rubião cedeu com pena. O seu bom pajem, que ele queria pôr na sala, como um pedaço da província, nem o pôde deixar na cozinha, onde reinava um francês, Jean; foi degradado a outros serviços.[88]

[...]

Capítulo XXI

Na estação de Vassouras, entraram no trem Sofia e o marido, Cristiano de Almeida e Palha. Este era um rapagão de trinta e dois anos; ela ia entre vinte

---

[87] Publicado em 1891, *Quincas Borba* é um dos principais romances de Machado de Assis. O enredo gira em torno do triângulo formado pelo casal Cristiano Palha, sua bela esposa Sofia e o romântico Rubião, antigo professor em Barbacena, Minas Gerais, subitamente enriquecido com o recebimento de uma herança. Rubião transfere-se para o Rio de Janeiro, sendo imediatamente assediado pelo casal. A agitação da Corte e a paixão não correspondida por Sofia fazem de sua nova vida uma trajetória de decepções e perdas: da fortuna, da saúde, da razão e da própria vida.
[88] Machado estava tão imbuído das questões de seu tempo que, já nos primeiros anos após a Abolição, enfoca o destino dos afrodescendentes, relegados a trabalhos "degradantes" em função da concorrência da mão de obra estrangeira.

e sete e vinte e oito. Vieram sentar-se nos dois bancos fronteiros ao do Rubião, acomodaram as cestinhas e embrulhos de lembranças que traziam de Vassouras, onde tinham ido passar uma semana; abotoaram o guarda-pó, trocaram algumas palavras, baixo.

Depois que o trem continuou a andar, foi que o Palha reparou na pessoa do Rubião, cujo rosto, entre tanta gente carrancuda ou aborrecida, era o único plácido e satisfeito. Cristiano foi o primeiro que travou conversa, dizendo-lhe que as viagens de estrada de ferro cansavam muito, ao que Rubião respondeu que sim; para quem estava acostumado a costa de burro, acrescentou, a estrada de ferro cansava e não tinha graça; não se podia negar, porém, que era um progresso...

– Decerto, concordou o Palha. Progresso e grande.
– O senhor é lavrador?
– Não, senhor.
– Mora na cidade?
– De Vassouras? Não; viemos aqui passar uma semana. Moro mesmo na Corte. Não teria jeito para lavrador, conquanto ache que é uma posição boa e honrada.

Da lavoura passaram ao gado, à escravatura e à política. Cristiano Palha maldisse o governo, que introduzira na fala do trono uma palavra relativa à propriedade servil; mas, com grande espanto seu, Rubião não acudiu à indignação. Era plano deste vender os escravos que o testador lhe deixara, exceto um pajem; se alguma coisa perdesse, o resto da herança cobriria o desfalque. Demais, a fala do trono, que ele também lera, mandava respeitar a propriedade atual. Que lhe importavam escravos futuros, se os não compraria? O pajem ia ser forro, logo que ele entrasse na posse dos bens. Palha desconversou, e passou à política, às câmaras, à guerra do Paraguai, tudo assuntos gerais, ao que Rubião atendia, mais ou menos. Sofia escutava apenas; movia tão somente os olhos, que sabia bonitos, fitando-os ora no marido, ora no interlocutor.[89]

[...]

---

[89] A cena põe pela primeira vez frente a frente o casal de espertalhões – Palha e Sofia – e o ingênuo Rubião. Este acabara de herdar a fortuna do amigo Quincas Borba e demonstra pouco interesse na fala do Imperador anunciando o fim próximo do tráfico de escravos. Sobressai novamente a frieza e o cálculo no tratamento do tema, de resto em absoluta consonância com a forma como o ser cativo era encarado pelos proprietários: bem material, passível de ser transferido a outrem por compra ou herança.

Capítulo XLVII

[...]

Na esquina da Rua dos Ourives deteve-o um ajuntamento de pessoas e um préstito singular. Um homem, judicialmente trajado, lia em voz alta um papel, a sentença. Havia mais o juiz, um padre, soldados, curiosos. Mas as principais figuras eram dois pretos. Um deles, mediano, magro, tinha as mãos atadas, os olhos baixos, a cor fula, e levava uma corda enlaçada ao pescoço; as pontas do baraço iam nas mãos de outro preto. Este outro olhava para a frente e tinha a cor fixa e retinta. Sustentava com galhardia a curiosidade pública. Lido o papel, o préstito seguiu pela Rua dos Ourives adiante; vinha do aljube e ia para o Largo do Moura.

Rubião naturalmente ficou impressionado. Durante alguns segundos esteve como agora à escolha de um tílburi. Forças íntimas ofereciam-lhe o seu cavalo, umas que voltasse para trás ou descesse para ir aos seus negócios, – outras que fosse ver enforcar o preto. Era tão raro ver um enforcado! Senhor, em vinte minutos está tudo findo! – Senhor, vamos tratar de outros negócios! E o nosso homem fechou os olhos, e deixou-se ir ao acaso. O acaso, em vez de levá-lo pela Rua do Ouvidor abaixo até à da Quitanda, torceu-lhe o caminho pela dos Ourives, atrás do préstito. Não iria ver a execução, pensou ele; era só ver a marcha do réu, a cara do carrasco, as cerimônias... Não queria ver a execução. De quando em quando, parava tudo, chegava gente às portas e janelas, o oficial de justiça relia a sentença. Depois, o préstito continuava a andar com a mesma solenidade. Os curiosos iam narrando o crime, – um assassinato em Mataporcos. O assassino era dado como homem frio e feroz. A notícia dessas qualidades fez bem a Rubião; deu-lhe força para encarar o réu, sem delíquios de piedade. Não era já a cara do crime; o terror dissimulava a perversidade. Sem reparar, deu consigo no largo da execução. Já ali havia bastante gente. Com a que vinha formou-se multidão compacta.

– Voltemos, disse ele consigo.

Verdade é que o réu ainda não subira à forca; não o matariam de relance; sempre era tempo de fugir. E, dado que ficasse, por que não fecharia os olhos, como fez certo Alípio diante do espetáculo das feras? Note-se bem que Rubião nada sabia desse tal rapaz antigo; ignorava, não só que fechara os olhos, mas também que os abrira logo depois, devagarinho e curioso...

Eis que o réu sobe à forca. Passou pela turba um frêmito. O carrasco pôs mãos à obra. Foi aqui que o pé direito de Rubião descreveu uma curva na direção exterior, obedecendo a um sentimento de regresso; mas o esquerdo, tomado de sentimento contrário, deixou-se estar; lutaram alguns instantes... Olhe o meu cavalo! – Veja, é um rico animal! – Não seja mau! – Não seja medroso! Rubião esteve assim alguns segundos, os que bastaram para que chegasse o momento fatal. Todos os olhos fixaram-se no mesmo ponto, como os dele. Rubião não podia entender que bicho era que lhe mordia as entranhas, nem que mãos de ferro lhe pegavam da alma e lhe retinham ali. O instante fatal foi realmente um instante: o réu esperneou, contraiu-se, o algoz cavalgou-o de um modo airoso e destro; passou pela multidão um rumor grande, Rubião deu um grito, e não viu mais nada.[90]

Capítulo LXIV

Sofia deu-lhe a mão gentilmente, sem sombra de rancor. As duas senhoras do passeio estavam com ela, em trajes caseiros; apresentou-as. A moça era prima, a velha era tia, – aquela tia da roça, autora da carta que Sofia recebeu no jardim das mãos do carteiro, que logo depois deu uma queda. A tia chamava-se D. Maria Augusta; tinha uma fazendola, alguns escravos e dívidas, que lhe deixara o marido, além das saudades. A filha era Maria Benedita, – nome que a vexava, por ser de velha, dizia ela; mas a mãe retorquia-lhe que as velhas foram algum dia moças e meninas, e que os nomes adequados às pessoas eram imaginações de poetas e contadores de histórias. Maria Benedita era o nome da avó dela, afilhada de Luís de Vasconcelos, o vice-rei. Que queria mais?[91]

(...)

---

[90] Narrada em *flashback*, a cena integra as reminiscências da juventude de Rubião. É de se destacar o tratamento dado pelo autor às figuras dos dois negros. Ambos são descritos de forma não estereotipada e sem julgamentos de valor implícitos aos qualificativos que recebem. Ver, a título de comparação, a descrição do carrasco feita por José do Patrocínio em *Motta Coqueiro ou a pena de morte* (1877).

[91] A cena resume brilhantemente a decadência da família patriarcal escravista oriunda dos tempos coloniais: no passado opulento, afilhados do vice-rei; agora, morto o esposo, ficaram apenas a fazendola, os poucos escravizados e as dívidas, que tanto preocupam Cristiano Palha. Mais uma vez, Machado coloca em cena o ***topos*** da morte do senhor enquanto figuração das mudanças em curso na sociedade brasileira de seu tempo.

Dom Casmurro[92]

Capítulo LXXXVII – A sege

Chegara ao último degrau, e uma ideia me entrou no cérebro, como se estivesse a esperar por mim, entre as grades da cancela. Ouvi de memória as palavras do pai de Manduca pedindo-me que fosse ao enterro no dia seguinte. Parei no degrau. Refleti um instante; sim, podia ir ao enterro, pediria a minha mãe que me alugasse um carro...

Não cuides que era o desejo de andar de carro, por mais que tivesse o gosto da condução. Em pequeno, lembra-me que ia assim muita vez com minha mãe às visitas de amizade ou de cerimônia e à missa, se chovia. Era uma velha sege de meu pai, que ela conservou o mais que pôde. O cocheiro, que era nosso escravo, tão velho como a sege, quando me via à porta, vestido, esperando minha mãe, dizia-me rindo:

– Pai João vai levar nhonhô!

E era raro que eu não lhe recomendasse:

– João, demora muito as bestas; vai devagar.

– Nhã Glória não gosta.

– Mas demora!

Fica entendido que era para saborear a sege, não pela vaidade, porque ela não permitia ver as pessoas que iam dentro. Era uma velha sege obsoleta, de duas rodas, estreita e curta, com duas cortinas de couro na frente, que corriam para os

---

[92] Dentre os grandes romances da Literatura Brasileira, *Dom casmurro*, publicado em 1899, é dos que maior repercussão obteve junto à crítica e ao público leitor. Tem como foco principal a história do amor de Bentinho por Capitu, sua amiga de infância e, mais tarde, esposa. O casal vive um triângulo amoroso com Escobar, também amigo de infância do narrador, que tudo conta já velho e casmurro, querendo juntar as "pontas da vida". À problemática do ciúme se agrega a da memória como grandes eixos temáticos da narrativa. O universo da elite branca e senhorial é o cenário por onde o narrador-personagem destila seu rancor e desconfiança quanto ao suposto adultério.

lados quando era preciso entrar ou sair. Cada cortina tinha um óculo de vidro, por onde eu gostava de espiar para fora.

– Senta, Bentinho!

– Deixa espiar, mamãe! E em pé, quando era mais pequeno, metia a cara no vidro, e via o cocheiro com as suas grandes botas, escanchado na mula da esquerda, e segurando a rédea da outra; na mão levava o chicote grosso e comprido. Tudo incômodo, as botas, o chicote e as mulas, mas ele gostava e eu também. Dos lados via passar as casas, lojas ou não, abertas ou fechadas, com gente ou sem ela, e na rua as pessoas que iam e vinham, ou atravessavam diante da sege, com grandes pernadas ou passos miúdos. Quando havia impedimento de gente ou de animais, a sege parava, e então o espetáculo era particularmente interessante; as pessoas paradas na calçada ou à porta das casas, olhavam para a sege e falavam entre si, naturalmente sobre quem iria dentro. Quando fui crescendo em idade imaginei que adivinhavam e diziam: "É aquela senhora da Rua de Mata-cavalos, que tem um filho, Bentinho..."

A sege ia tanto com a vida recôndita de minha mãe, que quando já não havia nenhuma outra, continuamos a andar nela, e era conhecida na rua e no bairro pela "sege antiga." Afinal minha mãe consentiu em deixá-la, sem a vender logo; só abriu mão dela porque as despesas de cocheira a obrigaram a isso. A razão de a guardar inútil foi exclusivamente sentimental; era a lembrança do marido. Tudo o que vinha de meu pai era conservado como um pedaço dele, um resto da pessoa, a mesma alma integral e pura. Mas o uso, esse era filho também do carrancismo que ela confessava aos amigos. Minha mãe exprimia bem a fidelidade aos velhos hábitos, velhas maneiras, velhas ideias, velhas modas. Tinha o seu museu de relíquias, pentes desusados, um trecho de mantilha; umas moedas de cobre datadas de 1824 e 1825, e, para que tudo fosse antigo, a si mesma se queria fazer velha; mas já deixei dito que, neste ponto, não alcançava tudo o que queria.[93]

Capítulo XCIII – Um amigo por um defunto

[...]

Contei-lhe o que sabia da vida dela e de meu pai. Escobar escutava atento,

---

[93] Chama a atenção nessa passagem o fato de a família de Bentinho "conservar" o velho escravizado da mesma forma que conserva os objetos herdados do patriarca.

perguntando mais, pedindo explicação das passagens omissas ou só escuras. Quando eu lhe disse que não me lembrava nada da roça, tão pequenino viera, contou-me duas ou três reminiscências dos seus três anos de idade, ainda agora frescas. E não contávamos voltar à roça?

– Não, agora não voltamos mais. Olhe, aquele preto que ali vai passando, é de lá. Tomás!

– Nhonhô!

Estávamos na horta da minha casa, e o preto andava em serviço; chegou-se a nós e esperou.

– É casado, disse eu para Escobar. Maria onde está?

– Está socando milho, sim, senhor.

– Você ainda se lembra da roça, Tomás?

– Alembra, sim, senhor.

– Bem, vá-se embora.

Mostrei outro, mais outro, e ainda outro, este Pedro, aquele José, aquele outro Damião...

– Todas as letras do alfabeto, interrompeu Escobar.

Com efeito, eram diferentes letras, e só então reparei nisto; apontei ainda outros escravos, alguns com os mesmos nomes, distinguindo-se por um apelido, ou da pessoa, como João Fulo, Maria Gorda ou de nação como Pedro Benguela, Antônio Moçambique...

– E estão todos aqui em casa? perguntou ele.

– Não, alguns andam ganhando na rua, outros estão alugados. Não era possível ter todos em casa. Nem são todos os da roça: a maior parte ficou lá.

– O que me admira é que D. Glória se acostumasse logo a viver, em casa da cidade, onde tudo é apertado; a de lá é naturalmente grande.

– Não sei, mas parece. Mamãe tem outras casas maiores que esta; diz porém que há de morrer aqui. As outras estão alugadas. Algumas são bem grandes, como a da Rua da Quitanda...

– Conheço essa; é bonita.

– Tem também no Rio Comprido, na Cidade-Nova, uma no Catete...

– Não lhe hão de faltar tetos, concluiu ele sorrindo com simpatia.

Caminhamos para o fundo. Passamos o lavadouro; ele parou um instante aí, mirando a pedra de bater roupa e fazendo reflexões a propósito do asseio; depois continuamos. Quais foram as reflexões não me lembra agora; lembra-me só que as achei engenhosas, e ri, ele riu também. A minha alegria acordava a dele, e o céu estava tão azul, e o ar tão claro, que a natureza parecia rir também conosco. São assim as boas horas deste mundo. Escobar confessou esse acordo do interno com o externo, por palavras tão finas e altas que me comoveram; depois, a propósito da beleza moral que se ajusta à física, tornou a falar de minha mãe, "um anjo dobrado", disse ele.[94]

---

[94] Mais uma vez, o retrato da classe dominante se faz de modo realista. Aqui, os escravizados são contabilizados por Bentinho como bens materiais e equiparados a outras posses, como casas e demais propriedades.

Esaú e Jacó[95]

Advertência

Quando o Conselheiro Aires faleceu, acharam-se-lhe na secretária sete cadernos manuscritos, rijamente encapados em papelão. Cada um dos primeiros seis tinha o seu número de ordem, por algarismos romanos, I, II, III, IV, V, VI, escritos a tinta encarnada. O sétimo trazia este título: *Último*.

A razão desta designação especial não se compreendeu então nem depois. Sim, era o último dos sete cadernos, com a particularidade de ser o mais grosso, mas não fazia parte do *Memorial*, diário de lembranças que o conselheiro escrevia desde muitos anos e era a matéria dos seis. Não trazia a mesma ordem de datas, com indicação da hora e do minuto, como usava neles. Era uma narrativa; e, posto figure aqui o próprio Aires, com o seu nome e título de conselho, e, por alusão, algumas aventuras, nem assim deixava de ser a narrativa estranha à matéria dos seis cadernos. *Último* por quê?

A hipótese de que o desejo do finado fosse imprimir este caderno em seguida aos outros, não é natural, salvo se queria obrigar a leitura dos seis, em que tratava de si, antes que lhe conhecessem esta outra história, escrita com um pensamento interior e único, através das páginas diversas. Nesse caso, era a vaidade do homem que falava, mas a vaidade não fazia parte dos seus defeitos. Quando fizesse, valia a pena satisfazê-la? Ele não representou papel eminente neste mundo; percorreu a carreira diplomática, e aposentou-se. Nos lazeres do

---

[95] Romance publicado em 1904, conta a história de dois irmãos gêmeos, Pedro e Paulo, filhos da nascente burguesia urbana do final do século XIX. De imediato, o título do livro remete aos personagens bíblicos que brigaram no útero materno e, adultos, se desentendem e lideram povos em confronto. A partir de um viés paródico, Machado se apropria do motivo bíblico e faz seus gêmeos seguirem comportamentos aparentemente antagônicos: Pedro torna-se conservador e monarquista; e Paulo, um republicano de ideias avançadas para seu tempo. Amam, no entanto, a mesma mulher, frequentam os mesmos ambientes de luxo e fartura, pouco diferindo na defesa dos seus interesses de classe. Mais uma vez, o escritor se concentra na representação das elites de seu tempo.

ofício, escreveu o *Memorial*, que, aparado das páginas mortas ou escuras, apenas daria (e talvez dê) para matar o tempo da barca de Petrópolis.

Tal foi a razão de se publicar somente a narrativa. Quanto ao título, foram lembrados vários, em que o assunto se pudesse resumir. *Ab ovo*[96], por exemplo, apesar do latim; venceu, porém, a ideia de lhe dar estes dois nomes que o próprio Aires citou uma vez: Esaú e Jacó.[97]

Capítulo XX[98] – A joia

Os quarenta e um anos não lhe trouxeram arrepio. Já estava acostumada à casa dos quarenta. Sentiu, sim, um grande espanto; acordou e não viu o presente do costume, a "surpresa" do marido ao pé da cama. Não a achou no toucador; abriu gavetas, espiou, nada. Creu que o marido esquecera a data e ficou triste; era a primeira vez! Desceu olhando; nada. No gabinete estava o marido, calado, metido consigo, a ler jornais, mal lhe estendeu a mão. Os rapazes, apesar de ser domingo, estudavam a um canto; vieram dar-lhe o beijo do costume e tornaram aos livros. A mãe ainda relanceou os olhos pelo gabinete, a ver se achava algum mimo, um painel, um vestido, foi tudo vão. Embaixo de uma das folhas do dia que estava na cadeira fronteira à do marido podia ser que... Nada. Então sentou-se, e, abrindo a folha, ia dizendo consigo: "Será possível que não se lembre do dia de hoje? Será possível?" Os olhos entraram a ler à toa, saltando as notícias, tornando atrás...

Defronte o marido espreitava a mulher, sem absolutamente importar-lhe o que parecia ler. Assim se passaram alguns minutos. De repente, Santos viu uma expressão nova no rosto de Natividade; os olhos dela pareciam crescer, a boca entreabriu-se, a cabeça ergueu-se, a dele também, ambos deixaram a cadeira, deram dois passos e caíram nos braços um do outro, como dois namorados

---

[96] Em latim, "desde o ovo", expressão que remete ao sentido de origem ou começo. No caso, metaforiza o útero materno.

[97] Nesta "Advertência" que antecede o volume, o escritor enuncia o texto como de autoria do Conselheiro Aires, personagem deste e, também, do romance homônimo publicado em 1908. Sob a *persona* do homem fino e diplomata aposentado, o Conselheiro cumpre no texto um duplo papel: tanto é o amigo da família, que observa e reflete sobre os acontecimentos, dando conselhos e aparando as arestas entre os irmãos, quanto recobre a figura do autor implícito, sendo, pois, "responsável" pelo ponto de vista que conduz a narrativa. Mais uma vez, Machado dissimula seu posicionamento e o lugar de enunciação que pontua a matéria narrada, ao mesmo tempo que agrega à voz que narra em terceira pessoa esse sentido suplementar: um "ele" que, no fundo, é um "eu".

[98] Este capítulo se passa no dia do aniversário de Natividade, com os dois filhos já crescidos.

desesperados de amor. Um, dois, três, muitos beijos. Pedro e Paulo, espantados, estavam ao canto, de pé. O pai, quando pôde falar, disse-lhes:

— Venham beijar a mão da Senhora Baronesa de Santos.

Não entenderam logo. Natividade não sabia que fizesse; dava a mão aos filhos, ao marido, e tornava ao jornal para ler e reler que no despacho imperial da véspera o Sr. Agostinho José dos Santos fora agraciado com o título de Barão de Santos. Compreendeu tudo. O presente do dia era aquele; o ourives desta vez foi o imperador.

— Vão, vão, agora podem ir brincar, disse o pai aos filhos.

E os rapazes saíram a espalhar a notícia pela casa. Os criados ficaram felizes com a mudança dos amos. Os próprios escravos pareciam receber uma parcela da liberdade e condecoravam-se com ela: "Nhã Baronesa!" exclamavam saltando. E João puxava Maria, batendo castanholas com os dedos: "Gente, quem é esta crioula? Sou escrava de Nhã Baronesa!"[99]

Mas o imperador não foi o único ourives. Santos tirou do bolso uma caixinha, com um broche em que a coroa nova rutilava de brilhantes. Natividade agradeceu-lhe a joia e consentiu em pô-la, para que o marido a visse. Santos sentia-se autor da joia, inventor da forma e das pedras; mas deixou logo que ela a tirasse e guardasse, e pegou das gazetas, para lhe mostrar que em todas vinha a notícia, algumas com adjetivo, *conceituado* aqui, ali *distinto*, etc.

Quando Perpétua entrou no gabinete, achou-os andando de um lado para outro, com os braços passados pela cintura, conversando, calando, mirando os pés. Também ela deu e recebeu abraços.

Toda a casa estava alegre. Na chácara as árvores pareciam mais verdes que nunca, os botões do jardim explicavam as folhas, e o sol cobria a terra de uma claridade infinita. O céu, para colaborar com o resto, ficou azul o dia inteiro. Logo cedo entraram a vir cartões e cartas de parabéns. Mais tarde visitas. Homens do foro, homens do comércio, homens de sociedade, muitas senhoras, algumas titulares também, vieram ou mandaram. Devedores de Santos acudiram depressa,

---

[99] Nessa passagem, ganha destaque a alienação dos escravizados, que vibram com o novo *status* dos senhores como se "ganhassem a liberdade".

outros preferiram continuar o esquecimento. Nomes houve que eles só puderam reconhecer à força de grande pesquisa e muito almanaque.

Capítulo XXXVII – Desacordo no acordo

Não esqueça dizer que, em 1888, uma questão grave e gravíssima os fez concordar também, ainda que por diversa razão. A data explica o fato: foi a emancipação dos escravos. Estavam então longe um do outro, mas a opinião uniu-os.

A diferença única entre eles dizia respeito à significação da reforma, que para Pedro era um ato de justiça, e para Paulo era o início da revolução. Ele mesmo o disse, concluindo um discurso em S. Paulo, no dia 20 de maio: "A abolição é a aurora da liberdade; esperemos o sol; emancipado o preto, resta emancipar o branco".[100]

Natividade ficou atônita quando leu isto; pegou da pena e escreveu uma carta longa e maternal. Paulo respondeu com trinta mil expressões de ternura, declarando no fim que tudo lhe poderia sacrificar, inclusive a vida e até a honra; as opiniões é que não. "Não, mamãe; as opiniões é que não."

— As opiniões é que não, repetiu Natividade acabando de ler a carta.

Natividade não acabava de entender os sentimentos do filho, ela que sacrificara as opiniões aos princípios, como no caso de Aires, e continuou a viver sem mácula. Como então não sacrificar?... Não achava explicação. Relia a frase da carta e a do discurso; tinha medo de o ver perder a carreira política, se era a política que o faria grande homem. "Emancipado o preto, resta emancipar o branco", era uma ameaça ao imperador e ao império.

Não atinou... Nem sempre as mães atinam. Não atinou que a frase do discurso não era propriamente do filho; não era de ninguém. Alguém a proferiu um dia, em discurso ou conversa, em gazeta ou em viagem de terra ou de mar.

---

[100] Esta frase ficou célebre entre os tantos ditos espirituosos encontrados na obra machadiana. Por um lado, soa hoje como paródia do hino nacional brasileiro, que afirma já ter raiado o "sol da liberdade em raios fúlgidos". Por outro, indica um futuro de incertezas tanto para negros, quanto para brancos. Vista a partir da contemporaneidade, chega a ser premonitória, pois remete à "escravidão moral" de tantos brasileiros relegados à miséria, independentemente de sua cor.

Outrem a repetiu, até que muita gente a fez sua. Era nova, era enérgica, era expressiva, ficou sendo patrimônio comum.

Há frases assim felizes. Nascem modestamente, como a gente pobre; quando menos pensam, estão governando o mundo, à semelhança das ideias. As próprias ideias nem sempre conservam o nome do pai; muitas aparecem órfãs, nascidas de nada e de ninguém. Cada um pega delas, verte-as como pode, e vai levá-las à feira, onde todos as têm por suas.

Memorial de Aires[101]

1888

[...]

18 de fevereiro

Campos disse-me hoje que o irmão lhe escrevera, em segredo, ter ouvido na roça o boato de uma lei próxima de abolição. Ele, Campos, não crê que este ministério a faça, e não se espera outro.

[...]

20 de março

Ao desembargador Campos parece que alguma coisa se fará no sentido da emancipação dos escravos, – um passo adiante, ao menos. Aguiar, que estava presente, disse que nada corre na praça nem lhe chegou ao Banco do Sul.

27 de março

Santa-Pia chegou da fazenda, e não foi para a casa do irmão; foi para o Hotel da América. É claro que não quer ver a filha. Não há nada mais tenaz que um bom ódio. Parece que ele veio por causa do boato que corre na Paraíba do Sul acerca da emancipação dos escravos.

[...]

10 de abril

Grande novidade! O motivo da vinda do barão é consultar o desembargador sobre a alforria coletiva e imediata dos escravos de Santa-Pia. Acabo de sabê-lo, e mais isto, que a principal razão da consulta é apenas a redação do ato.

---

[101] Último romance de Machado de Assis, publicado em 1908, a poucos meses da morte do escritor. O narrador protagonista é o Conselheiro Aires, personagem de *Esaú e Jacó*. A narrativa se desenvolve sob a forma de diário e tem como pano de fundo os acontecimentos políticos de 1888 e 1889, especialmente a Abolição e suas consequências. O mundo retratado é o da burguesia, com seus salões, chás e privilégios. Mais uma vez, o autor se vale de um respeitável personagem do mundo branco – o Conselheiro é homem culto e com grande vivência no estrangeiro – para construir sua crítica à classe senhorial, encarnada no Barão de Santa Pia, e apontar, de forma por vezes sarcástica, seu *modus operandi* pleno de autoritarismo e hipocrisia.

Não parecendo ao irmão que este seja acertado, perguntou-lhe o que é que o impelia a isso, uma vez que condenava a ideia atribuída ao governo de decretar a abolição, e obteve esta resposta, não sei se sutil, se profunda, se ambas as coisas ou nada:

— Quero deixar provado que julgo o ato do governo uma espoliação, por intervir no exercício de um direito que só pertence ao proprietário, e do qual uso com perda minha, porque assim o quero e posso.

Será a certeza da abolição que impele Santa-Pia a praticar esse ato, anterior de algumas semanas ou meses ao outro? A alguém que lhe fez tal pergunta respondeu Campos que não. "Não, disse ele, meu irmão crê na tentativa do governo, mas não no resultado, a não ser o desmantelo que vai lançar às fazendas. O ato que ele resolveu fazer exprime apenas a sinceridade das suas convicções e o seu gênio violento. Ele é capaz de propor a todos os senhores a alforria dos escravos já, e no dia seguinte propor a queda do governo que tentar fazê-lo por lei."

Campos teve uma ideia. Lembrou ao irmão que, com a alforria imediata, ele prejudica a filha, herdeira sua. Santa-Pia franziu o sobrolho. Não era a ideia de negar o direito eventual da filha aos escravos; podia ser o desgosto de ver que, ainda em tal situação, e com todo o poder que tinha de dispor dos seus bens, vinha Fidélia perturbar-lhe a ação. Depois de alguns instantes respirou largo, e respondeu que, antes de morto, o que era seu era somente seu. Não podendo dissuadi-lo o desembargador cedeu ao pedido do irmão, e redigiram ambos a carta de alforria.

Retendo o papel, Santa-Pia disse:

— Estou certo que poucos deles deixarão a fazenda; a maior parte ficará comigo, ganhando o salário que lhes vou marcar, e alguns até sem nada, – pelo gosto de morrer onde nasceram.

[...]

13 de abril

Ontem com o pai, hoje com a filha. Com esta tive vontade de dizer mal do pai, tanto foi o bem que ela disse dele, a propósito da alforria dos escravos. Vontade sem ação, veleidade pura; antes me vi obrigado a louvá-lo também, o que lhe deu azo a estender o panegírico. Disse-me que ele é bom senhor, eles bons escravos, contou-me anedotas de seu tempo de menina e moça, com tal desinteresse e calor que me deu vontade de lhe pegar na mão, e, em sinal de aplauso, beijar-lhe. Vontade sem ação. Tudo sem ação esta tarde.

19 de abril

Lá se foi o barão com a alforria dos escravos na mala. Talvez tenha ouvido alguma coisa da resolução do governo; dizem que, abertas as câmaras, aparecerá um projeto de lei. Venha, que é tempo. Ainda me lembra do que lia lá fora, a nosso respeito, por ocasião da famosa proclamação de Lincoln: "Eu, Abraão Lincoln, Presidente dos Estados Unidos da América..." Mais de um jornal fez alusão nominal ao Brasil, dizendo que restava agora que um povo cristão e último imitasse aquele e acabasse também com os seus escravos. Espero que hoje nos louvem. Ainda que tardiamente, é a liberdade, como queriam a sua os conjurados de Tiradentes.

7 de maio

O ministério apresentou hoje à Câmara o projeto de abolição. É a abolição pura e simples. Dizem que em poucos dias será lei.

13 de maio

Enfim, lei. Nunca fui, nem o cargo me consentia ser propagandista da abolição, mas confesso que senti grande prazer quando soube da votação final do Senado e da sanção da Regente. Estava na Rua do Ouvidor, onde a agitação era grande e a alegria geral.

Um conhecido meu, homem de imprensa[102], achando-me ali, ofereceu-me lugar no seu carro, que estava na Rua Nova, e ia enfileirar no cortejo organizado para rodear o paço da cidade, e fazer ovação à Regente. Estive quase, quase a aceitar, tal era o meu atordoamento, mas os meus hábitos quietos, os costumes diplomáticos, a própria índole e a idade me retiveram melhor que as rédeas do

---

[102] Segundo Magalhães Júnior (1957, p. 145) este "homem de imprensa" a que o Conselheiro Aires se refere é o próprio Machado, que, conforme declara na citada crônica de 1893 (p. 77), participou do cortejo e se juntou ao júbilo popular motivado pela Lei Áurea.

cocheiro aos cavalos do carro, e recusei. Recusei com pena. Deixei-os ir, a ele e aos outros, que se juntaram e partiram da Rua Primeiro de Março. Disseram-me depois que os manifestantes erguiam-se nos carros, que iam abertos, e faziam grandes aclamações, em frente ao Paço, onde estavam também todos os ministros. Se eu lá fosse, provavelmente faria o mesmo e ainda agora não me teria entendido... Não, não faria nada; meteria a cara entre os joelhos.

Ainda bem que acabamos com isto. Era tempo. Embora queimemos todas as leis, decretos e avisos, não poderemos acabar com os atos particulares, escrituras e inventários, nem apagar a instituição da História, ou até da Poesia. A poesia falará dela, particularmente naqueles versos de Heine, em que o nosso nome está perpétuo. Neles conta o capitão do navio negreiro haver deixado trezentos negros no Rio de Janeiro, onde "a Casa Gonçalves Pereira" lhe pagou cem ducados por peça. Não importa que o poeta corrompa o nome do comprador e lhe chame Gonzales Perreiro; foi a rima ou a sua má pronúncia que o levou a isso. Também não temos ducados, mas aí foi o vendedor que trocou na sua língua o dinheiro do comprador.[103]

14 de maio, meia-noite

Não há alegria pública que valha uma boa alegria particular. Saí agora do Flamengo, fazendo esta reflexão, e vim escrevê-la, e mais o que lhe deu origem.

Era a primeira reunião do Aguiar; havia alguma gente e bastante animação. Rita não foi; fica-lhe longe e não dá para isto, mandou-me dizer. A alegria dos donos da casa era viva, a tal ponto que não a atribuí somente ao fato dos amigos juntos, mas também ao grande acontecimento do dia. Assim o disse por esta única palavra, que me pareceu expressiva, dita a brasileiros:

— Felicito-os.

— Já sabia? perguntaram ambos.

Não entendi, não achei que responder. Que era que eu podia saber já, para os felicitar, se não era o fato público? Chamei o melhor dos meus sorrisos de acordo e complacência, ele veio, espraiou-se, e esperei. Velho e velha disseram-me

---

[103] Nesse parágrafo, o romancista utiliza a fala do personagem-narrador para aludir à queima dos arquivos do tráfico negreiro ordenada por Rui Barbosa, ministro da fazenda do governo provisório instalado após a Proclamação da República. O parágrafo reitera a condenação autoral à tentativa de apagamento da escravidão da memória histórica do país e ressalta o poder que tem a literatura de atuar como documento histórico.

então rapidamente, dividindo as frases, que a carta viera dar-lhes grande prazer. Não sabendo que carta era nem de que pessoa, limitei-me a concordar:

– Naturalmente.

– Tristão está em Lisboa, concluiu Aguiar, tendo voltado há pouco da Itália; está bem, muito bem.

Compreendi. Eis aí como, no meio do prazer geral, pode aparecer um particular, e dominá-lo. Não me enfadei com isso; ao contrário, achei-lhes razão, e gostei de os ver sinceros. Por fim, estimei que a carta do filho postiço viesse após anos de silêncio pagar-lhes a tristeza que cá deixou. Era devida a carta; como a liberdade dos escravos, ainda que tardia, chegava bem. Novamente os felicitei, com ar de quem sabia tudo.

[...]

9 de junho
[...]
– Titio pode ficar, diria ela ao receber o cartão de Osório.

– Não, é melhor sair. Provavelmente é algum caso de advocacia, continuaria ele sorrindo, e eu sou magistrado, não devo ouvir nada por ora; mais tarde terei de ser juiz.

Osório entraria, e depois de alguns cumprimentos, pediria a mão da viúva. Suponhamos que ela recusasse, fá-lo-ia com palavras polidas e quase afetuosas, dizendo que sentia muito, mas resolvera não casar mais. Pausa longa; o resto adivinha-se. Osório talvez lhe perguntasse ainda se a resolução era definitiva, ao que ela, para evitar mais diálogo, responderia com a cabeça que era, e ele iria embora. Fidélia correria a contar a novidade ao tio. Quero crer que este defendesse a candidatura do advogado, e dissesse das boas qualidades dele, da carreira próspera, da família distinta e o resto; Fidélia não se arrependeria da recusa.

– Resolvi não casar, diria pela terceira vez naquela tarde.

Três vezes negou Pedro a Cristo, antes de cantar o galo. Aqui não haveria galo nem canto, mas jantar, e os dois iriam pouco depois para a mesa. Não diriam nada durante os primeiros minutos, ele pensando que teria sido vantajoso à sobrinha casar com o rapaz, ela remoendo a impressão do amor que este lhe tinha. Por muito que se recuse deixa sempre algum gosto a paixão que a gente inspira. Ouvi isto a uma senhora, não me lembra em que língua, mas o sentido era este. E Fidélia deixaria a mesa sem chorar, como Pedro chorou depois do galo.

Tudo imaginações minhas. A realidade única é que Osório embarcou e lá vai, e a viúva cá fica sem perder as graças, que cada vez me parecem maiores. Estive com ela hoje, e se não a arrebatei comigo não foi por falta de braços nem de impulsos. Quis perguntar-lhe se não sonhara com o pretendente despedido, mas a confiança que começo a merecer-lhe não permite tais inquirições, nem ela contaria nada de si mesma. Contou-me, sim, que as pazes com o pai estarão concluídas daqui a pouco, ainda que lhe seja preciso ir à fazenda. Naturalmente aprovei este passo. Fidélia disse-me que o pai já na última carta ao irmão lhe mandou lembranças, não nominalmente, mas por esta forma coletiva: "lembranças a todos".

— Há de custar-lhe a dar o primeiro passo, mas a mim não me importa fazê-lo, concluiu ela.

— Naturalmente.

— A separação que se deu entre nós era impossível impedi-la. Conselheiro, o senhor que viveu lá fora a maior parte da vida não calcula o que são aqui esses ódios políticos locais. Papai é o melhor dos homens, mas não perdoa a adversário. Hoje creio que está tudo acabado; a abolição fê-lo desgostoso da vida política. Já mandou dizer aos chefes conservadores daqui que não contem mais com ele para nada. Foram os ódios locais que trouxeram a nossa separação, mas pode crer que ele padeceu tanto como eu e meu marido.

Confiou-me, em prova do padecimento de ambos, várias reminiscências da vida conjugal, que eu ouvi com grande interesse. Não as escrevo para não acumular notícias, vá só uma.

Um ano depois do casamento, pouco mais, tiveram eles a ideia de propor aos pais a reconciliação das famílias. Primeiro escreveria o marido ao pai dele; se este aceitasse de boa feição, escreveria ela ao seu, e esperariam ambos a segunda resposta. A carta do marido dizia as suas felicidades e esperanças, e concluía pedindo a bênção, ou, quando menos, que lhe retirasse a maldição. Era longa, terna e amiga.

— Meu marido nunca me mostrou a resposta do pai, concluiu Fidélia, ao contrário, disse-me que não recebera nenhuma. Eu é que a achei depois de viúva, seis ou oito meses depois, entre papéis dele, e compreendi por que a escondera de mim...

Parou aqui. Tive curiosidade de saber o que era, e, evocando a musa diplomática, lembrou-me induzi-la à confissão ou retificação, dizendo à minha recente amiga:

– Dissesse o que fosse a seu respeito ou de seu pai, era natural da parte de um inimigo...

– Não, não, acudiu Fidélia; não teve nenhuma palavra de ódio. Não gosto de repetir o que foi, uma simples linha ou linha e meia, assim: "Recebi a tua carta, mas não recebi o teu remédio para o meu reumatismo." Só isto. Ele era reumático, e meu marido, como sabe, era médico.

Ri comigo. Não esperava tal remoque da Paraíba do Sul, e compreendi também a reserva do marido. Não compreendi menos a confidência da viúva; cedia, além do mais, à necessidade de contar alguma coisa que distribuísse ao sogro parte grande na culpa que cabia ao pai. Não podia tolher que falasse em si o sangue do fazendeiro. Tudo era Santa-Pia.

[...]

14 de Junho

Más notícias de Santa-Pia. O barão teve uma congestão cerebral; Fidélia e o tio vão para a fazenda amanhã. Não é fácil adivinhar o que vai sair daqui, mas não seria difícil compor uma invenção, que não acontecesse. Enchia-se o papel com ela, e consolava-se a gente com o imaginado. Melhor é dizer que a reconciliação parece fazer-se mais depressa do que esperavam, e tristemente.

[...]

16 de junho

[...]

Eu, para espantar a melancolia da sala, perguntei se os negócios do barão iam bem, e se os libertos... Aguiar volveu a ser gerente de banco e expôs-me algumas coisas sobre o plantio do café e os títulos de renda.

Nessa ocasião entrou um íntimo da casa e conversou também do fazendeiro. Disse que os negócios dele, apesar do desfalque, não iam mal; deve ter uns trezentos contos. Aguiar não sabe exatamente, mas aceitou o cálculo.

– Tem só aquela filha, concluiu a visita, e é provável que ela case outra vez.
[...]

20 de Junho

Telegrama da Paraíba do Sul: "O Barão de Santa-Pia faleceu hoje de manhã." Vou mandar a notícia a mana Rita e enviar cartões de pêsames. É caso de dar também os pêsames à gente Aguiar? Pêsames não, mas uma visita discreta e afetuosa, amanhã ou depois...
[...]

30 de junho

Ora bem, a viúva Noronha mandou uma carta a D. Carmo, documento psicológico, verdadeira página da alma. Como eles tiveram a bondade de mostrar-ma, dispus-me a achá-la interessante, antes mesmo de a ler, mas a leitura dispensou a intenção; achei-a interessante deveras, disse-o, reli alguns trechos. Não tem frases-feitas, nem frases rebuscadas; é simplesmente simples, se tal advérbio vai com tal adjetivo; creio que vai, ao menos para mim.

Quatro páginas apenas, não deste papel de cartas que empregamos, mas do antigo papel chamado de peso, marca Bath, que havia na fazenda, a uso do pai. Trata longamente dele e das saudades que ela foi achar lá, das lembranças que lhe acordaram as paredes dos quartos e das salas, as colunas da varanda, as pedras da cisterna, as janelas antigas, a capela rústica. Mucamas e moleques deixados pequenos e encontrados crescidos livres com a mesma afeição de escravos, têm algumas linhas naquelas memórias de passagem.[104] Entre os fantasmas do passado, o perfil da mãe, ao pé o do pai, e ao longe como ao perto, nas salas como no fundo do coração, o perfil do marido, tão fixo que cheguei a vê-lo e me pareceu eterno.

Vou reconhecendo que esta moça vale ainda mais do que me parecia a

---

[104] Mais uma vez, o texto machadiano alude à condição vivida pelos afrodescendentes após o 13 de maio, espécie de escravismo sem escravidão.

princípio. Não é a questão de amar ou não o defunto marido; creio que o ame, sem que essa fidelidade lhe aumente a pureza dos sentimentos. Pode ser obra dele, ou dela, ou de ambos a um tempo. O maior valor dela está, além da sensação viva e pura que lhe dão as coisas, na concepção e na análise que sabe achar nelas. Pode ser que haja nisto, da minha parte, um aumento de realidade, mas creio que não. Se fosse nos primeiros dias deste ano, eu poderia dizer que era o pendor de um velho namorado gasto que se comprazia em derreter os olhos através do papel e da solidão, mas não é isso; lá vão as últimas gabolices do temperamento. Agora, quando muito, só me ficaram as tendências estéticas, e deste ponto de vista, é certo que a viúva ainda me leva os olhos, mas só diante deles. Realmente, é um belo pedaço de gente, com uma dose rara de expressão. A carta, porém, dá a tudo grande nota espiritual.

Acredito que D. Carmo sinta essa dama como eu a entendo, mas desta vez o que lhe penetrou mais fundo foi o cumprimento final da carta, as três últimas palavras, anteriores à derradeira de todas, que é o nome: "da sua filhinha Fidélia". Percebi isto, vendo que ela desceu os olhos ao fim do papel três ou quatro vezes, sem querer acabar de o dobrar e guardar.

[...]

2 de Julho

O que ouvi dizer ontem a Aguiar foi no Banco do Sul, aonde tinha ido depositar umas apólices. Esqueceu-me escrever que à saída, perto da igreja da Candelária, encontrei o desembargador Campos; tinha chegado de Santa-Pia anteontem, à noite, e ia ao Banco levar recados da sobrinha para o Aguiar e para a mulher. Perguntei-lhe se Fidélia ficava lá de vez; respondeu-me que não.

— Ficar de vez, não fica; demora-se algumas semanas, depois virá e provavelmente transfere a fazenda; acho que não faz mal. Ficaria, segundo me disse, se fosse útil, mas parece-lhe que a lavoura decai, e não se sente com forças para sustê-la. Daí a ideia de vender tudo, e vir morar comigo. Se ficasse tinha jeito. Ela mesma tomou contas a todos, e ordenou o serviço. Tem ação, tem vontade, tem espírito de ordem. Os libertos estão bem no trabalho.

Conversamos um pouco dos efeitos da abolição, e despedimo-nos.

[...]

10 de Agosto
[...]

Fidélia chega da Paraíba do Sul no dia 15 ou 16. Parece que os libertos vão ficar tristes; sabendo que ela transfere a fazenda pediram-lhe que não, que não a vendesse, ou que os trouxesse a todos consigo. Eis aí o que é ser famosa e ter o dom de cativar. Desse outro cativeiro não há cartas nem leis que libertem; são vínculos perpétuos e divinos. Tinha graça vê-la chegar à Corte com os libertos atrás de si, e para quê, e como sustentá-los? Custou-lhe muito fazer entender aos pobres sujeitos que eles precisam trabalhar, e aqui não teria onde os empregar logo. Prometeu-lhes, sim, não os esquecer, e, caso não torne à roça, recomendá-los ao novo dono da propriedade.

[...]

3 de Outubro
[...]

Logo contou-me Campos que a sobrinha queria ir passar algum tempo à fazenda.

– Os libertos, apesar da amizade que lhe têm ou dizem ter, começaram a deixar o trabalho, e ela quer ver como está aquilo antes de concluir a venda de tudo.

Não entendi bem, mas não me cabia pedir explicação. Campos incumbiu-se de me dizer que também não entendia bem a ideia da sobrinha, e acrescentou que, por gosto, ela partiria já. A doença de Dona Carmo é que a fez aceitar o que lhe propôs o tio, a saber, que adiassem a viagem para as férias.

Iremos pelas férias, concluiu ele; provavelmente já o trabalho estará parado de todo; o administrador, que não tem tido força para deter a saída dos libertos até hoje, não a terá até então. Fidélia cuida que a presença dela bastará para suspender o abandono.

– Logo, se for mais depressa... aventurei eu querendo sorrir.

– Foi o argumento dela; eu creio que não será tanto assim, e como tenho de a acompanhar, prefiro dezembro a outubro. Quer-me parecer que teme menos a fuga dos libertos que outra coisa...

[...]

22 de Dezembro
[...]
Observando a moça e os seus gestos, pensei no que me disseram há uma semana, a ideia que ela teve de ir passar o verão em Santa-Pia, que ainda não vendeu. Não lhe importaria ficar lá com os seus libertos; faltou-lhe pessoa que a acompanhasse.[105]

1889

8 de Abril
— Sabe o que Dona Fidélia me escreveu agora? perguntou-me Aguiar. Que o Banco tome a si vender Santa-Pia.
— Creio que já ouvi falar nisso...
— Sim, há tempos, mas era ideia que podia passar; vejo agora que não passou.
— Os libertos têm continuado no trabalho?
— Têm, mas dizem que é por ela.
Não me lembra se fiz alguma reflexão acerca da liberdade e da escravidão, mas é possível, não me interessando em nada que Santa-Pia seja ou não vendida. O que me interessa particularmente é a fazendeira, — esta fazendeira da cidade, que vai casar na cidade. Já se fala no casamento com alguma insistência, bastante admiração, e provavelmente inveja. Não falta quem pergunte pelo Noronha. Onde está o Noronha? Mas que fim levou o Noronha?
Não são muitos que perguntam, mas as mulheres são mais numerosas, — ou porque as afligiam as lágrimas de Fidélia, — ou porque achem Tristão interessante, — ou porque não neguem beleza à viúva. Também pode ser que as três razões concorram juntas para tanta curiosidade; mas, enfim, a pergunta faz-se, e a resposta é um gesto parecido com esta ou outra resposta equivalente:
— Ah! minha amiga (ou meu amigo), se eu fosse a indagar onde param os mortos, andaria o infinito e acabaria na eternidade.

---

[105] Os parágrafos acima retomam o tópico recorrente da *morte do senhor* como fato que desencadeia uma ruptura com a ordem econômica herdada da colônia. A exemplo de outros herdeiros presentes na ficção machadiana, também a filha do barão não reúne forças para dar continuidade ao empreendimento. Sua situação difere um pouco da de Bentinho, de *Dom Casmurro*, ou da de Estácio, em *Helena*, devido à vigência da Lei Áurea. No entanto, o texto remete indiretamente à permanência em Fidélia do *status* de proprietária ao se referir à "fuga" dos "seus libertos".

É engenhoso, mas não é bom, principalmente não é certo. Os mortos param no cemitério, e lá vai ter a afeição dos vivos, com as suas flores e recordações. Tal sucederá à própria Fidélia, quando para lá for; tal sucede ao Noronha, que lá está. A questão é que virtualmente não se quebre este laço, e que a lei da vida não destrua o que foi da vida e da morte. Creio nas afeições de Fidélia; chego a crer que as duas formam uma só, continuada.

Quando eu era do corpo diplomático efetivo não acreditava em tanta coisa junta, era inquieto e desconfiado, mas, se me aposentei foi justamente para crer na sinceridade dos outros. Que os efetivos desconfiem!

15 de Abril

Já se não vende Santa-Pia, não por falta de compradores, ao contrário; em cinco dias apareceram logo dois, que conhecem a fazenda, e só o primeiro recusou o preço. Não se vende; é o que me disseram hoje de manhã. Concluí que o casal Tristão iria lá passar o resto dos seus dias. Podia ser, mas é ainda mais inesperado.

O que ouvi depois é que Tristão, sabendo da resolução da viúva, formulou um plano e foi comunicar-lho. Não o fez nos próprios termos claros e diretos, mas por insinuação. Uma vez que os libertos conservam a enxada por amor da sinhá-moça, que impedia que ela pegasse da fazenda e a desse aos seus cativos antigos? Eles que a trabalhem para si. Não foi bem assim que lhe falou; pôs-lhe uma nota voluntariamente seca, em maneira que lhe apagasse a cor generosa da lembrança. Assim o interpretou a própria Fidélia; que o referiu a Dona Carmo, que mo contou, acrescentando:

— Tristão é capaz da intenção e do disfarce, mas eu também acho possível que o principal motivo fosse arredar qualquer suspeita de interesse no casamento. Seja o que for, parece que assim se fará.

— E andam críticos a contender sobre romantismos e naturalismos!

Parece que Dona Carmo não me achou graça à exclamação, e eu mesmo não lhe acho graça nem sentido. Aplaudi a mudança do plano, e aliás o novo me parece bem. Se eles não têm de ir viver na roça, e não precisam do valor da fazenda, melhor é dá-la aos libertos. Poderão estes fazer a obra comum e corresponder à boa vontade da sinhá-moça? É outra questão, mas não se me dá de a ver ou não resolvida; há muita outra coisa neste mundo mais interessante.

19 de Abril

Tristão, a quem falei da doação de Santa-Pia, não me confiou os seus motivos secretos; disse-me só que Fidélia vai assinar o documento amanhã ou depois. Estávamos no Carceler tomando café. Ouvi-lhe também dizer que recebeu cartas de Lisboa, duas políticas; instam por ele. Quis saber se acudiria ao chamado, mas o gesto com que ele via subir o fumo do charuto parecia mirar tão somente a noiva, o altar e a felicidade; não ousei passar adiante.

Saindo do Carceler, ouvi-lhe que ia fazer uma encomenda; talvez algum presente para a noiva, mas não me disse o que era, nem o destino. Falou-me, sim, da madrinha e da amizade que ela lhe tem; ao que redargui, confirmando:

– Posso dizer-lhe que é grande.

– É grande e antiga.

Contou-me então o que eu já sei, anedotas da infância e da adolescência, e nisto me entreteve andando alguns minutos largos; parece-me realmente bom e amigo. A idade em que foi daqui e o tempo que tem vivido lá fora dão a este moço uma pronúncia mesclada do Rio e de Lisboa que lhe não fica mal, ao contrário. Despedimo-nos à porta de um ourives; há de ser alguma joia.

28 de Abril

Lá se foi Santa-Pia para os libertos, que a receberão provavelmente com danças e com lágrimas; mas também pode ser que esta responsabilidade nova ou primeira...[106]

---

[106] Ao doar a fazenda que foi de seu pai, a herdeira contraria a lógica da acumulação capitalista. O gesto da personagem contém uma alusão à frustrada proposta de doação de terras aos libertos, derrotada pelos conservadores, num contexto em que, desde décadas anteriores, parcelas consideráveis de terra eram concedidas aos imigrantes. No romance, a fazenda Santa-Pia fica com os antigos escravos e este fato inusitado encerra em si mesmo um conjunto de possibilidades e desafios, tanto para os antigos senhores e seus herdeiros, quanto para os novos proprietários. As reticências apostas à fala do narrador-personagem deixam para o leitor a reflexão a respeito dessa passagem da condição servil à de detentores da propriedade numa sociedade de classes.

A poética da dissimulação

Eduardo de Assis Duarte

> Depois que você lê Machado, nunca mais é humilhado.
> Machado me mostrou toda a hipocrisia do mundo.
> Todos os preconceitos estão na obra dele.
>
> José Carlos da Silva
> Porteiro, estudante
> *Folha de S. Paulo*, 07/11/2014

Raça, estigma, literatura

> *Eu tenho a inqualificável monomania*
> *De não tomar a arte pela arte,*
> *mas a arte como a toma Hugo,*
> *missão social, missão nacional, missão humana.*
> Machado de Assis
> *O Espelho*, n. 15, 11 dez. 1859

Escolhemos de propósito a epígrafe acima, oriunda do jovem Machado, jornalista liberal, dotado de uma escrita ainda incipiente, sobretudo na forma com que expressa seus temas e pontos de vista. A afirmativa, que pode até tomar hoje ares de provocação, não traduz, evidentemente, a poética machadiana construída ao longo dos anos, marcada pela sutileza dos incessantes deslizamentos de sentido, e que ainda desafia a volumosa recepção crítica dedicada a pesquisar os "enigmas" legados pelo "bruxo do Cosme Velho". De fato, nada mais adverso à escrita desse autor-caramujo, especialista, conforme veremos, em disfarces de toda ordem, do que o projeto de uma literatura "missionária" e panfletária.

No entanto, a profissão de fé do estreante, recém-chegado à casa dos vinte anos, indica o descarte da "finalidade sem fim" da obra de arte, concebida pela estética kantiana, bem como o discernimento da literatura enquanto produção vinculada a valores sociais, políticos e humanos. Com todo o refinamento construtivo que a consagra e sobrecarrega de novos significados a cada leitura, a obra machadiana nem por isto se afasta do projeto crítico explicitado no ardor da juventude e que vai se depurando e amadurecendo até se constituir em uma de suas marcas mais significativas.

Antes de abordarmos o posicionamento do autor frente à questão étnica e o tratamento que dá aos afrodescendentes e escravizados, vamos a uma pequena digressão em torno da mentalidade dominante na época a respeito desse segmento da população brasileira. Se olharmos a questão da mestiçagem e da assimilação aos padrões brancos, e refletirmos sobre o que era ser mulato, mesmo livre, numa ordem escravocrata que vinha de séculos; se nos detivermos sobre a "razão negra" (Mbembe) hegemônica no pensamento filosófico do Ocidente – com Hegel e sua célebre exclusão da África do "Espírito Universal"; e, ainda, com Gobineau e demais porta-vozes de teorias "científicas" da segunda metade do século XIX a respeito das raças –, poderemos vislumbrar o quanto de imperativo social existia em favor do embranquecimento e da assunção dos modos de pensar e agir da classe senhorial.

A título de ilustração, apelamos a dois escritos de Arthur de Gobineau, que, na condição de chefe da legação da França no Brasil, residiu na Corte entre 1869 e 1870, momento em que se torna amigo de D. Pedro II, com quem se correspondeu. Gobineau foi um dos principais defensores de posturas tidas como científicas, que advogavam a desigualdade e a hierarquização entre as raças. Em seu pensamento, o etnocentrismo figura como verdade incontestável a entronizar a cultura branca, ocidental e cristã como referência de civilização. Em 1873, o autor de *Ensaio sobre desigualdade das raças humanas* (1855) publica artigo na França em que, a propósito de propagandear a imigração europeia para o Brasil, enfatiza seu argumento racista:

> A grande maioria da população brasileira é mestiça e resulta de mesclagens contraídas entre os índios, os negros e um pequeno número de portugueses. Todos os países da América, seja do norte ou do sul, hoje mostram, incontestavelmente, que os *mulatos de distintos matizes não se reproduzem além de um número limitado de gerações*. A esterilidade nem sempre existe nos casamentos; mas os produtos da raça gradualmente chegam a ser tão malsãos e inviáveis que desaparecem antes de darem à luz, ou então deixam rebentos que não sobrevivem. (Apud RAEDERS, 1997, p. 85, grifos nossos)

Em outro escrito, Gobineau acrescenta que os brasileiros constituíam nada menos que um "povo infame: todos mulatos, a ralé do gênero humano e costumes condizentes." (Idem, p. 77) A tese da inferioridade congênita de negros e mestiços não só se confundia com a verdade científica então vigente, como estava presente até mesmo num texto que pretendia divulgar a imagem do Brasil na Europa. Não deixa de ser compreensível, portanto, a postura de recalque dessa etnicidade historicamente rebaixada, que tantos afrodescendentes adotaram na época, até como estratégia de sobrevivência à morte social.

E mais: o discurso depreciador de negros e mestiços povoa não apenas a ciência da época, está incrustado no senso comum e até mesmo na literatura de destacados escritores brasileiros, inclusive aqueles sabidamente abolicionistas. Alguns exemplos, dentre tantos: os estereótipos do escravo vingativo e assassino, do feiticeiro deformado física e moralmente ou da mucama pervertida que destrói a família do senhor, estão presentes em *As vítimas-algozes*, de Joaquim Manoel de Macedo; já a mulata assanhada, que seduz e leva o português ao crime e à decadência, destaca-se nas páginas de *O cortiço*, de Aluízio Azevedo; e o negro de alma branca, reduzido a "cão" fiel ao senhor, ajuda a compor a figura do preto Domingos, personagem de José do Patrocínio em *Mota Coqueiro*.[107] Apesar de condenarem explicitamente a escravidão e de se envolverem na campanha abolicionista, que, inclusive, tem em Patrocínio um de seus líderes, tais autores deixam aflorar em seus textos as marcas discursivas da "razão negra ocidental" configurada por Achille Mbembe.[108] Isto nos permite refletir sobre a força dessas concepções, que se faziam presentes em todos os segmentos do campo intelectual e eram tidas como verdade científica incontestável.

Essas rápidas pinceladas nos ajudam a situar o contexto que envolve o surgimento e a consolidação de Machado de Assis como escritor. É nesse ambiente de flagrante rebaixamento da afrodescendência que o autor mulato, neto de escravizados e nascido no Morro da Providência, irá aos poucos se firmando como a grande voz da literatura de seu tempo. Não deixa de ser um

---

[107] Cf. MACEDO, Joaquim Manoel de. *As vítimas-algozes:* quadros da escravidão. 3 ed. São Paulo: Scipione; Rio de Janeiro: Casa de Rui Barbosa, 1988; AZEVEDO, Aluísio. *O cortiço*. Rio de Janeiro: Editora Americana, 1973; PATROCÍNIO, José do. *Mota Coqueiro ou a pena de morte*. Rio de Janeiro: Francisco Alves; Brasília: INL, 1977. De acordo com Heloisa Toller Gomes (1988, p. 2), "na maior parte dos textos abolicionistas o negro é tratado mais como o símbolo vivo de uma ideia – a de que a escravidão é inaceitável – do que como a representação de uma figura humana: sua voz raramente é ouvida, seus traços psicológicos e mesmo físicos, grosseiramente simplificados".

[108] "Conjunto de discursos e de práticas – um trabalho cotidiano que consistiu em inventar, contar, repetir, e pôr em circulação fórmulas, textos, rituais, com o objetivo de fazer acontecer o Negro enquanto sujeito de raça e exterioridade selvagem, passível, a tal respeito, de desqualificação moral e de instrumentalização prática." (MBEMBE, 2014, p.58)

caminho longo e acidentado, em que o cidadão e o homem de letras têm que se defrontar com a espinha dorsal da sociedade e do próprio Estado brasileiro. A escravatura alicerça a ordem imperial, e a forma envergonhada com que é admitida pelos setores bem pensantes – adeptos do liberalismo de fachada com que se traveste, desde a Independência, a defesa do regime –, bem demonstra o quanto de hipocrisia se insere no discurso das elites.

Machado não compartilha nem endossa em seus escritos tal pensamento. Caso o fizesse, estaria de braços dados com a recusa ao pertencimento étnico, a que tantos negros e mestiços aderiram, inclusive intelectuais. Em seus escritos não se leem em nenhum momento palavras de apoio, mesmo que implícito ou subtendido, à escravização. Nem se encontram os estereótipos cujo foco é a desumanização de africanos e descendentes. Todavia, a forma dissimulada, homeopática, com que foi introduzindo a questão étnica e a crítica ao regime foi vista como absenteísmo e denegação de suas origens. A tese encontra um possível respaldo no fato de o autor não ter assumido abertamente uma postura militante no âmbito do movimento abolicionista, opção esta que, de resto, iria de encontro à maneira discreta e "encaramujada" (como bem define Astrojildo Pereira), que pautou seu comportamento ao longo da vida.[109]

Dois documentos – o atestado de óbito e a máscara mortuária –, ambos de 29 de setembro de 1908, revelam o contexto movediço em que é colocada a condição étnica do escritor: o primeiro "atesta" como sendo "branca" a sua cor; já o segundo exibe de forma incontestável os traços negroides do neto de escravos alforriados, nascido sessenta e nove anos antes, no Morro do Livramento, Rio de Janeiro. Os dois documentos realçam a ambiguidade que sempre envolveu a imagem pública do autor e comprovam o esforço discursivo de afirmação de um pertencimento étnico que contrasta com seus traços fisionômicos.

E até mesmo estes, informa-nos Magalhães Júnior (1957), foram alterados nos inúmeros retratos retocados, hoje exibidos na Academia Brasileira de Letras,

---

[109] A propósito, é conhecido o artigo publicado, logo após a morte do romancista, por Hemetério José dos Santos, intelectual negro e professor de língua portuguesa em escolas da capital. O texto põe em dúvida a moral do escritor e afirma, entre outras, que Machado "não gostava de negros" e "queria esconder suas origens" (*Gazeta de Notícias*, 29/10/1908). A agressiva catilinária é contestada por Magalhães Jr. (1957, 1958) e Josué Montello (1998), entre outros.

e reproduzidos nas capas de seus livros. A razão para tão persistente esforço encontra suas raízes no pensamento racista da época, elevado à condição de verdade inquestionável. O atestado de óbito não apenas contraria a evidência empírica expressa pelo corpo do indivíduo. Indica algo mais abrangente (e permanente): o processo de embranquecimento do escritor, concomitante ao recalque de sua ascendência africana.

Nesse sentido, são conhecidos os posicionamentos contrastantes de dois amigos situados entre os mais próximos de Machado. Em necrológio publicado logo após a morte do romancista, José Veríssimo o nomeia "mulato", termo que irá "causar um arrepio" em Joaquim Nabuco que, de imediato, escreve ao outro solicitando sua substituição quando da publicação do artigo em livro. "A palavra não é literária e é pejorativa. O Machado para mim era branco, e creio que por tal se tomava: quando houvesse sangue estranho, isto em nada afetava a sua perfeita caracterização caucástica. Eu pelo menos só vi nele o grego."[110] A passagem atesta de forma cabal o estigma a que estava submetida a afrodescendência, reduzida a algo "estranho" tanto a Machado quanto ao próprio autor de *O abolicionismo:* um verdadeiro tabu. No entanto, o "creio que por tal se tomava" insere a questão num novo patamar – o do *pertencimento étnico*, explícito ou não. A afirmativa permite à reflexão transferir-se do campo das identidades fixas para o das identificações em processo.

De fato, não se conhece nenhuma declaração pública do escritor posicionando-se como negro ou mulato. Seria isto condizente com seu temperamento comedido, perante o contexto discursivo de desumanização dos africanos e seus descendentes, de entronização da eugenia e de rebaixamento da mestiçagem? Basta lembrar o arianismo de Tobias Barreto para se avaliar o peso do mito racial na sociedade patriarcal brasileira do século XIX. Nela, *negro* era sinônimo de *escravo*, sendo comum classificar os pretos forros como *pardos*, a fim de demarcar sua nova condição social, como afirma, dentre outros, Jean-Michel Massa (1971, p. 47). Entretanto, também não se tem notícia, até o momento, de qualquer declaração pública em que Machado tenha se afirmado branco. Assim,

---

[110] NABUCO: carta a José Veríssimo de 25/11/1908, *Revista do Livro*, V, 1957, p. 164.

uma cortina de ambiguidades envolve a condição étnica do escritor, o que impele a pesquisa rumo à busca dos procedimentos e posicionamentos expressos na imensidão de escritos por ele publicados, em livro ou na imprensa e, neste caso, muitos sob pseudônimo.

Jornalístico ou ficcional, o *texto* torna-se, então, o espaço privilegiado para a perquirição da etnicidade e dos posicionamentos autorais a propósito das relações interétnicas na sociedade em que vivia. E, no caso, não há dúvida de que o trabalho não será fácil. A escritura machadiana, terreno tão ou mais movediço, configura-se como lugar da inscrição irônica, muitas vezes sarcástica, marcada por despistes de toda ordem, que dão sempre margem a mais de uma interpretação e não possibilitam grandes consensos, como se pode atestar pela investida de Gilberto Freyre:

> Um Machado a fingir-se o tempo todo de branco fino: o tempo inteiro a bater janelas e a fechar portas contra toda espécie de paisagem mais cruamente brasileira, fluminense ou carioca em suas cores vivas; contra todo o arvoredo mais indiscretamente tropical que lhe recordasse sua meninice de rua e de morro, sua condição de filho de gente de cor, filho de família plebeia, de descendente de escravo negro. Nada de paisagem, nada de cor, nada de árvore, nada de sol. [...] Dentro de casa [...] é que ele se defende da memória de ter nascido mulato e quase mucambo e de ter crescido menino de rua e quase moleque. (FREYRE, 1955, p. 9)

De início, chama a atenção o destaque dado ao processo dissimulador. O fingimento e a astúcia são marcas registradas de inúmeros personagens do autor e se ligam à irônica plurivocidade de sua expressão. Constituem ainda traços que muitos enxergam na própria biografia do cidadão: cronista por vezes ácido quanto a figuras e situações da política de então e, ao mesmo tempo, alto funcionário do poder público, ocupante de cargo de confiança. Na visão de Freyre, a condição afrodescendente teria para Machado o peso de um permanente agravo. Empenhado em exaltar o descritivismo e a idealização da terra em José de Alencar, interpreta a etnicidade como *trauma* e vincula a pretensa ausência de cor local ao recalque da memória da escravidão e da ordem escravista em seus desdobramentos. Ao "fechar portas e janelas" à natureza brasileira, estaria a ficção machadiana se refugiando no conforto do drama familiar e íntimo como forma de evasão. Freyre nada mais faz do que ecoar as acusações que acompanham a imagem do autor desde sua morte. E, no paralelo com Alencar, restringe suas observações à ficção, sobretudo aos romances.

Por sua vez, José Miguel Wisnik adota outro tom. No ensaio "Machado Maxixe" (2004), parte da leitura do conto "Um homem célebre" para interpretar o drama do protagonista, dividido entre a música clássica e a criação marcada pelo gosto popular, como encenação de um "índice gritante" de nossa cultura, de um "sintoma exemplar" e, mesmo, de um "complexo" – o *complexo de Pestana*. Fundado na tensão entre as heranças europeia e africana, o fenômeno atravessaria não só a narrativa em questão, mas se estenderia ao conjunto da obra, como forma de expressar a postura autoral frente ao tabu que envolve a sua condição de mulato.

No conto, publicado em 1888 na *Gazeta de Notícias*, poucas semanas após a abolição, Pestana é o instrumentista e compositor talentoso de polcas "amaxixadas" pelo influxo popular e afro-brasileiro e, ao mesmo tempo, o criador frustrado em seu projeto de se aproximar dos mestres da música erudita europeia. Às tentativas baldadas de compor um réquiem ou uma sonata, sucedem-se facilmente as "polcas buliçosas", onde "circulava o sangue da paternidade e da vocação". (MACHADO DE ASSIS, 1992, Vol. II, p. 499). Wisnik situa a narrativa no contexto brasileiro da "transformação histórica da polca em maxixe", a partir do trabalho pioneiro de Ernesto Nazareth e de todo um dialogismo entre o ritmo importado e sua transformação a partir do contato com a música dos escravizados: uma "africanização abrasileirada da dança europeia" que a coloca "em contato com o substrato mais arcaico do lundu" (2004, p. 21, 32, 41). Desde o tratamento da questão em suas crônicas, Machado adota o nome importado, mas dá sinais "tão sutis quanto decisivos" de que "uma outra coisa está acontecendo":

> Nesse movimento Machado de Assis parece chancelar ambiguamente o recalque das implicações socioculturais e raciais da polca-maxixe, *ao mesmo tempo que as desvela, sutil e incisivamente*, para não perder o costume. Guarda aqui, no entanto, uma distância e uma proximidade toda própria em relação com o

> assunto, porque ele envolve uma questão nunca tratada de frente em sua obra e que lhe concerne intimamente: a mestiçagem. (Idem, p. 33, grifos nossos)

E prossegue:

> Machado administra, pois, um tabu pessoal, cercando de silêncio, como sabemos, a sua condição de mulato. Mas enfrenta aqui, e a seu modo, esse fundo problemático, com seus instrumentos de escritor. (Idem, p. 51)

Assim, na tensão entre o recalque e o seu retorno, tomam corpo as estratégias e os estratagemas do capoeirista da palavra. Nesse contexto, o negaceio e a ginga surgem traduzidos numa escrita cheia de referências cifradas, de imagens veladas, recobertas por um providencial decoro a emoldurar a "agudeza desveladora" (Idem: 79) e a "poderosa formulação antiapologética" (Idem: 99) que caracterizam a obra.[111] Nesse movimento de ocultação e insinuação, o pertencimento afrodescendente mostrar-se-á visível por entre as frestas de uma linguagem marcada pelo processo dissimulador:

> Quem quiser, pode, portanto, se souber, ouvir ao fundo, em Machado de Assis, o soneto da canção inaudível e iniludível, que o disfarce só reforça: *nego que sou nêgo, sonego que sou nêgo, sou nêgo...* (Idem, p. 102)

Wisnik situa-se, portanto, num espaço intervalar entre a leitura fundada na pura e simples denegação e a que celebra Machado como fundador da literatura afro-brasileira. E demonstra como, em "Um homem célebre", mas também em outros textos, o autor se distancia e, *ao mesmo tempo*, se aproxima da herança afro "iniludível" em seu caso particular e em nossa cultura como um todo.

Deste modo, será a partir da leitura dos **textos**, sobretudo os do presente volume, que se tornará impossível concordar com a ideia de um escritor alienado quanto aos problemas sociais. Partimos da premissa de que existe, sim, o pertencimento étnico traduzido em literatura, inscrito na abordagem do tema e, sobretudo, no lugar discursivo em que se coloca o autor.

---

[111] Wisnik encampa as reflexões de Lúcia Miguel Pereira e Alfredo Bosi sobre a rarefeita presença do mulato na ficção machadiana como "estratégia defensiva". Segundo Bosi, a "propensão para o decoro" funciona como passaporte para o "mulato pobre e enfermiço a que só o mérito e uma conduta sóbria e discreta ofereceriam alguma chance de ascensão social", sendo necessário resguardar a "intimidade frágil e vulnerável" contra "os golpes da esfera pública e suas formas diretas ou oblíquas de dominação". (Apud WISNIK: 2004, 80)

Três vezes clássico

No conhecido "Instinto de nacionalidade", publicado em 1873, logo após sua estreia no romance no ano anterior com *Ressurreição*, Machado de Assis estabelece os princípios fundantes de seu projeto literário e, de certa forma, aponta o rumo de boa parte da recepção crítica de sua obra, que assenta os marcos balizadores da inserção de seu nome no cânone da literatura brasileira. No artigo, Machado retoma sua crítica ao nacionalismo ornamental, sobretudo no que tem de provinciano, e refuta a cor local eivada de exotismos tropicais. Porém, ao propugnar o escritor como "homem de seu tempo e de seu país", mesmo quando trate de "assuntos remotos", dá a pista do projeto que irá seguir, no qual um "sentimento íntimo" de brasilidade expressa o compromisso com o processo histórico e com as questões que lhe são contemporâneas. Posto em prática ao longo de trinta e cinco anos de carreira vitoriosa, tal projeto impele, todavia, a uma leitura universalizante de sua obra e à construção de uma imagem de autor desvinculada da problemática social e histórica por ele vivida.

Desde então, toma corpo a figura do "perscrutador da alma humana", a engendrar outra mais poderosa ainda, a do "mais universal dos escritores brasileiros". Ambas se fundamentam na adoção de temas que atravessam épocas e civilizações – a memória, o ciúme, a hipocrisia, a mesquinhez humanas. Comparado a Shakespeare, Sterne e outros clássicos, o autor tem seus méritos reconhecidos a partir dos paradigmas da tradição literária ocidental, tomados como medida de seu valor. Machado torna-se o mestre que se equipara aos grandes mestres e, como tal, tem sua obra colocada no panteão dos gênios da literatura de todos os tempos. De Helen Caldwell (1960, 2008) a Harold Bloom (2003) renova-se a tese – e a imagem – universalizante, que, aliás, remonta ao "perfil grego", já existente no século XIX, consagrado na carta de Nabuco anteriormente mencionada. O fato é que, de um modo ou de outro, a aura de gênio universal termina por deixar em segundo plano a figura do escritor voltado para "seu tempo" e "seu país".

A contrapartida dessa universalização faz-se visível nas acusações mencionadas. Por esta via, Machado teria não apenas se alienado de sua condição de afrodescendente, mas até abandonado à própria sorte a madrasta que o criou, e se omitido por ocasião da campanha abolicionista. Apesar da inconsistência desses agravos, contestados há tempos por diversos estudiosos, ainda é comum intelectuais de proa endossarem a imagem do escritor não comprometido com a libertação dos cativos, como faz Clóvis Moura em seu *Dicionário da escravidão negra no Brasil* (2004), no qual o autor de "Pai contra mãe" está ausente.

Todavia, a partir dos estudos de Magalhães Jr. (1957, 1981) John Gledson (1986, 1991), Roberto Schwarz (1990) e Sidney Chalhoub (2003), dentre outros, a tese absenteísta tem seus alicerces abalados em definitivo. Em *Ficção e história* (1986), Gledson vincula o tempo inscrito nas narrativas e, mesmo, o andamento dos romances, ao ritmo da política imperial, com seus avanços e recuos, fazendo da ficção machadiana alegoria da história do Brasil. Além disso, o crítico presta uma inestimável contribuição ao lembrar o homem de imprensa atuante em décadas seguidas. E alerta para a necessidade de estudos mais acurados a respeito da crônica, cuja construção está imersa na dinâmica dos acontecimentos e testemunha os momentos agudos da Abolição e da República.

Por sua vez, Sidney Chalhoub, em *Machado de Assis historiador,* refuta a conclusão de Roberto Schwarz em *Ao vencedor as batatas,* ao enfatizar os vínculos dos primeiros romances com a crítica ao paternalismo hegemônico, e não com seu aprimoramento. Ressalta ainda a coerência entre o cidadão e o homem de letras: o primeiro, funcionário do governo imperial, com atuação impecável quanto à observância e cumprimento da Lei do Ventre Livre, cuja aplicação estava submetida justamente à fiscalização do órgão em que atuava. O segundo, a encenar pela via sinuosa da ficção a condição dos dependentes – elo mais frágil do corpo social no regime vigente sob o paternalismo escravista. Magalhães Jr., Gledson e Chalhoub põem em relevo o quanto a obra é brasileira, justamente pela visão crítica da sociedade nela representada.

Pelo exposto, sobressaem duas vertentes de leitura, a do Machado universal (ou ocidental) e a do escritor antes de tudo brasileiro. Tais tendências convivem bem, não se excluem e, de certa forma, deixam sua marca na volumosa fortuna crítica do autor. Malgrado suas diferenças, complementam-se como faces da mesma moeda. Assim, quanto mais o escritor adensa a representação, não dos eventos históricos em si, mas das transformações da sociedade brasileira em processo de modernização, flagradas a partir dos conflitos e dramas humanos nela envolvidos; e quanto mais revolve as relações entre os indivíduos, com o que têm de sublime e de ridículo, mais a obra reafirma ambas as facetas.

Cabe, todavia, indagar desse edifício dicotômico se ele esgota as possibilidades de sentido do texto machadiano. Mesmo crendo na pertinência de um alcance de significado que transcenda os limites do *locus* de origem, convém destacar que o binarismo nacional/universal não deve obliterar a leitura de uma marca não menos importante: a do escritor e – não nos esqueçamos, do homem de imprensa – pobre, descendente de africanos, que supera a condição de origem e se faz aceito na cidade letrada.

Resta-nos, pois, adensar a reflexão rumo a essa outra faceta: a do escritor cuja perspectiva, emoldurada embora por toda uma *poética da dissimulação*, pertence ao sujeito afro-brasileiro que nele existe, apesar de todos os recalques. Isto porque provém de uma visão de mundo não branca e, sobretudo, não racista. É a partir dela que o romance machadiano se distancia tanto do projeto de fundação do ser nacional, presente no romantismo brasileiro, quanto do abolicionismo benevolente, preconceituoso e arianista, de Alencar, Macedo ou Bernardo Guimarães, como demonstra Heloisa Toller Gomes (1994). Perante a doxa que rebaixava negros e mulatos a seres de segunda categoria, tal perspectiva só poderia fazer-se cética quanto às verdades de seu tempo.

Ela se evidencia e explicita a consciência autoral nas inúmeras crônicas em que deixa patente a condição social e existencial do negro, seja antes, durante e mesmo depois da campanha abolicionista; nos contos "Pai contra mãe", "O caso da vara", "Mariana", "Virginius", "O espelho", e na sátira à branquitude presente em "A mulher pálida", "A teoria do medalhão", "Um homem célebre" e noutros mais; no poema narrativo "Sabina", ou ainda nos versos de "13 de maio", distribuídos nas ruas da Corte por ocasião das comemorações da Abolição. E se estende a outros textos, sob a capa protetora da ironia e de toda uma ginga verbal destinada a não parecer dizer o que diz. A nosso ver, a perspectiva afro-brasileira orienta boa parte da obra machadiana, sem que isto tenha logrado até o momento impactar a cadeia de sentidos construída pelo binarismo nacional/universal.

Em seu livro *Gênio* (2003), Harold Bloom ecoa a tendência universalizante e inclui Machado entre os "100 autores mais criativos da história da literatura". A novidade fica por conta do pertencim*ento étnico reconhecido pelo crítico, que o nomeia "escritor afro-brasileiro"*, designação até então praticamente inédita no Brasil, e o eleva ao patamar de *"maior literato negro surgido até o presente."* (2003, p. 687, grifos nossos) No entanto, o crítico endossa a tese da alienação autoral ao afirmar em seguida ter sempre considerado Machado um "branco", enquanto via no cubano Alejo Carpentier um "negro". Embora admita o equívoco, insiste: "Carpentier, em *O reino deste mundo*, escreve a partir de uma perspectiva que hoje consideramos negra. Machado, em *Memórias póstumas,* ironicamente, adota uma perspectiva luso-brasileira branca, bastante decadente." E arremata afirmando que o autor "permanece além das crenças, mas não além da crença na tradição literária europeia". (2003, p. 688-9)

Colocado assim, sem o cuidado da demonstração, o paralelo soa superficial. Os romancistas estão separados um do outro por décadas preciosas em termos de transformações no pensamento ocidental. Não há termo de comparação entre o último quartel do século XIX e a efervescência política e cultural dos anos 1930-1940, quando Carpentier se afirma como escritor. Em se tratando da questão étnico-racial e de sua repercussão nas letras e artes, não se pode esquecer que o Ocidente já havia testemunhado a "descoberta" do "primitivismo" africano pelo Cubismo e demais vanguardas. E ainda, os movimentos da *Black Renaiscence* norte-americana dos anos 1920; da *Négritude* francófona da década seguinte; e do próprio "Negrismo" ou "Cubanía", de Nicolás Guillén também nos anos 1930. Diferentemente do Brasil escravista do século XIX, o momento histórico e o lugar de cultura são outros, assim como sua expressão na literatura e nas artes. Além disso, como aceitar que o cinismo canalha de Brás Cubas espelhe o pensamento de Machado?

A questão é abordada por Octavio Ianni de forma contundente. Para ele, faz-se necessário libertar o autor "da compostura de maior escritor da literatura brasileira, com a glória da fundação da Academia Brasileira de Letras". (1988, p. 209) A afirmativa se apoia na análise da perspectiva autoral: identificada ao subalterno, a produzir um olhar cético quanto ao mundo retratado, justamente porque oriundo das margens da sociedade, um olhar "de baixo para cima", cáustico para com a elite, e benevolente quando alveja os humildes. No instante em que o aproxima de Cruz e Sousa e Lima Barreto para inscrever os três como "fundadores da literatura negra ou afro-brasileira" (Idem, p. 210); e no momento em que afirma, pelo mesmo motivo, ser Machado "clássico duas vezes", Ianni o faz para ressaltar a importância do escritor nos dois sistemas por ele vislumbrados em nossas letras. E insiste que tal fato não deve acarretar "nenhum prejuízo" para a posição ocupada pelo romancista na literatura nacional, mas acrescenta ser provável que o "resgate desses autores pela literatura negra permita repensá-los melhor, descobrir dimensões novas em suas obras, redimensioná-los no âmbito da literatura brasileira". (Idem, p. 210).

Parte em seguida para contestar a tese absenteísta, alertando que "para descobrir a presença do negro na obra de Machado de Assis é preciso ultrapassar o mapeamento demográfico, racial, sociológico ou ideológico". (Idem, p. 210) Desta forma, deixa aberto o caminho para a leitura da perspectiva afro justamente quando o escritor aborda o mundo do branco, "esse outro do negro". Destaca ainda a "visão de mundo fundamentalmente paródica" como o grande "segredo" da escritura machadiana:

> Nesses termos é que Machado de Assis é um clássico da literatura negra. Abre, em grande estilo, a visão paródica do mundo burguês, a partir dos setores subalternos; a partir da perspectiva crítica mais profunda do negro, escravo ou livre. Inaugura a carnavalização da sociedade branca, isto é, burguesa, do ponto de vista do negro, do subalterno. (IANNI, 1988, p. 212)

A mola mestra do argumento de Ianni situa-se numa especial leitura da forma machadiana, na qual detecta o distanciamento paródico e destronante como princípio estruturador. No entanto, o mérito está não no achado em si, de resto presente em outros estudos realizados sob a égide da teoria de Bakhtin, como os de José Guilherme Merquior. A reflexão cresce em intensidade no instante em que o crítico estabelece uma relação dialética entre linguagem e pensamento, entre o destronamento carnavalizante e uma visão de mundo afro-brasileira, confrontada à branquitude hegemônica confundida com a natureza, a beleza, a virtude. Ao situar o princípio paródico como o grande "segredo" da escrita machadiana, Ianni supera a leitura meramente temática ou formalista e estabelece elos consistentes entre a forma textual e o modo muitas vezes esquivo presente nas atitudes do sujeito subalterno, até como forma de autodefesa. É na perspectiva de quem, mesmo livre, vê-se enredado numa condição adversa, que está a referência maior para o entendimento da linguagem de Machado de Assis.

Isto posto, vislumbra-se a inscrição de uma terceira faceta na imagem construída pela recepção crítica machadiana: a do autor que, sendo um clássico da literatura brasileira e da literatura ocidental, também o é da literatura afro-brasileira. Se o escritor é o mestre que reescreve as regras de sua arte e com isto obtém reconhecimento internacional; e se constrói um painel crítico das relações sociais pautadas pelo mandonismo patrimonialista e escravocrata no Brasil de seu tempo; também há que reconhecer a presença de uma perspectiva afrodescendente a marcar as escolhas do autor quanto à expressão antiépica, irônica e, mesmo, carnavalizadora que marca a maioria de seus escritos.

O jornalismo como tribuna

> *O jornal é a verdadeira forma da república do pensamento.*
> *É a locomotiva intelectual em viagem para mundos desconhecidos,*
> *é a literatura comum, universal, altamente democrática,*
> *reproduzida todos os dias,*
> *levando em si a frescura das ideias*
> *e o fogo das convicções.*
>
> Machado de Assis
> *Correio Mercantil*, 1859

Os detratores de Machado via de regra baseiam-se na rarefeita presença do negro em seus contos e romances para julgar o cidadão a partir dos nem sempre bem-compreendidos artifícios do ficcionista. E nisto, pouco atentam para o implacável crítico do regime escravista que se fazia presente onde a palavra do homem de letras melhor atingia o público: a crônica jornalística. John Gledson (1986, 1991) chama a atenção para a importância de uma análise detida da crônica machadiana, como forma de se conhecer as ideias e os posicionamentos políticos do autor.

Com efeito, as páginas dos diversos órgãos de imprensa por onde passou testemunham a persistência com que abordou as questões de seu tempo e o drama dos escravizados, valendo-se muitas vezes do anonimato propiciado pelos inúmeros pseudônimos: Lélio, na seção "Balas de Estalo"; João das Regras, em A+B; Malvólio, na "Gazeta de Holanda"; Boas Noites, na seção "Bons Dias"; Policarpo, em "Crônicas do Relojoeiro"; Dr. Semana, na "Semana Ilustrada", entre outros. A propósito, Magalhães Júnior considera que, frente ao "ambiente opressivo do Império", o uso de pseudônimos era uma "atitude prudente", de que se valiam quase todos os grandes jornalistas da época, pois permitia o "desembaraço de comentário que sob seu próprio nome, não poderia gozar." (MAGALHÃES JR., 1956, p. 5-18).[112] Por outro lado, é certo que alguns desses disfarces de autoria tiveram suas "chaves" publicadas em notas à parte, como o Lélio da seção "Balas de Estalo", ou o Malvólio, da "Gazeta de Holanda", conforme aponta Galante de Sousa (1955).

Ao comentar, ainda em 1860, a estreia da peça *Mãe*, de José de Alencar, o jovem cronista, então mal chegado à casa dos vinte anos, destaca a intensidade presente no tratamento do problema e afirma que a peça merecia ter a mesma repercussão obtida pela *Cabana do Pai Tomás*, de Harriet Beecher Stowe. O autor retoma o assunto em outro momento de sua crítica teatral a fim de destacar o "horror da instituição do cativeiro", traduzido por Alencar no drama da escrava que, além de ser mãe de seu senhor, acaba vendida pelo próprio filho.

Já em crônica de 1864, publicada no *Diário do Rio de Janeiro*, Machado narra um leilão de escravos, entre eles o de uma menina de "tenra idade e triste singeleza", para insinuar o empenho mais interesseiro do que caridoso dos dois senhores que disputavam a "desgraçadinha" a peso de ouro. Ao mesmo tempo, saúda o "airoso duelo de filantropia" e deixa implícita sua preocupação com o papel a ser exercido pela imprensa em situações como aquela. Ao final, dá destaque ao grito do vencedor: "– É para a liberdade!", e em seguida solicita a reflexão dos leitores para o problema.[113]

O escritor traz para o folhetim, que por natureza exigia a trivialidade do *fait divers*, o duelo entre a verdadeira e a falsa filantropia. E se coloca como sujeito político, "homem de seu tempo e de seu país", a valer-se da imprensa para sensibilizar as elites letradas a partir de fatos aparentemente isolados. Assim, a

---

[112] Em seu estudo sobre as crônicas da série "BONS DIAS!", John Gledson vai na mesma direção e assevera que "quando começamos a compreender as crônicas, as razões para tal sigilo se tornam claras. São textos de contundente sarcasmo, que assumem uma visão pessimista – pode-se imaginar que seriam chamadas de cínicas e negativas – sobre a Abolição (entre outras coisas). Se não chegam a ser subversivas, também não são crônicas amáveis; mas a verve cômica que as caracteriza também sugere que se tratou de algo além da simples obrigação jornalística. Machado tinha algo a dizer, e iniciou uma nova série com esse objetivo, aproveitando-se da liberdade extra proporcionada pelo anonimato". (GLEDSON, 1986, p. 117)

[113] A propósito desta crônica, assevera Magalhães Júnior: "é uma página em que se sente não só a simpatia de Machado de Assis para com as vítimas da escravidão, mas ainda o intuito de animar homens de sentimentos nobres a emancipar, através de cartas de alforria, as pobres crianças levadas a leilão. Assim, no ano de 1864, quando ainda tardaria mais de um lustro a primeira lei emancipadora, a do 'ventre livre'". (1957, p. 155)

denúncia dos que se aproveitam das alforrias e, mais tarde, do abolicionismo para se promoverem politicamente surge em diversos momentos da crônica machadiana. E isto bem antes de o tema da "sede de nomeada" despontar de forma brilhante em clássicos de sua narrativa ficcional como "A Teoria do Medalhão", entre outros.

Mais tarde, a mesma postura se faz presente na crônica do homem que, depois de ter um lucro sete ou oito vezes maior que o "investimento", liberta uma negra de 65 anos e quer mandar a notícia a todos os jornais. A sexagenária torna-se um estorvo para seu dono e é descartada de acordo com a postura típica das elites do Segundo Reinado, que ornamentavam atitudes oportunistas com aquele "liberalismo teórico" a que mais tarde se referirá o defunto-autor Brás Cubas. Por outro lado, o cronista elogia iniciativas como o "Fundo de Emancipação" e atitudes semelhantes de filantropia desinteressada. E chega a sugerir que, por ocasião da outorga de títulos de nobreza, se estabelecessem contribuições compulsórias ao "Livro de Ouro" destinado às alforrias.

Além de denunciar a exploração sexual de escravas e a posição dúbia de Igreja Católica, objeto de narrativas posteriores, Machado se utiliza do jornal para declarações abertamente abolicionistas como esta, de outubro de 1876:

> A lei de 28 de setembro faz agora cinco anos. Deus lhe dê vida e saúde! Esta lei foi um grande passo na nossa vida. Se tivesse vindo uns trinta anos antes, estávamos em outras condições.
>
> Mas há trinta anos não veio a lei, mas vinham ainda escravos, por contrabando, e vendiam-se às escâncaras no Valongo. (p. 36)

O escritor refere-se à "Lei do Ventre Livre", promulgada em 28 de setembro de 1871, da qual foi um dos defensores, ao contrário de José de Alencar. E o faz não apenas em crônicas e textos ficcionais, mas igualmente como cidadão investido em função pública, conforme veremos. A libertação das crianças nascidas nas senzalas, com todos os condicionantes limitadores de sua real eficácia, é mais um exemplo das posturas adotadas pela classe senhorial a favor de uma transformação lenta e gradativa nas relações de produção herdadas do Brasil colônia.

Segundo essa lógica gradualista e postergadora, uma vez impedido o tráfico de novos africanos, com o passar do tempo, a mão de obra escravizada estaria restrita aos velhos, fato que obrigaria a contratação de assalariados. Desta forma, o regime acabaria por si, sem grandes convulsões e sem a necessidade de uma medida mais profunda. Daí o comentário do autor, que, ao longo da vida, vai assumindo a defesa de soluções não traumáticas para o problema, lamentando a tardia adoção do "Ventre Livre". Mais de trinta anos depois, ao enfocar o 13 de maio nas páginas do *Memorial de Aires,* Machado põe no discurso do personagem narrador o mesmo lamento pela demora do Brasil em se desvencilhar do escravismo, o que demonstra a coerência entre as posições do romancista e as do homem de imprensa.

Noutros momentos da crônica machadiana, pode-se constatar sua crítica à hipocrisia de políticos que, dizendo-se abolicionistas, votavam a favor dos senhores; ou, ainda, após a abolição, seu firme posicionamento contrário à tentativa de estabelecimento por lei de indenização aos proprietários repentinamente desprovidos da mão de obra cativa. A leitura das crônicas revela como o escritor usa com maestria os recursos da ficção para tratar de assuntos polêmicos, utilizando-se por vezes daquele humor ácido e cortante que caracteriza muitos de seus contos e romances.

Em 1887, no auge da campanha abolicionista, em texto versificado publicado na seção "Gazeta de Holanda", o escritor-caramujo, nesse momento mal protegido pelo "Malvólio" que assina o texto, satiriza o liberalismo acanhado que pautava algumas discussões sobre o fim da escravatura e encerra suas redondilhas dando a palavra a um personagem negro – Pai Silvério –, um "escravo de ganho", que vendia verduras de porta em porta:

> – Meu senhor, eu, entra ano,
> Sai ano, trabalho nisto
> Há muito senhor humano,
> Mas o meu é nunca visto.
>
> Pancada, quando não vendo,
> Pancada que dói, que arde;
> Se vendo o que ando vendendo,
> Pancada por chegar tarde.
>
> (p. 52)

Ao destacar a violência física contra o negro, Machado novamente evidencia o alinhamento de sua postura de jornalista com a do autor de ficção. Conforme veremos, tanto no conto como no romance, há personagens vítimas das mais diversas formas de violência simbólica, mas a quase totalidade das cenas de agressão física tem como alvo os afrodescendentes, escravizados ou não. Ao final, as palavras de Pai Silvério sintetizam a resposta machadiana às tergiversações de alguns jurisconsultos, àquela altura empenhados em impor a figura do *statu líber* – espécie de meio-termo entre a liberdade e o cativeiro: *"tu tá livre;* eu fico escravo". Ao destacar os termos do real antagonismo existente, a crônica repõe o problema em seu devido lugar e refuta mais uma tentativa de manutenção disfarçada do escravismo.

No primeiro semestre de 1888, o escritor se utiliza por diversas vezes das páginas da *Gazeta de Notícias* para intervir nos debates então em curso e abordar as implicações inerentes à mudança do regime. A seção "Bons Dias", de 11 de maio, traz novamente o cronista travestido num personagem "que está sempre do lado vencedor". Após aludir à polarização que tomava conta da opinião pública e comentar a onda de alforrias em massa então vigente – "essas alforrias *incondicionais,* que vêm cair como estrelas no meio da discussão da lei da abolição" (grifo do autor) –, Machado ironiza a ação de fazendeiros que saíam à cata dos fugidos ou recém-libertos a fim de contratá-los como assalariados. Assim, dois dias antes da assinatura da lei, o autor coloca em evidência o quanto havia de irreversível na nova situação, ao mesmo tempo que já demonstra suas preocupações com a situação de abandono a que estavam sendo relegados os negros: sem os direitos inerentes à cidadania e sem uma legislação trabalhista que os protegesse. A propósito, afirma John Gledson:

> acabamos de ver que a Abolição é relativa: libertando os escravos, não se faz mais do que libertá-los para o mercado de trabalho, no qual serão contratados e demitidos e, sem dúvida, receberão salários miseráveis [...] mas Machado, entre ironias e 'pilhérias', traz à atenção do leitor algo essencial. A Abolição não é um movimento da escuridão para a luz, mas a simples passagem de um relacionamento econômico e social opressivo para outro. (1986, p. 124)

Repórter de seu tempo e de seu país, o cronista testemunha o surgimento das novas formas de exploração. E, ainda no calor dos festejos em que mergulhou a capital, publica em 19 de maio a crônica saborosa e pungente do escravo Pancrácio, que é "libertado" dias antes da lei, sob a condição de continuar servindo e levando as pancadas do senhor. Ambos seres ficcionais, reúnem em si elementos de denso realismo: no afã de ser eleito deputado, o senhor alforria o escravo durante um banquete, mas conserva-o sob seu domínio mediante um salário ínfimo. Pancrácio, sendo jovem, ainda poderá prestar muitos serviços a baixo custo, o principal deles a publicidade para a falsa benemerência do senhor travestido em patrão. Assim, a menos de uma semana de vigência da lei, o escritor já aponta para a nova forma de submetimento, espécie de escravismo sem escravidão, que marcará por muito tempo o longo *day after* da Lei Áurea.

E, enquanto se discutia a proposta de ressarcimento governamental aos proprietários, o cronista traz à luz em 26 de junho a história do espertalhão que projeta comprar escrituras com data anterior à da lei, a fim de obter altos ganhos através da indenização. Machado se apropria do romance *Almas mortas*, de Gogol, e parafraseia o episódio em que o personagem Tchitchikof sai a comprar nomes de servos falecidos a fim de registrá-los como vivos e oferecê-los em garantia num empréstimo fraudulento. Além de denunciar as possibilidades de fraude inerentes à proposta, e de usar o humor como tempero do argumento político, Machado universaliza o drama dos escravizados ao compará-los aos servos russos.

Imperioso destacar que, tanto na crônica de 19 de maio, quanto na de 26 de junho de 1888, o autor adota a primeira pessoa, travestindo-se em burguês espertalhão que visa a tirar proveito dos novos tempos. Em ambas, atua o mecanismo dissimulador que caracteriza boa parte de sua ficção, recobrindo o texto jornalístico com aquela nota de humor ora ameno, ora cáustico, que revela os avessos, por vezes inconfessáveis, dos beneficiários do sistema sem, contudo, adotar o tom peremptório do panfleto. Mesmo assim, não se furta de dizer, na abertura da crônica de 27 de maio, que "toda a nação bailava e cantava, delirante de prazer pela grande lei da abolição".

Na citada crônica, escrita no calor da hora dos acontecimentos, o autor vincula a extinção formal do regime ao delicado tema da República, num texto exemplar pela forma carnavalizadora e, ao mesmo tempo, sutil, com que toca num assunto espinhoso, especialmente para um alto funcionário do governo imperial. Ao abordar a queda de um meteoro no sertão da Bahia, a crônica *dá voz* ao corpo celeste, e faz da pedra uma personagem de colocações mais do que impertinentes:

> Cumpre não perder de vista o meteorólito de Bendegó. Enquanto toda a nação bailava e cantava, delirante de prazer pela grande lei da abolição, o meteorólito de Bendegó vinha andando, vagaroso, silencioso e científico, ao lado do Carvalho.
> – Carvalho, dizia ele provavelmente ao companheiro de jornada, que rumores são estes ao longe?
> E ouvindo a explicação, não retorquira nada, e pode ser até que sorrisse, pois é natural que nas regiões donde veio, tivesse testemunhado muitos cativeiros e muitas abolições. [...]
> Entretanto, confessou o nosso amigo que, por algumas cartas recebidas, sabia que o que está na boca de muitas pessoas é um rumor de república ou coisa que o valha, que esta ideia anda no ar...
> – *Noire? Aussi blanche qu'une autre.*
> – *Tiens! Vous faites de calembours?*[114] (p. 63)

Após situar em rápidas pinceladas o contexto que cerca a aparição do meteoro, o narrador dá a palavra àquele corpo estranho, que logo indaga a respeito dos "rumores", alusão às pressões em favor da proclamação da República, engrossadas pelo coro de escravocratas descontentes com o 13 de maio. Machado apela ao plurilinguismo e constrói o trocadilho "no ar" / *noire* para aludir ao temor disseminado entre as elites de uma revolta de libertos inspirada na *République Noire* do Haiti. Protegido pelo "negaceio" propiciado pelo uso do francês, o autor faz a fala da pedra-personagem terminar em tom de deboche, com a afirmação de que a nossa república será "tão branca como qualquer outra"... O texto exemplifica mais uma vez o uso dos artifícios dissimuladores que caracterizam esses escritos de caramujo.

Em crônica publicada duas semanas após a Abolição, Machado novamente bate na tecla dos abolicionistas *post factum* para criticar o oportunismo dos que queriam se promover posando de defensores da causa sem ter nunca nela se

---

[114] "– Negra? Tão branca como qualquer outra.
– Ora essa! Você faz trocadilhos?" Tradução nossa.

empenhado. E arremata: "em linguagem chã, todos eles queriam ir à Glória sem pagar o *bond*" (p. ...), afirma valendo-se do trocadilho. E, mais uma vez, a questão central do texto surge de passagem, em meio a outros assuntos.

Já em 15 de maio de 1992, lembra o aniversário da Lei Áurea para trazer à baila o caso da mulher que, passados quatro anos, continuava escravizada e incomunicável, a ponto de sequer saber da tardia liberdade a que tinha direito:

> A preta Ana dormiu na escravidão, não sabendo até ontem que estava livre; mas como o sono da escravidão só se prolonga com a dormideira do chicote, a preta Ana, para não acordar e saber casualmente que a liberdade recomeçara, bebia de quando em quando a miraculosa poção. O caso produziu imenso abalo; o telégrafo transmitiu a notícia e todos os nomes. (p. 72)

Aqui mais uma vez se patenteia a utilização da imprensa como tribuna e espaço de denúncia do patriarcado escravista em sua tentativa de manutenção do *status quo* herdado da colonização. E o fato se repete meses depois. Em 1º de janeiro seguinte, notícia semelhante recebe a atenção do cronista, desta vez empenhado em denunciar um senhor de Uberaba, Minas Gerais, que, passados mais de quatro anos, mantinha cativo o preto João. E, mais uma vez, dispara o cronista: "renunciar ao escravo é um crime, terá dito o senhor de Uberaba". (p. 77)

Enfim, enquanto homem de imprensa, "não apenas um redator, como os outros, mas um acionista, um associado da *Gazeta de Notícias*, jornal francamente abolicionista" (MAGALHÃES JR., 1957, p. 142-143), o escritor deixou registrada sua aversão ao sistema.[115] Se não explicitou de forma bombástica seus pontos de vista, nem assumiu papel de liderança no movimento de emancipação, por outro lado, também não se omitiu ou apoiou os escravocratas. Valeu-se do anonimato e dos pseudônimos – casulos protetores do caramujo nos momentos adversos –, para fazer chegar aos leitores seus argumentos a favor dos cativos. E se valeu dos recursos da ficção para melhor expor nos jornais o grande drama social de seu tempo.

---

[115] Ouçamos a propósito o depoimento do contemporâneo Mário de Alencar: "pode-se lendo-as atentamente [as crônicas] recompor-lhe a marcha das ideias, acompanhar-lhe as leituras que fazia, e talvez com certa agudeza construir toda a filosofia do homem sob os disfarces do escritor". (Apud PEREIRA, 1991, 91)

A capoeira literária de Machado de Assis

> Há na alma deste livro,
> por mais risonho que pareça,
> um sentimento amargo e áspero,
> que está longe de vir de seus modelos.
> É taça que pode ter lavores de igual escola,
> mas leva um outro vinho.
>
> Machado de Assis
> Prólogo a *Memórias póstumas de Brás Cubas*, 1881

A primeira caracterização do estilo machadiano como "capoeira verbal" pertence a Luiz Costa Lima. Em "Machado: mestre de capoeira" (1997), o crítico aborda o livro de crônicas da sessão *A Semana*, editado no ano anterior, e faz da luta afro-brasileira operador teórico para sua análise das publicações machadianas na imprensa. Toma os movimentos de negaceio corporal como referência para discorrer sobre o "encadeamento em forma de constelação", em que os assuntos se revezam na superfície da crônica, exigindo atenção redobrada do leitor. Tudo isto para escapar à censura imposta aos jornais nos tempos cinzentos de Deodoro e Floriano. Costa Lima eleva a capoeira a "princípio de individuação" da linguagem do autor e utiliza termos como "negaça", "ginga" e, mesmo, "drible" para concluir que Machado "faz da capoeira um estilema", que termina por desmantelar a "lógica proposicional" calcada no racionalismo cientificista então vigente.

Inicialmente uma mistura de *dança e jogo,* a capoeira se desenvolveu no Brasil a partir da contribuição africana, sobretudo através dos fundamentos introduzidos pelo povo banto. Sua principal característica é a *ginga*, movimento de corpo destinado a enganar o oponente, e que traduz toda a malícia inerente à prática de dissimular os golpes em esquivos passos de dança. O praticante da capoeira usa o *gingado* ou ato de *gingar*, que consiste em bambolear o corpo para a direita e a esquerda, a fim de confundir o adversário, escapar de seus golpes, e procurar o momento e o ângulo certos para atacar.

Desde os tempos da colônia, a capoeira foi se difundindo, em especial nos centros urbanos. Na segunda metade do século XIX, ficaram famosas as "maltas" de capoeiristas, formadas por mulatos e negros livres, logo classificados de desordeiros pelas autoridades e famílias da elite, temerosas das revoltas quilombolas e da chamada "Onda Negra". Com o advento da República, a capoeira foi equiparada à vadiagem, sendo ambas criminalizadas pelo Código Penal de 1890. Somente a partir de 1934, sua prática deixou de ser crime, o que não significou o fim das perseguições; e apenas em 2008, após ser transformada em arte marcial, marcar presença em mais de cento e cinquenta países, e integrar o circuito dos esportes e academias, a capoeira foi considerada oficialmente patrimônio cultural brasileiro.

Segundo Edison Carneiro, "a luta é uma demonstração da prodigiosa agilidade do angola, que executa os movimentos corporais mais difíceis sem nenhum esforço, sorrindo". (1950, p. 245) Já para Luiz Edmundo, em seu trabalho sobre a cidade do Rio de Janeiro no tempo dos vice-reis, o capoeirista "encarna o espírito de aventura, da malandragem e da fraude".

Lembrando ser este um sujeito muitas vezes "franzino" e "leve", acrescenta:

> Nesse manejo inopinado e célere, a criatura é um ser que não se toca, ou não se pega, um fluido, o imponderável. Pensamento. Relâmpago. Surge e desaparece. Mostra-se de novo e logo se tresmalha. Toda a sua força reside nessa destreza elástica que assombra e diante da qual o tardo europeu vacila e, atônito, o africano se trastroca. (Apud Carneiro, 1950, p. 242)

Estudos mais recentes conferem à dança/luta afro-brasileira uma dimensão mais ampla, que a caracteriza sobretudo como performance. E performance que vai além da corporeidade para adquirir um sentido maior, de performatização identitária. Para Muniz Sodré, ela traduz em seus movimentos de negaceio e "mandinga" a síntese do que o autor define como "estratégia cultural dos negros no Brasil, num jogo de resistência e acomodação":

> Luta com aparência de dança, dança que aparenta combate, fantasia de luta, vadiação, mandinga, a capoeira sobreviveu por ser *jogo cultural*. Um jogo de destreza e malícia, em que se finge lutar, e se finge tão bem que o conceito de verdade da luta se dissolve aos olhos do espectador e – ai dele – do adversário desavisado. (1988, p. 205, grifos do autor)

Assim, a constante necessidade de dissimulação que marca a capoeira ascende ao patamar de signo histórico da condição social da diáspora africana no Brasil, sobretudo em suas relações com a classe senhorial e seus prepostos. Sob a aparente acomodação/aculturação aos valores dominantes, a resistência e a subversão contínua desses valores.

A dissimulação é também o caminho escolhido por Machado de Assis, em especial no que diz respeito ao pendor crítico que perpassa seus textos, tanto na crônica como na ficção. Machado não foi autor de reptos ou libelos bombásticos. Descartava sempre a polêmica, o panfleto ou a "retórica tribunícia", para ficarmos nos termos de outro antropófago, Oswald de Andrade. O recorrente ceticismo machadiano, acoplado ao conhecido "tédio à controvérsia" de um de seus personagens, dissimula igualmente o olhar descrente e alerta frente aos rumos do processo histórico. E a mesma atitude pode ser constatada na distância crítica mantida pelo autor frente ao pensamento teleológico ocidental. Além de não encampar e, mesmo, parodiar e satirizar, as certezas de seu tempo – cristianismo, racialismo, evolucionismo, determinismo, positivismo –, refutou igualmente o romance de tese, tão caro aos seus contemporâneos naturalistas.

O projeto literário machadiano, exposto no "Instinto de nacionalidade" (1873) e materializado em tantos escritos, comporta a argúcia com que trata, na condição de sujeito periférico, o poder e o risco inerentes à palavra impressa, numa sociedade patriarcal e escravista como a do Brasil do século XIX. O escritor cumpre a condição de "homem do seu tempo e do seu país", mesmo quando parece tratar de assuntos os mais longínquos. Nesse tenso jogo entre o dado local ou nacional e as muitas referências universalizantes, revela-se a *ginga* verbal do capoeirista, sempre pronto ao disfarce e ao engodo.

Exemplo nítido dessa postura está na utilização do foco narrativo em primeira pessoa, a criar a impressão de uma discursividade confessional, logo sincera, a ponto de ser confundida com a própria visão de mundo do autor. Dos estudos de Helen Caldwell à "retórica da verossimilhança" de Silviano Santiago, e ao "narrador enganoso" de John Gledson, a crítica vem demonstrando o quanto de disfarce existe na escrita machadiana. Mesmo assim, a imagem do autor, oriunda da vasta recepção crítica, tende a um perfil universalista, que termina às vezes por ocultar o escritor brasileiro e, mais ainda, o afrodescendente. Ao lado dessa universalização, persistem os reparos quanto a "exibicionismo", "diletantismo", "eurocentrismo" ou "omissão" frente a problemas sociais e políticos de seu tempo, como o do trabalho escravo.

Em verdade, o próprio Machado já havia apontado nessa direção ao definir a atividade do cronista, e a crônica em si, como o "consórcio do útil com o fútil". Conhecedor do terreno minado em que pisava e do "clima opressivo" existente no país, o escritor caramujo, como ele próprio se definiu certa vez, tratava sempre de se proteger sob a casca de um pseudônimo, e de emoldurar seu enfoque dos problemas com um jornalismo de amenidades ou de questões não controversas.

Ainda quanto ao artigo de Luiz Costa Lima, o mesmo não toca em dois outros aspectos relevantes. Em primeiro lugar, a vinculação da capoeira à afro-brasilidade e às condições de sua existência numa sociedade marcada pela escravização e pelo racismo, o que faz da ginga, tomada aqui em sentido amplo, em verdade um gesto de legítima defesa. E, em segundo lugar, a existência da capoeira literária, entendida como *poética da dissimulação*, não apenas nos escritos especificamente jornalísticos, mas também em contos, romances e outros textos.

As condições de produção da obra machadiana, especialmente no tocante à prosa, revelam uma estreita proximidade entre literatura e imprensa. Não se pode relevar o fato de ser o jornal o veículo primeiro de muitos de seus escritos e isto contém em si implicações as mais diversas, inclusive no que se refere ao nível de liberdade de expressão existente no Segundo Reinado. Ao longo praticamente de toda a sua vida, Machado foi, senão um "homem de imprensa" (no sentido do século XX), alguém muito próximo disso. E, se observarmos os diversos órgãos pelos quais passou, especialmente na juventude, veremos que, dos dezesseis aos trinta e quatro anos, o escritor foi antes de tudo um trabalhador da palavra impressa: tipógrafo, revisor, redator, tradutor, crítico, censor teatral, atividades que compartilhavam o tempo do escritor com a poesia, a ficção e o drama.

A trajetória machadiana aponta para um universo em que imprensa e literatura são não apenas mundos limítrofes. Mais que isto, formam universos profundamente imbricados um no outro, e um bom exemplo é dado pela radiografia das publicações de seus contos. De acordo com John Gledson (1998), dos vinte e cinco aos trinta e nove anos, ou seja, entre 1864 e 1878, o escritor publicou nada menos que setenta contos no *Jornal das Famílias*, número controverso, já que, de acordo com Raimundo Magalhães Jr., pode chegar a oitenta e seis narrativas. Com o fim do *Jornal das Famílias*, o autor se vincula à revista feminina *A Estação* e, entre 1879 e 1898, nela publica mais trinta e sete contos, entre eles "O alienista", além de poemas e dos romances *Casa velha* e *Quincas Borba*. Em paralelo, ingressa na *Gazeta de Notícias* em 1881, e lá publica mais cinquenta e seis contos, num período que vai até 1897. São, portanto, no mínimo cento e sessenta e três narrativas (mais de dois terços do total) publicadas em três órgãos de imprensa ao longo de trinta e quatro anos.[116]

Que conclusões podemos tirar desses números? A primeira, e talvez a mais importante, é de que a permanência tão longeva em periódicos voltados para o público feminino, e na liberal e abolicionista *Gazeta de Notícias*, vai exigir de nosso autor um permanente e hábil negaceio verbal. Isto se agrava quando sabemos que narrativas voltadas para temas espinhosos surgiram no momento em que tais assuntos eram objeto de discussão pública, como no caso do conto "Mariana", publicado no *Jornal das Famílias* em 1871, quando se debatia a Lei do Ventre Livre.

Assim, a *capoeira verbal*, em sentido amplo, não se resume às crônicas escritas em tempo de censura à imprensa, mas se faz presente nos textos do autor desde a juventude. Isto porque, em função do público alvo e da própria estrutura dos periódicos mencionados, tinha ele que conviver a todo o tempo com cerceamentos mais ou menos explícitos de sua expressão, o que leva auto-

---

[116] Dos trinta e sete contos publicados em *A Estação*, apenas seis serão incluídos em volumes de contos lançados em vida pelo escritor. Já dentre os cinquenta e seis vindos a lume na liberal e abolicionista *Gazeta de Notícias*, só dez ficaram de fora de edições em livro organizadas por Machado.

maticamente à busca de disfarces. Se, na crônica, assuntos banais ou "inocentes" se revezam para encobrir reflexões mais agudas sobre a realidade da época; e se, nas narrativas de ficção, muitas vezes a voz em primeira pessoa dissimula o verdadeiro lugar de fala do autor; no conto "A mulher pálida", que passaremos a examinar, Machado constrói um enredo de amor não correspondido como forma de tecer uma crítica sutil ao padrão europeu de beleza imposto mundo afora como critério de julgamento. E o faz com plena consciência do público que tinha para seus escritos: senhoras e donzelas leitoras da revista fluminense *A Estação*, especializada em "assuntos de mulher".

Em *Caminhos do imaginário no Brasil*, Marlyse Meyer traça o perfil do periódico. *A Estação: jornal ilustrado para a família*, editado quinzenalmente no Rio de Janeiro, entre 1879 e 1904, era a "continuação brasileira da publicação francesa *La Saison* (da qual conservou a diagramação do cabeçalho), e que circulou no Brasil entre 1872 e 1878". (1993, p. 76) Mais adiante, Meyer afirma tratar-se, em verdade, do braço brasileiro do *Die Modenwelt*, empreendimento multinacional sediado na Alemanha, traduzido em quatorze idiomas e, segundo editorial de 31 de dezembro de 1885, com um vasto corpo de 740.000 assinantes, distribuídos por nada menos que vinte países.

Além de figurinos e moldes para corte e costura, entre outros, a edição brasileira trazia uma "Parte Literária", da qual Machado de Assis, segundo afirma o *Catálogo da Exposição do Centenário* de seu nascimento, citado por Meyer, "era uma espécie de diretor espiritual". (1993, p. 76) A pesquisadora acrescenta preciosas informações dando conta do papel de Machado na mudança de *La Saison* para *A Estação*, bem como de sua presença na redação, com provável autoria de textos, comentários e até correspondências. E destaca nota publicada sem assinatura em março de 1884, saudando "A Libertação dos Escravos no Ceará":

> Muito breve nos seja dado inscrever nessas páginas destinadas à família brasileira esta simples frase, que contém a primeira aspiração da pátria:
> NÃO HÁ MAIS ESCRAVOS NO BRASIL
> (Apud MEYER, 1993, p.90)

Como se vê, Machado trabalha por mais de três décadas em periódicos destinados à família e ao público feminino, sendo que em *A Estação*, são dezenove anos num órgão que é parte de uma cadeia internacional destinada a divulgar o padrão europeu de moda, beleza e elegância. E nem por isto deixa escapar as oportunidades de inserções – anônimas ou não –, que expressam posicionamentos políticos sobre questões polêmicas à época. A nota abolicionista, escrita aos quarenta e cinco anos, conserva o frescor do discurso liberal que o autor ostentava na juventude e é mais uma prova de que, sempre que possível, o capoeirista da palavra revelava sua oculta mandinga.

A mulher pálida

Passemos agora à leitura de "A mulher pálida". Publicado em quatro capítulos, entre agosto e setembro de 1881, o conto se estrutura a partir de bem-humorados contrastes, que conferem à conhecida ironia machadiana um tom próximo do cáustico, a começar pelos personagens. A mulher pálida que dá título à história, em verdade existe apenas *in absentia*, como figuração das fantasias do protagonista. Desprovida de materialidade corpórea, encarna-se enquanto poderoso avatar em figuras femininas que desfilam pelo conto, praticamente sem nada dizer, apenas para exibir uma palidez insuficiente para o gosto do protagonista.

Já este, apesar de ser uma espécie de zero à esquerda, ostenta o sugestivo nome de *Máximo*... e assim é descrito: "20 anos, magro, um pouco amarelo, não alto, nem elegante." (p. 133) Como se vê, o corpo entra em contraste com o nome, fundando um paradoxo cômico que será sua marca registrada. De início, não podemos esquecer a cadeia de sentidos pejorativos inerentes à cor amarela, sobretudo quando relacionada à aparência física. Tais sentidos ganham força no Brasil, especialmente entre os afrodescendentes, e remetem à fraqueza, à doença, à morte. Amarela é também a febre que por tanto tempo ceifou vidas de brasileiros desde o período colonial. Acrescente-se a isto a magreza, a falta de elegância e o mínimo de altura e já teremos configurado o primeiro golpe da capoeira literária machadiana.

Páginas adiante, o narrador acrescenta que a família do rapaz era "pobre, sem influência, nem esperança" (p. 133). E aqui identificamos a mesma concisão demolidora que, em *Brás Cubas,* publicado no mesmo ano, põe de pé a personagem Marcela: "amou-me durante quinze meses e onze contos de réis". No conto, vemos que o narrador, não satisfeito, acrescenta que Máximo residia na "Rua da Misericórdia", num quarto de fundos, descrito como "triste lugar, triste aposento", onde vivia um "tristíssimo habitante". Estabelece-se, portanto, o engodo sarcástico em que a descrição do personagem e de seu *habitat* entra em choque com a semântica do nome, a ponto de, ao longo da narrativa, configurar um sentido outro e distinto para o adjetivo elevado a nome próprio. A ironia machadiana faz-se onipresente e atinge outras figuras e situações, mas seu alvo principal é, *aparentemente,* o homem mínimo chamado Máximo.

E qual a razão da tristeza maiúscula que se abate sobre o personagem? É que ele nutre uma paixão não correspondida por uma bela morena de 18 anos – Eulália. Esta o despreza, não apenas devido à pobreza material, mas, também, pela fraqueza de espírito. E novamente o texto surpreende o leitor: um belo dia, o tio de Máximo, major Bento, que, aliás, de major nada tem, surpreende-o com a notícia de que o padrinho do rapaz, um velho avaro e misantropo, morrera e, para espanto geral, deixara-lhe toda a fortuna. Todavia, o dinheiro não o conduz à felicidade, uma vez que, ferido em seus brios pelo pouco caso da morena, o jovem, talvez como vingança, passa a procurar "a mulher mais pálida do universo". (p. 145)

Como se vê, a narrativa se articula a partir de uma lógica paradoxal, que aproxima os contrários: o major não é major; o padrinho avarento torna-se generoso; Máximo não é o máximo e passa a preferir as peles claras; e até a morena começa a empalidecer depois da notícia da fortuna – por "doença, melancolia ou pó de arroz", afirma o narrador (p. 143) –, mas então já é tarde. A partir da herança, muitas mulheres se insinuam, buscando o amor do rapaz, mas nenhuma preenche o requisito de máxima palidez requerida por seu novo e requintado olhar.

Assim, de surpresa em surpresa, cresce a ginga verbal machadiana, para disparar em seguida mais um *rabo de arraia* narrativo: a certa altura, Máximo é descrito como "romântico acabado, do grupo clorótico", que passa a amar as mulheres "pela falta de sangue e carnes" (p. 143). E aqui o texto abre mão da sutileza em favor do escárnio. Tudo se passa como se o jogo estivesse caminhando para o fim e o adversário, no caso o jovem herdeiro, já meio tonto de tantos golpes recebidos, visse a luta substituir a dança. A vinculação da moda do "Mal do Século" à anemia (ou clorose), que empresta, sobretudo às mulheres, uma coloração amarelo-esverdeada, faz de Máximo pretexto para a crítica à imitação tropical de modelos europeus.

O alvo das rasteiras desse capoeirista da palavra é tanto o jovem ensimesmado e infeliz, quanto o paradigma ultrarromântico mal adaptado ao espaço do capitalismo periférico ao qual Machado se dirige. Trata-se não só de destacar que, também neste caso, as ideias "estão fora do lugar" (Schwarz). A evidente inadequação, na qual a história se repete como farsa, faz a ponte para a emergência da sátira mordaz dos padrões importados de beleza, literatura, comportamento. E antes ainda do recebimento da herança, o leitor fica conhecendo o Máximo versejador, a declamar poemetos de sua lavra, bastante ruins, para desgosto da morena e prazer do leitor. E novamente o texto chama a atenção para detalhe aparentemente secundário:

> Máximo não se fez de rogado; era poeta; supunha-se grande poeta; em todo caso recitava bem, com certas inflexões langorosas, umas quedas da voz e uns olhos cheios de morte e vida. Abotoou o paletó com uma intenção chateaubriânica, mas o paletó recusou-se a intenções estrangeiras e literárias. Era um prosaico paletó nacional, da rua do Hospício n... a mão ao peito corrigiu um pouco a rebeldia do vestuário. (p. 140)

A mão ao peito, gesto solene destinado a emoldurar a palavra circunspecta, corrige apenas "um pouco" a "não elegância" do anti-herói. Empenhado em reproduzir o modelo europeu, Máximo vê a realidade brasileira, da qual o paletó é metonímia, rebelar-se e não atender a seu desejo. A cena materializa um construto paródico/satírico que revela a distância entre o original e a cópia, e deste contraste retira a graça e o humor.

As "inflexões langorosas" e os "olhos cheios de morte e vida" remetem ao persistente olhar crítico que, já no "Instinto de nacionalidade" (1873), fustigava a última geração romântica pela "intrepidez da expressão" e "impropriedade das imagens", fruto de uma "imaginação que não raro desvaira e se perde". Além do abuso de hipérboles e antíteses, fruto da imitação de Victor Hugo e outros, o autor aponta o artificialismo expresso no rebuscamento afetado do estilo, como exemplo dos principais defeitos dos jovens poetas de então: "um amaneirado no dizer e no sentir, o que tudo mostra na poesia contemporânea grave doença que é força combater". (Assis, 1992, p. 807)

Se a roupa do personagem não se adapta bem a um corpo tão inadaptado e, com isto, cresce em significação, o mesmo acontece com outro detalhe da ginga machadiana aparentemente irrelevante: a nomenclatura escolhida pelo autor para inscrever o espaço do conto. De início, vimos que o Máximo pobre reside na "Rua da Misericórdia", o que aponta para a precariedade de sua condição social e para o desprezo com que é tratado pela mulher amada. Já o poeta dos trópicos se veste com um paletó da "Rua do Hospício", e nisto se materializa o alienado desequilíbrio de quem quer ser o Chateaubriand brasileiro, a procurar nos trópicos a brancura do hemisfério norte.

Ao lado dessa topografia irônica, novamente a capoeira literária se mostra em toda a sua maliciosa dissimulação. O texto não fala de raça, assunto em voga na ciência da época, nem menciona a "questão racial", presente no Brasil nas discussões em torno da abolição. Mas não nos esqueçamos de que Machado é homem de seu tempo e de seu país. Os signos "branco" e "negro" só aparentemente estão fora da narrativa. A branquitude é substituída pela onipresente palidez, que o protagonista persegue até o fim. E nisto se revela a perspectiva que norteia o olhar machadiano, pela qual branco é sinônimo de pálido, "meio amarelo" e até anêmico ou "clorótico". E "negro" é também o humor autoral, ao adoecer e, por fim, matar o personagem, momento em que este finalmente encara seu objeto do desejo. As últimas palavras de Máximo – "pálida... pálida..." – revelam ter ele encontrado "a noiva mais pálida, que ia, enfim, desposar". Nada menos que a *"pallida mors"* (p. 147), sutilmente grafada em latim.

Apesar de admirador de Goethe (a quem equipara, no citado artigo de 1873, a Shakespeare, Dante e Camões, por romper e renovar as regras da arte literária), Machado faz de seu personagem um duplo destronante de Werther e de tantas outras vítimas fatais da paixão não correspondida. A partir de um humor corrosivo e nem sempre sutil, o texto satiriza o *topos* romântico que vincula amor e morte. Com isto, coloca o "Mal do século" no âmbito daquelas "graves doenças" que a literatura brasileira devia evitar. Não satisfeito, volta-se também contra a figuração feminina da morte, que perpassa o período romântico e se instala na cultura europeia do fim do século. Sua *femme fatale* é outra, sem sangue, sem corpo. Logo, também esta *persona* tão viva na cultura ocidental, que, em tempos de sífilis como verdadeira epidemia, encarna a morte no feminino, é também ela recusada. O personagem morre não por alguém de carne e osso, mas por uma miragem, obsessivo fantasma.

Segundo o poeta e crítico Ronald Augusto, para quem Máximo representa também a "poesia romântico-parnasiana", o conto traz uma "nota sibilina contra a ideologia do branqueamento", ao lado de uma "crítica virulenta à recorrente reverência narcísica do branco no branco como emblematização da pureza". (AUGUSTO, 2007, p. 94) Nessa linha, pode-se concluir que a paródia do byronismo não esgota o potencial crítico da narrativa. Ao opor a "intenção chateaubriânica" à prosaica realidade nacional, sugere às leitoras o local de cultura de onde partem certos padrões literários e outros.

E não nos esqueçamos de que estamos tratando de um texto de ficção publicado numa revista de moda europeia, talvez a mais influente de seu tempo. Junto com a ridicularização da tendência poética, Machado termina por alvejar todo o empreendimento etnocêntrico que faz do Brasil e dos brasileiros *tabula rasa* no campo da civilização: um mundo excluído do "Espírito Universal" hegeliano, conforme lemos nas *Lições de filosofia da história universal*. Assim, a sátira ao romantismo é mais um gesto dissimulador da ginga machadiana, espécie de ponta de *iceberg* da crítica à importação de padrões culturais, justamente numa revista criada e orientada para divulgar e manter esses padrões.

Tal gesto desconstrutor revela o escritor que, sem sair do Brasil, estabelece uma relação dialógica com a tradição literária tida na época como universal. Dialogismo de capoeirista, que não deve ser confundido com imitação ou epigonismo. Machado não é "Sterne dos trópicos", nem "proustiano antes de Proust". Se incorpora a Bíblia, e mesmo reverencia os mestres europeus; o faz com a convicção moderna de quem elege seus precursores e os acolhe em seu repertório, com eles dialogando em igualdade de condições.

Antropófago *avant la lettre*, faz de conta que imita e, como na capoeira, repete o movimento do antagonista para colocá-lo em xeque, num jogo que é dança, mas é também luta. Quanto ao leitor, este vê o discurso irônico gingar e ganhar tons explícitos de sátira e carnavalização. E, sendo leitor(a) ingênuo(a), diante da falta do *happy end,* pode até achar triste e sem graça essa historinha de amor e morte... Coisas da capoeira e desse bruxo, que engana para insinuar a crítica a um engano maior, o etnocentrismo colonizador tomado como referência e verdade absoluta.

Narrativas de escravização e branquitude

> A escravidão levou consigo ofícios e aparelhos, como terá sucedido a outras instituições sociais. Não cito alguns aparelhos senão por se ligarem a certo ofício. Um deles era o ferro ao pescoço, outro o ferro ao pé; havia também a máscara de folha de flandres. A máscara fazia perder o vício da embriaguez aos escravos, por lhes tapar a boca. Tinha só três buracos, dois para ver, um para respirar, e era fechada atrás da cabeça por um cadeado. Com o vício de beber, perdiam a tentação de furtar, porque geralmente era dos vinténs do senhor que eles tiravam com que matar a sede, e aí ficavam dois pecados extintos, e a sobriedade e a honestidade certas. Era grotesca tal máscara, mas a ordem social e humana nem sempre se alcança sem o grotesco, e alguma vez o cruel. Os funileiros as tinham penduradas, à venda, na porta das lojas. Mas não cuidemos de máscaras.
>
> Machado de Assis,
> "Pai contra mãe", 1906

As narrativas curtas aqui abordadas voltam-se para a representação de escravizados submetidos a relações de mando e obediência mediadas pela violência, seja em termos de exploração da força de trabalho, como em "O caso da vara", seja no tocante ao assédio ao corpo feminino, conforme se pode ler em "Virginius". Expressam ainda a outra face da moeda: a busca de afirmação e liberdade por parte dos subalternos, com todos os riscos decorrentes, a exemplo de "Pai contra mãe" e "Mariana". Além disso, se dedicam à encenação dos efeitos causados pela fuga da mão da obra cativa na consciência e concepções de mundo do homem branco, cujos valores são formados a partir da naturalização do modo de produção escravista. Nesses textos, a condição social e humana de africanos e afro-brasileiros emerge de forma explícita e desvela o ponto de vista autoral, identificado com os que sofrem as agruras do regime.

Virginius (narrativa de um advogado)

Aqui o escritor se apropria de um acontecimento da Antiguidade para elevar o "trigueiro" Julião – homem do campo agregado de uma fazenda do interior fluminense – à figura do político romano que sacrifica a própria filha para não vê-la transformada em escrava sexual. No conto, publicado em capítulos no *Jornal das Famílias* em 1864, o leitor se depara com a representação da crueldade inerente às relações interétnicas no século XIX: Elisa, considerada desde criança "a mulatinha mais formosa daquelas dez léguas em redor" (p. 104), quando adulta é assediada de forma violenta por Carlos, filho do senhor e seu companheiro de brincadeiras infantis, terminando por preferir a morte após sofrer a "desonra" perpetrada pelo sinhozinho. Diante do cumprimento da ameaça do jovem – "Hás de ser minha!" – e do "conflito da inocência com a perversidade", (p. 107) Julião, mesmo imobilizado e vigiado pelo capanga de Carlos, mata a própria filha num gesto de imolação que é, ao mesmo tempo, assassinato e suicídio.

Em oposição ao mau caráter do filho, destaca-se Pio, o proprietário, alcunhado "Pai de Todos" por figurar aquele bom senhor admirado por estabelecer um sistema de produção em que o bom convívio substitui a violência. Idealizado como "a justiça e a caridade fundidas numa só pessoa" e uma conjunção de "Salomão e São Vicente de Paulo", o velho "não tem escravos, tem amigos". Mas vai encontrar seu antípoda no filho adulto recém-chegado à fazenda após tornar-se bacharel.

Obra de juventude marcada pelo traço idealizado de personagens e situações, o conto vale-se da linearidade e superficialidade folhetinesca para comover e chamar a atenção para a condição da mulher afro-brasileira, mesmo "livre", no contexto do patriarcado escravista. Por esta ligeira sinopse é possível vislumbrar o uso autoral dos extremos caros ao melodrama e ao romanesco de folhetim, bem como a absorção do puritanismo patriarcal que entronizava o mito da virgindade como verdadeiro estatuto de pureza e retidão de caráter exigido da mulher de então – e já anunciado no título: "Virginius".[117]

---

[117] Astrojildo Pereira (1991, p.17) analisa a longa colaboração do escritor ao *Jornal das Famílias*: "o título define a qualidade e a finalidade do periódico – órgão literário e recreativo das famílias fluminenses da época. O contista haveria forçosamente de adaptar a escolha e a apresentação dos seus assuntos ao gosto dos leitores ou, melhor, das leitoras, moças românticas, lânguidas viúvas, matronas saudosas de amores irrealizados".

O escritor recorre mais uma vez à apropriação da memória cultural do Ocidente para alicerçar seu discurso. O lavrador tem seu gesto comparado ao do nobre romano, fato que o dignifica e marca seu gesto com uma axiologia distinta do "não matarás" inscrito no mandamento bíblico. O texto deixa implícito o entendimento do abuso sexual, e do previsível concubinato posterior, também como formas de escravização. E ambos são interpretados por Julião e Elisa como algo pior que a morte. Se, por um lado, estamos próximos de um *leit motiv* caro a uma visão romântica do trágico, de que é bom exemplo "Cachoeira de Paulo Afonso", de Castro Alves; por outro, o desfecho do episódio ganha verossimilhança e lastro histórico diante dos muitos relatos de gestos semelhantes.

Doutra parte, confirma-se a idealização romanesca por meio da punição que o bom senhor impõe ao filho sem caráter. Além de custear a defesa judicial de Julião, preso desde o início da narrativa, e de quem se torna amigo inseparável, Pio se afasta do filho, obriga-o ao serviço militar e a uma vida distante das benesses da casa grande. Apesar das visíveis limitações próprias ao trabalho de um iniciante, "Virginius, narrativa de um advogado" deixa explícito o cuidado autoral em recobrir de brio e humanidade a afrodescendência. Se apela ao chavão trágico-romântico que aproxima desejo e morte, o faz consciente de estar superando o estigma da mulher negra como corpo-objeto disponível para o desfrute senhorial.

A poética da dissimulação – marca registrada da produção machadiana ao longo de décadas – já se faz presente também aqui, dentre os primeiros escritos do autor-caramujo. A tragédia envolvendo dois pais, filha e filho, é narrada em primeira pessoa. Mas essa voz intradiegética não é de nenhum dos habitantes daquelas terras, mas de alguém de fora, elemento externo aos acontecimentos: cabe ao advogado contratado por Pio para a defesa de Julião conduzir o texto, ora confessando seu espanto com o caso, ora dando a palavra a cada um dos partícipes. Como o subtítulo indica, trata-se da "narrativa de um advogado", homem da elite e residente na Corte, o que faz o conto ganhar ares de relato do vivido – maneira encontrada pelo autor para emoldurar a idealização e amenizar os exageros do enredo. Deste modo, inaugura Machado a crítica ao mandonismo oriundo da branquitude a partir da fala do próprio branco.

Mariana

O mesmo ocorre em "Mariana", conto de 1871, também publicado no *Jornal das Famílias*, em plena crise política que envolve a discussão sobre o fim da escravatura – postergado em 17 anos com a aprovação da Lei do Ventre Livre. Novamente tem-se o foco narrativo na primeira pessoa, desta vez pela fala de Coutinho, homem de meia-idade, ainda solteiro. Num reencontro com amigos após longa estada no exterior de um deles, relata a paixão de que foi objeto nos tempos da juventude:

> Coutinho foi o primeiro que rompeu o silêncio.
> – Pois que estamos aqui reunidos, disse ele, ao cabo de quinze anos, deixem que, sem exemplo, e para completar as nossas confidências recíprocas, eu lhes confesse uma coisa, que nunca saiu de mim. (p. 117)

A partir daí começa a narrativa propriamente dita, em que a mulher escravizada assume o protagonismo. Mariana – uma "cria da casa", educada *quase* como se fosse da família –, se apaixona pelo filho de sua senhora (a esta altura já noivo da prima) e, ao final, se mata após fugir duas vezes, convencida da impossibilidade de seu amor. A linearidade do enredo se agrega aos procedimentos românticos então vigentes a fim de atingir sobretudo o público feminino leitor do jornal. Fato que se pode comprovar com a não inclusão do texto em nenhuma das coletâneas organizadas pelo autor em vida. Ao contar sua história com quem denomina "gentil mulatinha", o homem branco confessa nunca ter sido amado com tanta intensidade. Por trás do conhecido *leit motiv*, repetido ao longo dos séculos por Shakespeare e tantos mais, emerge a personalidade da mulher negra. Também ela é capaz do gesto trágico, ensina Machado, num contexto em que a infra-humanidade de africanos e descendentes era propalada pela filosofia e pela ciência da época.

Todavia, o mérito maior de "Mariana" vem a seguir. Após narrar a tragédia da escrava e ressaltar seus sentimentos elevados, o sinhozinho logo muda de assunto e sai à rua para se divertir com os amigos. Como em "Virginius, narrativa de um advogado", está de volta o capoeirista da palavra, a dissimular seu verdadeiro intento. No último parágrafo, inscreve-se com todas as letras o pensamento da classe senhorial, em que fica explícita a insensibilidade e o descaso com que esta enxerga os escravizados:

> Coutinho concluiu assim a sua narração, que foi ouvida com tristeza por todos nós. Mas daí a pouco saíamos pela Rua do Ouvidor fora, examinando os pés das damas que desciam dos carros, e fazendo a esse respeito mil reflexões mais ou menos engraçadas e oportunas. Duas horas de conversa tinha-nos restituído a mocidade. (p. 132)

Além da ironia, presente em várias passagens do conto, pode-se destacar o tom sarcástico com que o mesmo se encerra e que revela o distanciamento do autor em relação ao discurso do *bom vivant* encarregado da narração.[118] A utilização da voz narrativa em primeira pessoa confere ao texto um sentido de relato de experiência, que, no caso, surge emoldurada por uma postura de classe conformada pelas atitudes dos amigos: os pés das mulheres que saem dos bondes despertam mais a sua atenção do que o desespero da escrava que se mata por amor. Assim, a forma como as duas ocorrências são tratadas pelos representantes do estamento social dominante dá bem a dimensão da perspectiva crítica com que Machado encara o *modus operandi* dos senhores.

Para Chalhoub, "Mariana" reveste-se de historicidade e se transforma "em documento sobre um impasse histórico, visão ou interpretação de uma crise que mobilizava a sociedade inteira". O historiador enfatiza as resistências dos escravocratas ao fim, mesmo que gradual, do regime e afirma ser este o grande debate daquele momento histórico: "praticamente não se trataria de outra coisa no parlamento ao longo de todo o ano de 1871". Situando o conto "no centro do furacão político", Chalhoub ressalta a denúncia machadiana da "má consciência" dos senhores, bem como o posicionamento do autor, evidenciado na triste história de Mariana, contrário a soluções paliativas, "*por dentro* das relações instituídas entre senhores e escravos." E acrescenta: "a mensagem inescapável do

---

[118] Devemos a Silviano Santiago a primeira teorização consistente a respeito da necessária distinção entre voz autoral e voz narrativa, no âmbito da ficção machadiana. Em "A Retórica da Verossimilhança", o crítico enfatiza o distanciamento existente entre estas duas instâncias: "no caso específico de *Dom Casmurro*, identificar-se com Bentinho ou com Capitu, é não compreender que a reflexão moral exigida pelo autor requer certa distância dos personagens e/ou do narrador, aliás, a mesma distância que Machado, como autor, guarda deles". (1978, p. 32)

conto é a necessidade do poder público submeter o poder privado dos senhores ao domínio da lei". (2003, p. 131-139, grifo do autor)

Elisa e Mariana personificam a subalternidade feminina e afrodescendente punida de modo trágico a partir do momento em que relação de mando/obediência é afetada pelo desejo ou pela paixão. A violência sofrida por ambas remete ao fosso social existente entre os dois estamentos, o que impede que a união interétnica se processe pacificamente e sem a interferência do preconceito.

Sabina

Nessa mesma linha, surge o poema narrativo "Sabina", na verdade um conto versificado, incluído em *Americanas,* de 1875:

> Sabina era mucama da fazenda;
> Vinte anos tinha; e na província toda
> Não havia mestiça mais à moda,
> Com suas roupas de cambraia e renda.
> (p. 17)

Já na apresentação da personagem, sabemos que, a exemplo de Mariana, também ela é "cria da casa", priva da intimidade da sinhá-moça e circula entre "carinhos e afeições de sala". E, como era comum na sociedade escravista, logo se explicita, entre as rendas e os luxos, a condição de *mucama* – termo de origem quimbundo, explorado no texto em seu sentido primitivo de "amásia escrava"[119]. No entanto, apesar de figurar como objeto sexual cobiçado pelo feitor e outros à sua volta, Sabina, a exemplo de Elisa e Mariana, recebe no texto um tratamento que a humaniza e dignifica, superando assim o estereótipo comum à literatura da época e ainda hoje vigente em muitos segmentos da população. O poema chama a atenção para os "olhos de gazela" com que a jovem mira o sinhozinho, fato que destaca seu perfil de sujeito desejante e não apenas de objeto passivo do desejo alheio.

---

[119] Cf. LOPES, 2004, p. 456.

Em seguida, dá-se o encontro amoroso do casal: durante uma caçada, a jovem é flagrada nua banhando-se na lagoa. De imediato, sua beleza chama a atenção e desperta o caçador. Apaixonada, Sabina se entrega a Otávio e engravida, experimentando intenso idílio amoroso, apesar dos avisos e comentários maledicentes ouvidos na senzala. Mais tarde, ao ver o amado retornar nas férias já casado com uma moça da cidade, ela tenta se matar, mas a consciência da maternidade iminente a faz pensar na criança e a recuar de seu intento: a condição de mãe se sobrepõe à da amante. Ao final, tem-se como certo o nascimento de mais um bastardo mestiço para marcar com sua presença os espaços da casa-grande e da senzala.

As histórias de Elisa, Mariana e Sabina ressaltam a visão machadiana a propósito do sexo interracial responsável pela mestiçagem. E logo vemos despontar a sedução, o estupro e o abandono dos submetidos. A violência é o grande mediador entre homens brancos e mulheres afro-brasileiras, escravas ou não. Nos enredos mencionados, pouco temos em comum com as narrativas de José de Alencar, marcados pela idealização amorosa entre colonizadores e colonizados, de que são exemplo *Iracema* e *O Guarani*. Os dramas machadianos referem-se a mulheres subalternizadas que, no entanto, ascendem à condição de sujeito de suas vidas, nem que seja para buscar o suicídio. E abordam também a forma como o desprezo dos senhores e de seus herdeiros é despejado sobre as ilusões das jovens. Tais narrativas relativizam, com quase meio século de antecedência, mitos que vigorariam posteriormente, como o do "homem cordial", hospitaleiro e bonachão; ou o daquele herdeiro de portugueses, sempre "predisposto à miscigenação" e responsável pelo paraíso étnico, democrático e tolerante, situado em terras brasileiras.

O Espelho, esboço de uma nova teoria da alma humana

Neste escrito, incluído no volume *Papéis avulsos*, de 1882, o escritor capoeirista refina sua estratégia dissimuladora. Aparentemente, a narrativa não trata da condição afrodescendente, pois está centrada nas atribuições de um homem livre: Jacobina, que tinha então "vinte e cinco anos, era pobre, e acabava de ser nomeado alferes da Guarda Nacional". Após a nomeação, o jovem vai passar um mês descansando no sítio "escuso e solitário" da tia, mas esta é obrigada em seguida a viajar repentinamente em função de doença da filha. O futuro militar, que ficara encarregado de tomar conta do sítio, entra em crise de identidade ao se ver só e desprotegido, devido à fuga dos escravos ocorrida logo depois: não sabe o que fazer, nem para onde ir, alimenta-se de farinha, frutas, raízes, e cai em total apatia.

O único momento em que o conto põe em cena a escravatura é justamente para ressaltar a astúcia dos negros, em oposição ao conceito que deles tinha o visitante: "espíritos boçais". Aproveitando-se da situação, os habitantes da senzala põem à mostra sua coragem e capacidade dissimuladora:

> Os escravos punham uma nota de humildade nas suas cortesias, que de certa maneira compensava a afeição dos parentes e a intimidade doméstica interrompida. Notei mesmo, naquela noite, que eles redobravam de respeito, de alegria, de protestos. Nhô alferes, de minuto a minuto; nhô alferes é muito bonito; nhô alferes há de ser coronel; nhô alferes há de casar com moça bonita, filha de general; um concerto de louvores e profecias, que me deixou extático. Ah! Pérfidos! Mal podia eu suspeitar a intenção secreta dos malvados.
> – Matá-lo?
> – Antes assim fosse.
> – Coisa pior?
> – Ouçam-me. Na manhã seguinte achei-me só. Os velhacos, seduzidos por outros, ou de movimento próprio, tinham resolvido fugir durante a noite; e assim fizeram. (p. 153-154)

O vazio deixado pela ausência do negro – e de seus papéis sociais: motor da produção e força de trabalho submissa – interfere no modo de ser do outro componente da relação. Mais do que nunca, o branco cumpre o destino de "Outro do negro", conforme postula Octavio Ianni (1988), ao apontar um dos pressupostos centrais da branquitude alicerçada no regime escravista. E a ironia machadiana, instrumento poderoso de sua poética, ganha contornos sarcásticos ao colocar o branco pobre e solitário posando fardado horas e horas diante de um espelho, com o fito de, finalmente, fazer a convergência da "alma exterior" – no caso, a branquitude, simbolizada pelo uniforme militar, como artifício de afirmação identitária – com a "alma interior". De acordo com Heloisa Toller

Gomes, o texto "jamais fala explicitamente da escravidão enquanto sistema socioeconômico, porém capta, 'espelha' o seu reflexo". (1994, p. 179)

No conto, o autor, como já havia feito em *Brás Cubas* e em numerosos escritos anteriores, novamente concede a palavra ao homem branco. Este relato em primeira pessoa não apenas ganha estatuto de voz confessional, dando à narrativa aquela carga de verossimilhança que amplia sua credibilidade. Mais que isto, a fala do narrador-personagem cumpre a função de encobrir a perspectiva autoral e o verdadeiro lugar de onde fala o texto. Este, por sua vez, não titubeia em inscrever nas ações dos escravizados a inteligência e o senso de oportunidade que emolduram a esperteza zombeteira a impulsionar seus falsos louvores. Os espíritos nada boçais dos fugitivos incensam a vaidade do hóspede e, com isto, embalam o sono nada vigilante que lhes permitirá a fuga para a liberdade. E Machado ainda vai alçar os negros ao papel de agentes civilizadores, pois, longe deles, Jacobina sequer consegue acender o fogão e cozinhar o próprio alimento. Uma situação "pior que a morte", dirá o faminto alferes.[120]

O caso da vara

A elaboração de conflitos a partir de vários níveis de dissimulação faz-se presente novamente em "O caso da vara", também publicado inicialmente na *Gazeta de Notícias*. Damião, outro jovem branco, desta vez fugitivo de um seminário, é o protagonista e divide o núcleo da ação com Sinhá Rita, amante não assumida de seu padrinho. Mas a atenção do leitor é desviada para a menina Lucrécia, parte de um conjunto de "crias da casa" sentadas a fazer rendas de bilro sob os olhares severos da sinhá. A narrativa intercala habilmente momentos de tensão e distensão, a partir das anedotas que fazem a garota se distrair da tarefa, sendo prontamente repreendida:

> Sinhá Rita pegou de uma vara que estava ao pé da marquesa, e ameaçou-a:
> – Lucrécia, olha a vara!

---

[120] A propósito, acrescenta Ianni: "é possível imaginar que o modo pelo qual Machado de Assis 'trabalhou' a escravatura e a negritude o tenham levado a uma excepcional decantação, sublimação. Um exorcismo às avessas. Parece que não lida, e sim esquece ou menospreza o tema do negro brasileiro. Mas na verdade é aí que se encontra uma das raízes da sua forma de observar, criticar, parodiar um mundo social que pode ver desde uma perspectiva diversa, de baixo para cima, às avessas". (1988, p. 211)

> A pequena abaixou a cabeça, aparando o golpe, mas o golpe não veio. Era uma advertência; se à noitinha a tarefa não estivesse pronta, Lucrécia receberia o *castigo do costume*. Damião olhou para a pequena; era uma *negrinha, magricela, um frangalho de nada*, com uma cicatriz na testa e uma queimadura na mão esquerda. *Contava onze anos*. Damião reparou que tossia, mas para dentro, surdamente, a fim de não interromper a conversação. Teve pena da negrinha, e resolveu apadrinhá-la, se não acabasse a tarefa. Sinhá Rita não lhe negaria o perdão... Demais, ela rira por achar-lhe graça; a culpa era sua, se há culpa em ter chiste. (p. 161, grifos nossos)

A descrição da menina surge *en passant*, por entre as queixas e manobras do seminarista ansioso por alcançar a liberdade. Porém, as marcas da tortura não deixam de caracterizar como sádico o rigor imperial da sinhá, nem de realçar a dureza das condições de vida e de trabalho da criança escravizada. Esta surge nomeada pelos signos do apequenamento e fragilidade do físico, que convivem, entretanto, com a leveza do espírito infantil, a fazê-la rir e se divertir com a situação do jovem e com as anedotas que ouve. No conto, esses momentos de alegria têm um alto preço para ela, que será castigada por atrasar o cumprimento da tarefa.

Tudo isto se passa na mente do seminarista e se estende ao leitor. O personagem se culpa, pois tem consciência de que sua simples presença já interfere no ritmo do trabalho, que mais ainda é retardado com o inusitado da situação. Os momentos de leveza habilmente construídos vão sendo entremeados às ameaças de Sinhá Rita e pautam o movimento pendular que marca o andamento da ação. Esta se distende ainda mais com a entrada em cena do padrinho, apresentado como homem de caráter frágil, que "empalidece" ao ver o afilhado junto a Sinhá Rita:

> João Carneiro estava com a pupila desvairada, a pálpebra trêmula, o peito ofegante. Os olhares que deitava a Sinhá Rita eram de súplica, mesclados de um tênue raio de censura. Por que lhe não pedia outra coisa? Por que lhe não ordenava que *fosse a pé, debaixo de chuva, à Tijuca, ou Jacarepaguá*? Mas logo persuadir ao compadre que mudasse a carreira do filho... Conhecia o velho; era capaz de lhe quebrar uma jarra na cara. *Ah! se o rapaz caísse ali, de repente, apoplético, morto! Era uma solução – cruel, é certo, mas definitiva.*
> – Então? insistiu Sinhá Rita.
> Ele fez-lhe um gesto de mão que esperasse. Coçava a barba, procurando um

recurso. Deus do céu! *um decreto do papa dissolvendo a Igreja,* ou, pelo menos, *extinguindo os seminários,* faria acabar tudo em bem. (p. 162, grifos nossos)

Chama a atenção a habilidade em recobrir o problema central da narrativa – a escravidão infantil e a covardia do jovem – com toda uma gama de artifícios cômicos: o jeito autoritário e, ao mesmo tempo, fanfarrão de Sinhá Rita; o clima descontraído que predomina sobre a ameaça à criança escravizada; e a figura entre patética e cômica de João Carneiro, apertado pelo ultimato da amante. No trecho acima, o humor machadiano apela ao *nonsense* ao penetrar no fluxo da consciência do personagem, com suas saídas estapafúrdias para a situação. Tais procedimentos demonstram novamente as artimanhas construtivas do capoeirista que, sob os disfarces da comédia, denuncia a exploração escravista e a conivência com a desumanidade do sistema. Tal postura remete necessariamente ao homem de imprensa sempre cauteloso e empenhado em mesclar o "útil" ao "fútil" no momento em que toca nas mazelas sociais do país.

Ao final, Damião, apesar de compadecido, não hesita em entregar à senhora a vara que será instrumento do castigo da menina, simplesmente por esta ter se distraído por instantes do trabalho. A condição submissa da negra emerge em toda a sua crueza. O fato de estar no espaço urbano, privar de certa intimidade inerente à convivência doméstica ou, ainda, de ser criança e do sexo feminino, em nada atenua o rigor do tratamento a ela dispensado. No conto, tais fatores surgem justamente para realçar esse rigor, dando assim a medida da perspectiva autoral, empenhada em deixar inscritas na ficção as marcas históricas da existência escravizada. E, mais uma vez, a insensibilidade e hipocrisia dos brancos fica ressaltada. No caso, a vara não deixa de remeter àquela outra, utilizada anteriormente pelo "menino-diabo" Brás Cubas no menino-escravo Prudêncio, outra criança negra imortalizada pelo talento de Machado.

Pai contra mãe

Reza a tradição que, uma vez capturados pelos agentes do tráfico e antes de embarcarem nos tumbeiros, os africanos eram obrigados a andar em círculo à volta de uma determinada árvore, a árvore do esquecimento. Com o gesto, queriam os traficantes sequestrar – além dos corpos destinados a se tornarem força de trabalho submissa –, também a *memória* de sua humanidade: família, comunidade, costumes, tradições, religião. E o bizarro ritual tinha seguimento na desumanidade do porão em que era amontoada a mercadoria humana, e na imposição de um nome e de uma língua, ações introdutórias à nova condição que lhes era imposta. Frantz Fanon (1968, 1983), entre outros, destaca o apagamento da memória histórica como uma das operações ideológicas mais comuns à empreitada colonizadora, consubstanciada no projeto de construir indivíduos sem passado e, pode-se acrescentar, sem uma articulação discursiva no idioma dos dominadores que expressasse sua identidade de civilizados.

Transcorridos poucos anos do fim do cativeiro no Brasil, o conto "Pai contra Mãe" inscreve-se como voz dissonante frente a uma nova tentativa de sequestro; desta vez, da própria memória da escravidão brasileira. No início dos tempos republicanos, a "mancha negra" que toldava a imagem harmoniosa do passado colonial e dos governos imperiais precisava ser ocultada e, mesmo, extirpada, nem que para tanto se queimassem os arquivos do tráfico, conforme ordenou Rui Barbosa, ministro da Fazenda do governo Deodoro da Fonseca. A queima dos arquivos, retomada no *Memorial de Aires* (1908), surge como o gesto mais visível do esforço de ocultação empreendido após o 13 de maio, com vistas a amenizar o constrangimento oriundo da "nódoa" escravista presente na história do país.

Nesse contexto, não deixa de ser significativo o fato de o autor ter inserido "Pai contra mãe" justo no começo do volume de contos *Relíquias da casa velha* (1906).[121] Logo após a "Advertência" e o soneto "A Carolina", surge aos olhos do leitor o passado que as elites tanto se esforçavam por fazer esquecer:

> Há meio século, os escravos fugiam com frequência. Eram muitos, e nem todos gostavam da escravidão. Sucedia ocasionalmente apanharem pancada, e nem todos gostavam de apanhar pancada. (p. 167)

---

[121] Vistas deste ângulo, as palavras da "Advertência" inicial ganham uma tonalidade especialmente irônica: "uma casa tem muita vez as suas relíquias, lembranças de um dia ou de outro, da tristeza que passou, da felicidade que se perdeu. Supõe que o dono pense em as arejar e expor para teu e meu desenfado. Nem todas serão interessantes, não raro serão aborrecidas, mas, se o dono tiver cuidado, pode extrair uma dúzia delas que mereçam sair cá fora". (ASSIS, M. *Obras completas*, vol. II, p. 658)

A violência da dominação racial percorre toda a narrativa, a partir mesmo da apresentação, logo no início, dos instrumentos de tortura – o ferro ao pescoço, o ferro ao pé, a máscara de folha de flandres. "A escravidão levou consigo muitos ofícios e aparelhos, como terá sucedido a outras instituições sociais", afirma o narrador, indicando a superação do "clima opressivo predominante no Império" (Magalhães Jr.) e, ao mesmo tempo, o propósito de contribuir para o não apagamento da memória da escravização de milhões de africanos e seus descendentes.[122] Após a descrição dos aparelhos, delineia-se o aproveitamento ficcional de um dos "ofícios" criados pelo regime, o de capturar "escravos fugidos" mediante recompensa em dinheiro.

O drama vivido pelo casal de brancos pobres se nutre do contexto de violência sistêmica instituída pelo trabalho forçado, e explora suas consequências no conjunto da sociedade, a afetar livres e cativos, brancos e negros. As práticas, ofícios e sofrimentos gerados pelo regime dão ensejo ao bem construído enredo com que Machado põe tais elementos em relação num ritmo alucinante e tenso. A perspectiva autoral é de crítica acerba, direta, arrematada desde o início pelo sarcástico "mas não cuidemos de máscaras".

Em seus diversos aspectos, o regime é representado como relação acima de tudo agonística. Sendo gesto de afirmação, a fuga opõe o cativo tanto a seu senhor quanto ao malungo que prefere a senzala ao risco da captura e dos castigos. Na sequência, o texto faz o gesto individual remeter ao processo histórico de resistência crescente ao sistema. Fenômeno recorrente, a fuga ganha contornos de problema e alicerça o principal traço realista do texto. Ao multiplicar-se, a rebeldia negra faz surgir uma ocupação para o exército de reserva composto por homens livres, pobres e desocupados: o "ofício" de capitão do mato. A partir desta constatação, o escritor monta o tenso xadrez do conto e, com a habilidade dos grandes mestres, traz o branco desvalido para o centro da ação.

Ao fazê-lo, amplia sobremaneira a complexidade e o alcance social do

---

[122] Ao descrever a máscara de folha de flandres, que só tinha três buracos, "dois para ver e um para respirar", comenta o narrador: "era grotesca tal máscara, mas a ordem social e humana nem sempre se alcança sem o grotesco, e alguma vez o cruel". Como se vê, fica explícita a ligação entre o elemento humano, que perpassa a individualidade, e o coletivo, próprio ao contexto histórico da escravatura. E é para a realidade de seu tempo, camuflada pelo aparato jurídico-institucional inspirado no liberalismo burguês europeu, que o narrador se dirige ao arrematar o parágrafo: "mas não cuidemos de máscaras".

enredo. Supera a dicotomia que reduz a questão à luta entre cativos e senhores. Cândido Neves, a esposa Clara e a tia-sogra Mônica compõem o desenho em miniatura de uma espécie de lumpesinato urbano alimentado pelas sobras e favores da classe proprietária, e submetido às suas necessidades no momento de fazer serviços sujos, como o de capturar negros fugidos. Os nomes com que o texto designa o protagonista e sua companheira indiciam a inserção dos personagens no *status quo* marcado pela hegemonia do discurso senhorial, que reduzia o escravizado a mercadoria, e sobrepunha na prática o direito de propriedade ao da liberdade.

Cândido Neves faz a figura do homem branco constituído pelo pensamento que rebaixa e desvaloriza o trabalho, sobretudo manual, não se apegando a nenhuma profissão. Desta forma, capturar escravos fugidos tem para ele um "encanto novo", liberando-o da rotina dos balcões, do enfado dos escritórios e oficinas. No entanto, o casamento com Clara e a gravidez desta aceleram sua derrocada rumo à indigência. Despejado por não pagar o aluguel, vivendo de favor num quarto dos fundos e com o filho por nascer, o protagonista intensifica a caça aos fugitivos, sem nada conseguir, pois havia outros no mesmo "ofício", a concorrência aumentara, e os "lucros entraram a escassear".

O nascimento do filho conduz o enredo ao clímax. Sem ter o que comer e pressionado pela tia Mônica a deixar a criança na "Roda dos enjeitados", o caçador encontra finalmente a sua presa: Arminda, uma "mulata fujona", grávida e, coincidentemente, prestes a dar à luz. Arrastada por espaços urbanos que tomam nomes irônicos como os de "Rua do Parto" ou "Rua da Ajuda", a mulher mede forças com seu captor antes de ser devolvida ao cativeiro, e, ao chegar, perde a criança em função do esforço despendido no trajeto:

> Arminda caiu no corredor. Ali mesmo o senhor da escrava abriu a carteira e tirou os cem-mil réis de gratificação [...] No chão, onde jazia, levada do medo e da dor, e após algum tempo de luta a escrava abortou.
> O fruto de algum tempo entrou sem vida neste mundo, entre os gemidos da mãe e os gestos de desespero do dono. (p. 176)

Ao final, restam na memória do leitor as "reflexões" do protagonista sobre o "desastre" cujas consequências não o preocupam: "nem todas as crianças vingam"...

A frase surge carregada de trágica ironia, em função de que a morte da criança negra propicia a "salvação" da criança branca, prestes a ser largada na "Roda dos enjeitados". Para os pais já resignados com a perda, é como se o filho nascesse novamente devido ao dinheiro ganho com a prisão da fugitiva.

O tom do discurso machadiano é corrosivo. E isto porque marcado por um ponto de vista distanciado, de alguém que não se coloca como semelhante aos do estamento que fustiga, às vezes implacavelmente. O autor engendra uma contranarrativa ao pensamento hegemônico na época – cuja ideia mestra entronizava o "escravismo benigno" praticado nos trópicos pelo colonizador propenso à miscigenação. Tal ideologia se aprimora ao longo do século XX e prima por construir uma leitura de nosso passado histórico em que o tempo do cativeiro surge emoldurado pelo mito da democracia racial – a substituir a brutalidade pela tolerância e o rebaixamento do Outro pela mestiçagem.

"Pai contra mãe" desvela o caráter sistêmico da violência instalada pelo regime, que a uns submete pela escravização e a outros pela pobreza. Nessa ambiência, sobressai o embrutecimento do homem branco servo do sistema, cujas falas e ações terminam compondo um cenário pleno de sarcástica dramaticidade, favorecida pelo ritmo acelerado com que tudo acontece. A tensão sugerida no próprio título aponta para a desagregação do núcleo familiar como metáfora das fraturas sociais que marcam historicamente o país. E só uma visão distanciada, comprometida com a perspectiva dos subalternos, permite esse enfoque desmascarador e crítico, no qual se evidencia o escravismo como algo nocivo, não apenas aos africanos e seus descendentes, mas a toda a sociedade.[123]

---

[123] A propósito de "Pai contra mãe", declara Augusto Frederico Schmidt: "terá sido de fato um indiferente à desgraça de uma raça a que ele próprio estava ligado por metade do seu sangue, quem soube condenar a escravidão de maneira tão completa em páginas de um desinteresse aparente, mas em que o mal da escravidão é estigmatizado de maneira tão cabal e impressionante? [...] A não ser o grande e tumultuário canto de Castro Alves – essa nota desesperada, magnífica, elementar e bravia, que é o *Navio Negreiro* – não creio que, entre nós, nada de mais pungente se tenha escrito sobre a escravidão do que a história de Machado de Assis, "Pai contra mãe". História comum, decerto, mas que concentração de fatos dramáticos, que penetração no nervo de uma tragédia que toca às nossas fibras. A um homem que soube e pôde escrever páginas assim, e outras mais, não será injusto o considerarmos um indiferente?" (APUD Pereira, 1991, p. 78-9)

A morte do senhor e as memórias póstumas da escravidão

> – Não tive filhos,
> não transmiti
> a nenhuma criatura
> o legado da nossa miséria.
> *Brás Cubas*, 1880

No âmbito da lusofonia, a obra romanesca de Machado de Assis figura dentre as mais significativas de todos os tempos. E, por isto mesmo, dentre as mais estudadas, sendo desde seus começos objeto de vasta recepção crítica. A proposta que motiva as reflexões que se seguem está ancorada na leitura da perspectiva subjacente às narrativas, e nas marcas textuais que, direta ou indiretamente, expressam sua visão de mundo e conformam o princípio construtivo voltado para recuperação crítica da escravatura no Brasil.

Parte-se da premissa de que tal olhar se faz presente na trajetória autoral desde os primeiros escritos. A afirmação pode talvez surpreender, pois é raro encontrar no conjunto dos textos machadianos um conto com a explicitude e contundência de "Pai contra mãe". O registro que predomina é mais de violência simbólica que de violência física, sendo as "vias de fato" raras de acontecer, embora quando ocorram vitimem quase sempre mulheres e homens escravizados. Nos romances, o negro, distante do protagonismo e das ações edificantes, aparece nos interstícios das tramas, muitas vezes somente como parte de um cenário que as leitoras daquele tempo quisessem talvez esquecer.

A partir dos estudos de Magalhães Júnior publicados nas décadas de 1950 e seguintes, a tese do absenteísmo político de Machado de Assis vem sendo questionada por críticos como Brito Broca (1957), Astrojildo Pereira (1960), Raimundo Faoro (1976), entre outros. Roberto Schwarz (1977) analisa a inserção histórica da obra, a partir de seus vínculos *estruturais* com o modo de organização da sociedade brasileira do Segundo Reinado. Nessa linha, enfatiza o papel dos agregados, representantes da parcela urbana de homens e mulheres livres, mas dependentes do *favor* que mediava sua trajetória social, enquanto figuras pertencentes à órbita das elites senhoriais. Por sua vez John Gledson (1986) demonstra a fragilidade da interpretação absenteísta, mesmo sem dar a ela maior destaque. Além de ressaltar a pouco estudada atuação do escritor enquanto cronista, chama a atenção para a presença marcante que têm os principais fatos históricos, em especial os da segunda metade do século XIX, no andamento das tramas romanescas construídas por Machado, e aponta para o elevado potencial figurativo que estas possuem enquanto leitura do processo político.

Em escrito posterior, Schwarz reconhece os achados de Gledson, mesmo sem incorporar plenamente sua interpretação: "no extremo, esta leitura transforma o romance em alegoria política. Sem chegar a tanto, veremos que as correspondências não faltam, injetando virtualidade alegórica nas personagens e buscando erguê-las acima da craveira irrelevante, ou doméstica, de seus conflitos". (1990, p. 71) Schwarz refere-se em especial a *Memórias póstumas de Brás Cubas* para destacar a "volubilidade do narrador", cujo discurso está sempre a percorrer o movimento pendular que vai dos elementos comezinhos e particulares a ilações e generalidades quanto à natureza humana. Destaca que este "romance acima de tudo escorregadiço" lança mão das tiradas universalizantes, muitas vezes como "elemento de comédia", para concluir que "diante da desigualdade social, o argumento universalista é ele mesmo posto à prova, fazendo o papel de escandalosa desconversa, tanto mais interessante quanto o seu ânimo é esclarecido". (1990, p. 66)

Nessa linha, Gledson chama a atenção para o caráter **enganoso** do realismo machadiano, que poucas vezes aflora com todas as letras na superfície do texto, manifestando-se, ao contrário, nos detalhes aparentemente irrelevantes e devendo ser lido "nas entrelinhas". (1986, p. 14) O crítico postula que a experimentação do autor com a linguagem da narrativa existe *para servir a esse* *formato* assumido por seu realismo. E retoma a leitura de Silviano Santiago (1978) a fim de enfatizar a *função retórica* de muitos de seus narradores, especialmente Bento: "eles exemplificam verdades, embora o que digam não seja verdade, nem seja confiável". (1986, p. 20) Com isto, desvincula o posicionamento e as opiniões desses narradores daquela verdade maior que o texto torna acessível ao leitor atento. Tais achados interpretativos só fazem reforçar o caráter crítico e, ao mesmo tempo, dissimulado assumido pela escrita machadiana, com seus artifícios e despistes de toda ordem.

No que toca à questão étnica, pode-se constatar que, além de não ter se esquivado dos problemas que afetavam os afro-brasileiros, Machado fala de seus irmãos de cor como sujeitos marcados por traços indeléveis de humanidade e por um perfil que quase sempre os dignifica, apesar da posição secundária que ocupam nos enredos. Impõe-se destacar que essa ausência de protagonismo está em homologia com o papel social por eles desempenhado, caracterizado pela subalternidade da condição e pela redução a mera força de trabalho, como já demonstrou Gizêlda Melo do Nascimento (2002). Ainda assim, o escritor, se não os eleva a heróis épicos da raça ou a líderes quilombolas, o que de resto comprometeria a verossimilhança do universo citadino e burguês representado, também não os limita ao formato estreito advindo dos estereótipos dominantes no imaginário social do Segundo Reinado.

No caso dos romances, pode-se constatar que, de *Ressurreição e A mão e a luva a Dom Casmurro e Memorial de Aires*, a relação entre senhores e cativos deixa-se perceber, sob formas as mais diversas de representação. Aparentemente ausente, a escravatura permanece como sombra a demarcar espaços e compor perfis dramáticos, fazendo-se visível muito mais em suas implicações e consequências do que no detalhamento cru enquanto modo de produção. Sob o aparente desinteresse, e tomando às vezes a forma de insinuação, emerge a condenação autoral à sociedade escravista. Escritor de narrativas urbanas, Machado tem como alvo a elite de seu tempo, leitora de jornais e folhetins. Sua ficção, aparentemente afastada do mundo do trabalho forçado, toca num ponto crucial: a incapacidade dos senhores em gerar condições políticas e, mesmo, lideranças que garantam a continuidade do regime.

Desde seus começos, o romance machadiano representa a decadência da classe senhorial alvejando-a no que tem de mais expressivo: o *pater familias*. Ao contrário da edificação romântica presente nos textos de José de Alencar e tantos outros – a criar homens fortes e corajosos, senhores "de baraço e cutelo" como D. Antônio de Mariz, patriarca dos heróis fundadores da nacionalidade –, Machado constrói um mundo em que não há mais lugar para tais arroubos.

Ressurreição (1872) organiza-se a partir das relações entre uma *viúva* e um *herdeiro*. Com efeito, Lívia e Félix estão longe de cumprir qualquer papel de comando, por menor que seja, no sistema produtivo escravista. Beneficiários do regime, vivem do capital acumulado pelos que os antecederam e se revelam incapazes de superar o cômodo parasitismo que marca sua trajetória de detentores de herança. O preço a pagar não é pequeno: individualista e inseguro, o jovem médico sem pai nem clientes se frustra no amor e, por sua vez, não deixa filhos, antecipando a esterilidade que marca Estácio, Brás Cubas, Rubião e tantos outros anti-heróis machadianos. Já Lívia mostra-se mais forte que o amado e o recusa em nome do orgulho ferido, preferindo a solidão a um casamento desprovido de confiança e mútuo respeito. Também ela inaugura uma galeria de mulheres decididas no plano pessoal e amoroso, mas distantes das matriarcas do mundo rural, a comandar com pulso de ferro o empreendimento deixado pelos esposos, ao mesmo tempo em que preparavam os filhos para o exercício da autoridade coercitiva necessária à manutenção do sistema.

No livro, Machado aproveita uma situação corriqueira e aparentemente sem relevância para destacar o aprisionamento existencial do indivíduo submetido à escravização. Na cena, o personagem Menezes interrompe abruptamente o retiro do amigo Félix e força a entrada na casa, ignorando de modo arrogante as palavras e atitudes do serviçal que o atendera à porta:

> – Onde está o senhor?
> – O senhor não fala a ninguém, respondeu o moleque com a mão na chave como se o convidasse a sair.
> – Há de falar comigo, insistiu resolutamente Menezes.
> *O tom decidido do rapaz abalou o escravo, cujo espírito, costumado à obediência, não sabia quase distingui-la do dever. Seguiram ambos por um*

corredor, chegaram diante de outra porta, e aí o moleque, antes de a abrir, recomendou a Menezes que esperasse fora. Perdida recomendação, porque, apenas o moleque abriu a porta, Menezes entrou afoitamente atrás dele. (p. 181, grifos nossos)

A cena dramatiza a relação de mando/obediência e aponta para o não lugar ocupado pelo cativo naquela ordem social. Além de não ter um papel que possa desempenhar entre os envolvidos na trama, o "moleque" sequer possui nome e funciona apenas como momentâneo contraponto – figura destinada a destacar a resolução do branco perante a nulidade atribuída ao Outro –, para, em seguida, desaparecer em definitivo da história. Nem por isto o escritor se esquiva de destacar o apequenamento do negro enquanto indivíduo, cuja consciência de deveres e valores praticamente inexiste. O "costume" edificado pela escravatura apaga a vontade do submetido, condicionando-o ao "dever" deturpado em obediência. Basta, pois, esta frase para o narrador onisciente expressar o lugar a partir do qual Machado representa o sistema. Detalhe: na "Advertência" com que epigrafa o volume, o escritor se coloca como "operário", distante dos "gênios" e partícipe do campo das "aptidões médias". Complementa afirmando que "cada dia que passa me faz conhecer melhor o agro destas tarefas literárias – nobres e consoladoras, é certo, – mas difíceis quando as perfaz a consciência".

A figura do patriarca está ausente também em *A mão e a luva* (1874). Esse vazio dá lugar à emergência de um poder feminino exercido, sobretudo, nos instantes cruciais em que se decide o futuro da organização e do capital familiar. Mulher e patrimônio se confundem e, na falta do pai, compete à vontade feminina decidir pela incorporação do elemento exógeno: a baronesa viúva perde também a filha e adota a afilhada de origem humilde como herdeira. Esta protagoniza um sutil embate com a lógica senhorial ao não aceitar o casamento de conveniência, que manteria os bens dentro do círculo familiar. Ambiciosa e "senhora de sua vontade", Guiomar rejeita "reduzir-se a simples serva" e, calculadamente, decide por outro homem. Já a baronesa se afasta do perfil autoritário e acata a escolha da filha adotiva, num procedimento inusitado frente aos parâmetros do patriarcado então vigente.

Publicado dois anos depois, *Helena* (1876) apresenta um enredo que avança em relação à explicitação das desigualdades sociais, ensejando ações que darão maior visibilidade à condição do escravizado. Além disso, encena explicitamente o *topos* apenas insinuado nos romances anteriores, que se tornará recorrente nos romances de Machado de Assis – o da *morte do senhor*. A narração tem início justamente pelo rápido sumário da ocorrência fúnebre, que vitima, no caso, o Conselheiro Vale: o mal súbito, o falecimento, o enterro concorrido, a carta testamental.

A morte do patriarca logo nas primeiras páginas do romance tanto deflagra quanto subjaz aos acontecimentos, operando como elo e princípio estruturante. O esgarçamento do poder coercitivo evidencia-se na dificuldade encontrada pelo herdeiro em encarnar na íntegra os métodos do pai. E é justamente esse instante de transição na governança familiar que emoldura o protagonismo da agregada, sujeito externo, vindo de um não lugar social, e detentor de um discurso dissonante frente à ordem instituída.

Helena é a heroína pobre – e dissimulada –, filha da amante do finado, que, por força de uma trapaça consignada por este em testamento, passa a viver junto à família como se dela também fizesse parte. Sidney Chalhoub (2003) analisa a presença dessa falsa irmã como forma de denúncia do paternalismo senhorial, a partir da constatação de que, mesmo depois da morte, o conselheiro continua governando a família, impondo sua mentira à verdade dos vivos, além de uma nova partilha de bens e sentimentos. Na sequência, o historiador assinala sua discordância com a leitura de Schwarz (1977), reiterando que o discurso machadiano não tem como objetivo o "aprimoramento" da ideologia senhorial, mas a sua crítica.

O romance promove a identificação da voz que narra em terceira pessoa com a fala e atitudes da protagonista. Narrador e personagem provêm de um mesmo lugar discursivo e se irmanam inclusive no tom com que expressam suas reservas, por exemplo, à postura arrivista do Dr. Camargo, que ambiciona a todo custo casar a filha com o herdeiro. Já Helena encarna o discurso do Outro ao questionar os axiomas do falso irmão, especialmente quando este se vangloria da riqueza recebida em herança. A perspicácia feminina e mesmo a encenação da irmandade são elogiadas pelo narrador. A figura da agregada ressurge com a independência de Guiomar, mas agora com a transgressão explícita do sistema operada por Helena. Em ambos os textos, a perspectiva "de baixo para cima" dá o tom da representação.

A personagem encena a farsa até o momento em que as circunstâncias a obrigam a revelar seu pai verdadeiro. Em meio às peripécias folhetinescas que marcam o desenrolar da trama, emerge o questionamento machadiano ao paternalismo escravista. Elemento oriundo de outra classe, a heroína assume a perspectiva autoral e alia seu discurso ao do narrador, constituindo um contraponto permanente ao pensamento de Estácio, jovem herdeiro do poder patriarcal. Ela encarna a astúcia que faz a força dos fracos, defende-os sempre, questiona as decisões e a perspectiva de mundo do "irmão", alude aos "preconceitos" que se desfazem com a "simples reflexão", e se mantém altiva frente à interferência de Estácio em sua vida: "– não procure violar o sacrário de minha alma".

Num contexto de contínuas transgressões ao *status quo,* dá-se a aliança estratégica entre Helena e Vicente, negro até então "condenado a viver da contemplação e da memória, a não beijar sequer a mão que o abençoava, limitado e distanciado pelos costumes, pelo respeito e pelos instintos." (p. 184) Durante a ausência de Estácio, no entanto, Vicente cresce enquanto personagem, acoberta as escapadas da moça, e até degusta em sua presença o charuto roubado ao senhor. Essa cumplicidade não apenas os aproxima, mas faz com que o pajem tenha um papel substantivo na revelação do mistério em torno da personagem:

> – Seu padre, [...] me perdoe a confiança. O que foi que aconteceu?
> – Nada, respondeu Melchior.
> – Oh! é impossível! Alguma coisa há por força. Seu padre não tem confiança em seu escravo. Nhanhã Helena está doente?
> – Sossega; não há nada.
> – Hum! gemeu incredulamente o pajem. Há alguma coisa que o escravo não pode saber; mas também o escravo pode saber alguma coisa que os brancos tenham vontade de ouvir... (p. 199)

No momento de crise familiar, o pajem é colocado em igualdade de condições frente aos superiores: busca interferir nos acontecimentos e manifesta sua desconfiança nas palavras do religioso, assumindo um papel incomum entre os seus. O texto evidencia os elos entre escravização e patriarquia, e os muitos vasos comunicantes aí existentes. Entre a opressão de gênero e a de classe ou de cor, a diferença é apenas de ênfase. E, da mesma forma com que os senhores desfrutam de ócio e riqueza através do trabalho servil, a proximidade com o subalterno os intimida, a ponto de tentarem ocultar do negro o drama que viviam. Fica patente, ainda, o quanto a morte do patriarca interfere na trama e sinaliza o início de um novo tempo em que, nas mãos do herdeiro, o poder senhorial viverá turbulências e não será tão absoluto quanto antes.

Identificada ao pajem, Helena aproxima-se dele na dissimulação e na operação transgressora que tensiona e sustenta a narrativa. E ambos rompem com o princípio básico do paternalismo, entendido como "política de domínio na qual a vontade senhorial é inviolável" (Chalhoub, 2003, p. 47). Na fala de sua protagonista, o texto machadiano questiona a doxa patriarcal e põe-se a discutir valores como o da liberdade do indivíduo, num momento em que a campanha abolicionista ainda não ganhara fôlego no país.

Em *Iaiá Garcia* (1878), o escritor muda o tom e encena uma relação branco/negro isenta de subordinação e distante do poder coercitivo explicitado em outras narrativas. No universo da pequena burguesia urbana, Luiz Garcia, funcionário público sem maiores ambições, desfruta a amizade e o companheirismo do africano Raimundo, com quem convive, poder-se-ia dizer irmãmente, desde a infância. Após a morte de seu senhor, Raimundo recebe a alforria, mas permanece partilhando com Garcia a vida simples, que marca o acanhado universo de ambos. Passa a agregado e, nessa condição, desfruta da intimidade familiar, do carinho de Iaiá e de seu pai.

A atuação de Raimundo ganha em importância após o falecimento do amigo, chegando a interferir no desfecho da trama, quando praticamente impede a já crescida protagonista de realizar o mau casamento. O romance concede ao negro um estatuto de positividade que o dignifica perante o leitor, assumindo certa feição realista ao abordar a convivência pacífica entre brancos e negros no contexto de formação da classe média urbana.

Ao analisar o tratamento dado por Machado aos afrodescendentes e às relações impostas pelo escravismo, não se pode perder de vista seu horizonte recepcional, formado basicamente por leitores e leitoras da classe dominante. Assim, ao privilegiar a crítica à elite, o escritor está, por vias transversas, abordando a questão e tocando nas origens da grande ferida social de seu tempo. Esse olhar questionador percorre toda a sua ficção, mesmo quando na aparência trata de temas como amor, ciúme ou traição.

Deste modo, os romances iniciais têm em comum a ausência do senhor de escravos moldado nos padrões da colônia. Este surge nos textos enquanto *lembrança*, em alusões esparsas, como elemento ligado a um tempo ido, algo como uma página virada naquela organização social. Tal ausência indica o empoderamento das mulheres, ao mesmo tempo em que opera como alegoria da crise do estamento senhorial e do próprio modo de produção escravista.

Mas a falta do *pater familias* não significa que o paternalismo, enquanto ideologia, esteja superado. Ele se faz presente em Estácio, Félix, Luís Alves. E deixa suas marcas nas falas algo insinceras das viúvas e mesmo de agregadas como Guiomar e Helena. A novidade é que não pauta o discurso do narrador onisciente, nem a axiologia subjacente às narrativas. Ao contrário, as tramas se empenham justamente em explorar as determinações paternalistas para, através delas, tensionar os enredos e fazer a crítica do discurso senhorial. Confrontado à alteridade, o poder dos herdeiros tem no Outro insubmisso um permanente desafio e é desta relação agonística que Machado retira o encanto de sua ficção.

Algo semelhante ocorre em *Dom Casmurro* (1899). Criado entre os zelos maternos e as bajulações do agregado, Bentinho é inscrito como antípoda do progenitor, cujo falecimento marca a ruptura com a vida rural e o redirecionamento do capital deixado à viúva e ao filho. Toda a juventude do herdeiro é marcada por esta falta, a ponto de levá-lo a devanear a presença de uma autoridade masculina maior, encarnada em ninguém menos que o Imperador D. Pedro II, na famosa cena em que este intercederia junto a D. Glória para livrar o jovem do seminário. Incapaz de se impor por sua própria vontade e personalidade, Bento deseja um *Pai* que o proteja da promessa materna e lhe prescreva um futuro sem os rigores da vida eclesiástica.

Essa tibieza em assumir-se como senhor de seu destino marca-o em praticamente toda a narrativa e deixa implícita certa nostalgia do personagem por um mundo em que a vontade senhorial reinava absoluta. Mais tarde, já velho e acompanhado de suas memórias e rancores, Bento é transformado em Dom Casmurro e, nessa configuração, opera como duplo destronante de tantos outros senhores presentes no romance oitocentista brasileiro. Numa perspectiva comparatista vê-se, com efeito, que Dom Casmurro pode até figurar como paródia de Dom Antônio de Mariz, incensado por José de Alencar em *O guarani*. E, nessa linha, o ceticismo machadiano ganha corpo e põe-se a destronar todo um modo de vida calcado no absolutismo patriarcal.

Deste modo, tais romances expressam uma atitude frente à escravatura que não passa pelo cotidiano das senzalas ou dos quilombos, nem mesmo os urbanos, sabidamente existentes em plena Corte na década de 1880. Consequentemente, fica distante da heroicização do negro e de uma possível epopeia antiescravista, que outros tentaram concretizar mais tarde, como Afonso Schmidt, com o seu *A marcha, romance da abolição*, premiado em 1942 pela ABL. A "onda negra" das fugas e revoltas; ou das alforrias "em massa" e "incondicionais", conforme o escritor alude em crônica de *Bons Dias* (2007: 48), na antevéspera da Lei Áurea, não é contemplada.

O posicionamento machadiano se expressa segundo toda uma poética dissimuladora. O mundo do trabalho escravo surge não em si mesmo, mas nas consequências, pelo viés do rebaixamento irônico e pessimista da classe senhorial. Se o leitor não encontra nos textos um herói negro, constata que este também não existe entre os membros da elite representada pelo autor. A rarefação épica é anti-heroicizante por natureza e atinge em cheio os personagens que estamos pontuando. E o senhor, esse "Outro do negro", não é inscrito como instituição eterna e imutável, como fazia crer a ideologia paternalista. Enquanto ser histórico, também ele se move, está em processo, mas rumo à decadência e ao desaparecimento.

O *topos* surge de modo relevante no último romance de Machado. *Memorial de Aires* (1908) focaliza o mandonismo autoritário da oligarquia rural, abalado nos momentos anteriores à abolição. O romance narra a decadência e morte de um proprietário escravocrata – o Barão de Santa-Pia – que, através das palavras do próprio irmão, seria capaz de "propor a todos os senhores a alforria dos escravos já, e no dia seguinte propor a queda do governo que tentar fazê-lo por lei". (p. 246) De fato, o barão vem à Corte auscultar o rumo dos acontecimentos e, às vésperas da abolição, se adianta e volta à fazenda com a carta de alforria. A filantropia de última hora, que tanto comove a filha, remete ao oportunismo autoritário do fazendeiro:

> – Estou certo que poucos deles deixarão a fazenda; a maior parte ficará comigo, ganhando o salário que lhes vou marcar, e alguns até sem nada, – pelo gosto de morrer onde nasceram. (p. 246)

A passagem revela as tentativas de circunscrever a abolição a um ato meramente formal e, até mesmo, um bom negócio para as elites rurais próximas da modernização capitalista, ensejando a permanência da exploração, agora noutras modalidades. Machado já abordara o tema em crônica escrita no calor dos eventos de 1888. E retoma o mesmo procedimento: empresta ao senhor o protagonismo da manobra, para colocá-lo em primeira pessoa confessando seu calculismo.

A derrocada do barão dá-se em homologia com o fato histórico. É como se personagem e instituição formassem um só corpo narrativo, um signo único. A última cartada do fazendeiro é típica do plástico *modus operandi* das elites brasileiras, ao se adaptarem a mudanças de superfície para manter intacto o cerne do processo de exploração, que explica a longevidade do escravismo no Brasil. O romance não apenas denuncia a manobra, mas contesta de frente esse discurso. Mesmo assim, não deixa de saudar, através do discurso do Conselheiro, o avanço representado pela libertação:

> 19 de abril
>
> Lá se foi o barão com a alforria dos escravos na mala. Talvez tenha ouvido alguma coisa da resolução do governo; dizem que, abertas as câmaras, aparecerá um projeto-de-lei. Venha, que é tempo. Ainda me lembra do que lia lá fora, a nosso respeito, por ocasião da famosa proclamação de Lincoln: "Eu, Abraão Lincoln, Presidente dos Estados Unidos da América..." Mais de um jornal fez alusão nominal ao Brasil, dizendo que restava agora que um povo cristão e

último imitasse aquele e acabasse também com os seus escravos. Espero que hoje nos louvem. Ainda que tardiamente, é a liberdade, como queriam a sua os conjurados de Tiradentes. (p. 247)

A reflexão do narrador, diplomata viajado, expõe uma mirada ao mesmo tempo interna e externa do problema. Dá conta da má reputação do Brasil como o último país a extinguir formalmente o regime, e brinca com coisa séria, ao estilizar parodicamente o *Libertas Quae Sera Tamen*, da Inconfidência Mineira.

Quanto ao senhor de escravos, o enredo pune exemplarmente seu oportunismo. O fazendeiro, apesar do aparente sucesso da alforria antecipada, sente na pele o desmoronamento da velha ordem. Após a Lei Áurea, considerada por ele uma traição perpetrada por setores da oligarquia rural, Santa-Pia acusa o golpe: rompe com o Partido Conservador, entra numa fase de desencanto com a política, o governo imperial e a própria vida, vindo a falecer poucas semanas após o 13 de maio.

É como se no novo mundo que nascia – sem ferros, troncos ou máscaras de folha de flandres –, não houvesse mais lugar para o mandonismo moldado na figura do senhor "de baraço e cutelo" dos tempos da colônia. A morte de Santa-Pia tem consequências e funciona como alegoria da decadência da ordem senhorial vigente desde a chegada dos portugueses: a propriedade passa às mãos da filha e, logo após, às dos homens e mulheres que nela trabalhavam em troca de cama e comida. Com esse desfecho, o escritor envia um recado direto à recém-instalada República sobre a urgência de se fazer a reforma agrária no Brasil. E, mais uma vez, a narrativa machadiana elimina o senhor para substituí-lo por uma vontade feminina identificada ao subalterno.

O romance evidencia que a doação está ligada ao futuro casamento da herdeira, não se revestindo, pois, de maiores intenções de altruísmo ou beneficência. Naquele contexto, a propriedade é quase um estorvo aos planos de Fidélia e Tristão. A narrativa se reveste de historicidade e, pelas palavras do Conselheiro, aborda duas questões não resolvidas na mudança do regime: a ausência de uma política agrária contemplando os antigos escravizados, a fim de transformá-los em proprietários; e o abandono a que estes foram relegados após o 13 de maio. Em verdade, dois aspectos do mesmo problema, o penoso *day after* do escravismo.

A doação da fazenda é uma referência evidente ao projeto do Senador Dantas, derrotado no nascedouro, que previa a entrega aos libertos de trechos de terras públicas localizadas nas margens das estradas de ferro do Império. Se implantado, poderia ter mudado o curso dos acontecimentos e evitado o inchaço urbano ocorrido na capital. Já a entrega dos afrodescendentes à própria sorte emerge no texto a partir das dúvidas de Aires a respeito da real capacidade que estes teriam em administrar a fazenda, sem o *know how* exigido pelo capitalismo modernizador. O conselheiro reporta-se à "responsabilidade nova ou primeira" que cairia sobre os ombros dos agraciados, para ressaltar a incapacidade destes em tocarem um negócio para o qual não estavam preparados, nem receberiam qualquer suporte dos poderes públicos.

Publicado duas décadas após a assinatura da Lei Áurea, *Memorial de Aires* toca ainda, e rapidamente, num assunto-tabu: a queima dos arquivos do tráfico ordenada por Rui Barbosa nos primórdios da República. Passados vinte anos, o reparo do romancista segue o formato de muitas de suas críticas feitas sob o "clima opressivo" do Império, isto é, aparentemente deslocado no tempo e embutido *en passant* nas reflexões do narrador-personagem. Sem citar o nome do então ministro, Aires alude à tentativa de apagamento da memória histórica da escravidão, considerada por muitos uma "nódoa" a manchar a imagem do país, portanto, algo a ser esquecido. E termina por ressaltar o papel político da literatura enquanto guardiã dos fatos passados e da memória coletiva, escrevendo em seu diário: "embora queimemos todas as leis, decretos e avisos, não poderemos acabar com os atos particulares, escrituras e inventários, nem apagar a instituição da História, ou até da Poesia." (p. 248)

Tais colocações se fazem à maneira do escritor-caramujo, sem a altissonância dos sermões, sem nenhum arroubo panfletário. Machado jamais submete sua ficção às exigências do discurso ideológico, com suas formulações marcadas pela urgência dos momentos de crise política. Deste modo, persiste nos romances o emprego dos procedimentos esquivos, que, em seu conjunto, compõem a *poética da dissimulação:* o tratamento enviesado, indireto; os negaceios verbais e as alfinetadas ligeiras, mas cortantes; o discurso irônico substituindo a fala explícita ou peremptória; o enfoque universalizante de questões nacionais; a paródia de mitos e narrativas fundadoras de hegemonias; a sátira dos detentores do poder; tudo isto vazado numa linguagem marcada por múltiplos disfarces.

Tais procedimentos ganham maior visibilidade e atingem seu ponto culminante em *Memórias póstumas de Brás Cubas*, de 1880. Já no título mostra-se o princípio paródico que norteia o projeto do romance, bem como o tom de sátira desabusada que não deixa pedra sobre pedra. Do protagonista fútil e egocêntrico, marcado por uma vaidade sem limites, ao leitor igualmente alienado, que busca o folhetim fácil, de preferência composto em tipos grandes e ornado de vinhetas, ninguém da elite escapa ao discurso ferino de Machado. Nem mesmo a "elite" afro-brasileira representada por Prudêncio, o escravizado que, de posse da alforria, reproduz em outro negro os castigos que sofrera – e aprendera – com o sinhozinho. O mais interessante em tudo isto é o descarte realista da comiseração e da retórica bombástica, pelo disfarce da voz autoral. Por esta via, Machado abole o tom de libelo presente em tantos textos abolicionistas e, mesmo, em alguns de seus escritos de juventude.

Em *Memórias póstumas de Brás Cubas,* a crítica surge travestida em autocrítica: é o senhor de escravos – espécie de *anti-Midas* a corromper tudo o que toca – quem fala e se torna sujeito de um discurso corrosivo cujo alvo maior já é, desde o início, ele próprio. Na cena do delírio que antecede seus estertores, e que ganha o sentido de balanço alegórico de quem viajou "à roda da vida", Brás, (in-)consciência projetada na fala da deusa Pandora, é considerado nada menos que "um verme"... E mais: ele não apenas dedica "saudosamente" suas memórias "ao verme que primeiro roeu as frias carnes" de seu cadáver. Em verdade, sua trajetória existencial é dedicada à devoração calculista de tudo e todos, de que são exemplos contundentes os relacionamentos interpessoais: pai, mãe, amigos, Prudêncio, "amores", Marcela, Eugênia, Virgília.

Ao apelar à "pena da galhofa" e à "tinta da melancolia", ou quando alude às próprias "rabugens de pessimismo", o narrador do romance – autodeclarado "defunto-autor" – não encarna apenas o ceticismo autoral quanto ao futuro do país destinado, já em 1880, a ser inexoravelmente o último a abolir a escravatura e a manter no futuro os seus resquícios. Encarna também o ponto de vista demolidor de alguém que espicaça a elite a partir de outro lugar que não o dos privilégios de classe e de cor. O distanciamento – que permite rebaixar o misto de burguesia nascente e resquícios "feudais", bem como a postura ao mesmo tempo "liberal" e paternalista de Brás Cubas – localiza a perspectiva machadiana num outro lugar. E o mais engenhoso é que, por força do princípio construtivo do romance, esse olhar, que é externo, surge como se fosse interno e de dentro, numa espécie de acerto de contas com as culpas da classe dominante. Nas palavras de Schwarz, o romance constitui-se como "um livro escrito contra o seu pseudo-autor".[124]

Senão vejamos: ao lado da extrema "volubilidade do narrador", detectada e analisada pelo crítico, algumas constantes prevalecem no autorretrato do personagem: ora ele se considera um "menino diabo", de "gênio indócil", fruto da "educação viciosa, incompleta e em parte negativa"; ora fala do "acadêmico estroina, superficial, tumultuário e petulante; ora se vê como "fiel compêndio de trivialidade e presunção" afeiçoado à "contemplação da injustiça humana". (p. 215-216) Isto sem falar na "sede de nomeada" e na presunção de quem se considera meio deus – espécie alegórica de Pai, criador das borboletas pretas e, por extensão, de toda a natureza que o cerca e que entende existir para servi-lo.

Pelos exemplos, vê-se que o personagem não está só. O menino diabo é o "pai do homem", e Brás a "flor" nascida da "terra" e do "estrume" de seu meio social. São as palavras do texto, travestidas em confissão, que se põem a destronar não apenas o homem, mas o grupo social a que pertence e representa. Destronamento esse visível já no próprio relato de quão falsa é a nobreza ostentada no nome de família. E o modo senhorial, peremptório e arrogante com que trata os de baixo combina com o cinismo de salão que ornamenta seu discurso em muitas passagens. *Este* Brás remete a Brasil? Certamente. Mas não ao país como um todo, e sim à elite senhorial beneficiária do trabalho escravo.[125]

Assim, as relações entre brancos e negros, aparentemente restritas a duas

---

[124] Schwarz acrescenta que "a estrutura é a mesma de *Dom Casmurro*: a denúncia de um protótipo e pró-homem das classes dominantes é empreendida na forma perversa da autoexposição 'involuntária', ou seja, da primeira pessoa do singular usada com intenção distanciada e inimiga (comumente reservada à terceira). A chave deste procedimento está na insuficiência calculada dos pontos de vista do narrador em relação aos materiais que ele mesmo apresenta". (1990, p. 78)

[125] A propósito, declara John Gledson: "embora, à sua maneira, Brás Cubas seja também o *Brasil*, ele é ainda o representante de uma classe (a oligarquia dirigente), e é representativo em sentido mais amplo, na medida apenas em que está morto". (1986, p. 71, grifo do autor)

rápidas passagens da infância do personagem, em verdade estão no âmago do livro, se estendem para além da traquinagem infantil, e ganham na economia do texto o sentido de poderosa figuração do abismo existente entre o universo do mando frente ao da obediência. Tal modo de produção da riqueza não apenas impregna, mas está na base da visão de mundo de Brás Cubas; e a desconsideração do negro enquanto pessoa fundamenta a complacência com que "absolve" o cunhado Cotrim, considerado um bom sujeito, apesar de ter espancado, torturado e, mesmo, traficado africanos depois da proibição formal.

Examinemos então algumas passagens protagonizadas pelo anti-herói. Inicialmente, o personagem confessa ter "quebrado a cabeça" de uma escrava, emporcalhado o doce que esta preparava e mentido para a mãe a fim justificar a agressão. A cena desvela a correlação de forças entre os estamentos sociais vigentes à época, pela qual a palavra do sinhozinho de seis anos tem um poder absoluto sobre os escravizados. No mesmo capítulo, segue-se a famosa passagem de Prudêncio:

> Prudêncio, um moleque de casa, era o cavalo de todos os dias; punha as mãos no chão, recebia um cordel nos queixos, à guisa de freio, eu trepava-lhe ao dorso, com uma varinha na mão, fustigava-o, dava mil voltas a um e outro lado, e ele obedecia, – algumas vezes gemendo, – mas obedecia sem dizer palavra, ou, quando muito, um – "ai, nhonhô!" – ao que eu retorquia: – "Cala a boca, besta!" (p. 215)

O tratamento dado ao afrodescendente passa pelo suplício do corpo, revestindo a cena de forte sentido alegórico: posto de quatro, o negro é o animal sobre o qual o branco monta. O jogo infantil nada tem de inocente e mimetiza a posição de cada um na estrutura vigente na sociedade. Nessa linha, a perspectiva senhorial, embutida na recordação do personagem, equipara os maus-tratos a simples traquinagens, semelhantes ao beliscão dado no braço das matronas ou ao gesto de esconder os chapéus das visitas...

Quanto a Prudêncio, este já cresce sob o signo da tortura e do "cala a boca, besta", com o instrumento da primeira – aqui sintomaticamente uma "varinha" – propiciando a efetivação do segundo, o insulto repressor que mais tarde se volta, com as mesmas palavras, contra outro negro, num retorno do recalcado pleno de significações. As duas passagens da infância resumem com precisão a visão de mundo da elite representada no romance, que aceita e justifica o tráfico negreiro como atividade normal, tal como surge no discurso de Cotrim.

Ao final, restam as memórias. As memórias e os trezentos contos de réis do patrimônio, como a mostrar que o poder econômico, apesar de tudo, continuará com seus donos. Brás não tem filhos, afirma não deixar a ninguém o legado de uma "miséria" que é sua, mas também do grupo social a que pertence. Mais uma vez a dissimulação, agora do personagem, pois o legado existe. O legado é o livro, *epitáfio antecipado* da classe que se valia do trabalho forçado como origem de seu poder e riqueza. Ao lançar nas casas dos leitores da *Revista Brasileira*, ao longo de todo o ano de 1880, fragmentos homeopáticos dessas memórias da miséria senhorial, o romancista dá como certa a mudança histórica e se põe, de modo figurado, a anunciar o fim da sociedade baseada no escravismo, pela própria iniquidade decadente com que este se apresenta no enredo. E aqui toma vulto o motivo recorrente em outros textos e não explorado pela crítica de seu romance mais instigante: *Machado mata o senhor de escravos oito anos antes da Abolição*.

Com efeito, *Memórias póstumas de Brás Cubas* faz o tópico ganhar relevo e se transformar em marca inseparável do protagonista. Afinal, todas as aventuras pertencem a um morto. E todos os "sucessos" de sua vida ociosa são arquitetados para nos conduzir à *campa* que é o *berço* de sua narrativa. Como se vê, o romancista não apenas mata, mas faz o morto falar... Constrói a morte que não se traduz em silêncio. Ouvimos o defunto-autor, que não tem descendentes, mas tem memória, ou melhor, memórias: uma individual, outra coletiva. Vozes de um tempo ido, sem amanhã. Em seu enterro não há jovens, apenas os onze "amigos" seus contemporâneos. Todavia, Brás, antes de ser autor, é, acima de tudo, *senhor*... Enquanto personagem, seu relato é uma confissão: longa, detalhada, multifacetada, e não linear, como toda incursão pelas memórias.

Já para Machado, a fala do defunto-senhor, ou melhor, do *senhor-defunto* constitui-se num cruel acerto de contas com o regime que tratava os brancos como gente... e os negros como força de trabalho. Destaca-se então o caráter não apenas *ético* mas, sobretudo, *judicativo* do texto, empenhado em indicar o que não mais cabia no futuro do Brasil. Num poema incluído em Últimos sonetos, intitulado "Escravocratas", Cruz e Souza expressa o desejo de "castrá-los" para que nunca se reproduzissem. Mais sofisticado, o romancista realiza de forma alegórica o desejo do poeta, indo além, contudo: mata o senhor, que deixa como filho o livro. E o livro se inscreve não como a charlatanice antimelancolia do emplasto, mas como fábula e antídoto satírico contra a ordem escravista que Machado quer, a seu modo, sepultar.

Seguindo a proposta de Gledson (1986), Sidney Chalhoub considera Machado um "historiador" que, "ao contar suas histórias, escreveu e reescreveu a história do Brasil no século XIX". (2003, p. 17) Os argumentos de ambos fundamentam-se na leitura do tempo inscrito nos enunciados. Com efeito, as narrativas estão situadas no período que antecede a Lei do Ventre Livre, e cujas discussões assinalam a "crise do paternalismo" escravista no Brasil. Analisando *Brás Cubas*, acrescenta Chalhoub: "Machado cifra o significado do romance na trajetória de Brás, que é o Brasil que vivera até 1869, e então agonizara, morrera e fora entregue aos vermes em 1870 e 1871, anos de intensa movimentação política em torno da questão do 'elemento servil'." (2003: p. 73)

Embora acatando essa interpretação, de resto coerente com a cronologia inscrita nos textos, interessa-nos nesse instante pensar menos no *tempo dos enunciados e mais no tempo histórico de sua enunciação*. Entre 1871 e 1888, o Brasil passará por uma fase que, em maior ou menor intensidade, o paternalismo escravocrata buscará de todas as formas evitar ou, pelo menos, adiar, a morte anunciada pelo princípio do ventre livre. E será justamente na arena ideológica desses dezessete longos anos que os textos machadianos, valendo-se em grande medida da imprensa, irão retirar de cena os patriarcas do escravismo.

Ao martelar semanalmente nas páginas da *Revista Brasileira*, oito anos antes da abolição, as corrosivas memórias do cadáver insepulto de Brás Cubas, Machado estará sendo indubitavelmente o historiador e o crítico do paternalismo que se estiola. Mas, além disso, será também, senão um militante, alguém que trabalha, pela via sinuosa da ficção, para um país sem escravos. Visto unicamente do ponto de vista de sua construção formal, o romance sempre foi considerado uma revolução. Confrontado à ideologia paternalista fundadora do Estado-nação que permeia a ficção romântica brasileira, *Memórias póstumas de Brás Cubas* ganha em amplitude e está para seus antecessores assim como o "Deus está morto", de Nietzsche, para a metafísica ocidental.

Assim se desenha a faceta afro do texto machadiano: distante da retórica panfletária e do abolicionismo excludente, este denunciado pelo autor no discurso de Santa Pia e em diversas de suas crônicas. Herdeiro do paternalismo, o preconceito que vitima os afrodescendentes transformaria muitos ex-escravos em favelados pobres, miseráveis e até criminosos. "A abolição é a aurora da liberdade, esperemos o sol; emancipado o preto, resta emancipar o branco" (p. 242), afirma Paulo, em 1904, nas páginas de *Esaú e Jacó*. O ponto de vista identificado ao subalterno não é racista e vislumbra o problema em sua dimensão profunda, a afetar tanto negros quanto brancos, antes e depois do 13 de maio.

Deste modo, a obra machadiana reconstitui criticamente a memória de seu tempo, aponta para seu penoso *day after* e, ao lado de questões afeitas ao ser humano de todos os tempos, não deixa de expressar "de baixo para cima" a crueza de uma época e de um sistema produtivo que as elites brasileiras tanto fizeram por amenizar. E nesse corte cirúrgico, universaliza a questão sem deixar de narrá-la como de "seu tempo" e de "seu país". Caramujo nem sempre encolhido, e capoeirista da palavra, Machado soube ser o guerrilheiro consciente de suas armas e de seus alvos.

O caramujo e o carcará: vozes negras na luta antiescravista

> Faço versos, não sou vate,
> Digo muito disparate,
> Mas só rendo obediência
> À virtude, à inteligência:
> Eis aqui o Getulino,
> Que no plectro anda mofino.
> Sei que é louco e que é pateta
> Quem se mete a ser poeta;
> Que no século das luzes,
> Os birbantes mais lapuzes,
> Compram negros e comendas,
> Tem brasões, não – das *Kalendas*
> E, com tretas e com furtos,
> Vão subindo a passos curtos
>
> Luiz Gama
> "Quem sou eu?", 1859

Houve sol, e grande sol, naquele domingo de 1888, em que o Senado votou a lei, que a regente sancionou, e todos saímos à rua. Sim, também eu saí à rua, eu o mais encolhido dos caramujos, também eu entrei no préstito, em carruagem aberta, se me fazem favor, hóspede de um gordo amigo ausente; todos respiravam felicidade, tudo era delírio. Verdadeiramente, foi o único dia de delírio público que me lembra ter visto.

Machado de Assis, 1993

Pelo que apresentam em termos de autodeclaração, as epígrafes acima identificam duas personalidades e duas estratégias de atuação. A primeira remete ao gladiador que se expõe na arena, provoca, olha nos olhos do oponente e parte para a luta. Sobre este primeiro sujeito, lembro que seus embates vêm de longe, quando, ainda criança, perde a mãe e é vendido como escravo pelo próprio pai. Já a segunda epígrafe constrói em tom de autoironia o guerrilheiro dissimulado, que ataca e se esconde, e que prefere a emboscada noturna ao embate à luz do dia. Também este perdeu logo cedo a mãe, mas teve um pai que lhe trazia jornais junto com o pão e o leite. A identidade gladiadora se deixa perceber pela virulência contra os "birbantes mais lapuzes" – ou velhacos mais toscos ou, ainda, os patifes mais grosseiros – que, fingindo refinamento, "compram negros e comendas", tornando-se condes, viscondes, barões e, mais tarde, "coronéis". Já a segunda figuração compartilha a festa da vitória abolicionista se expondo em público, em contradição com a imagem de quem se autonomeia "caramujo" e, logo, "o mais encolhido" da espécie.

Na medida em que ambas as personalidades que tento aqui esboçar tomaram como arma a palavra, e sua luta se deu em grande medida na arena política e ideológica formada pela "República do Pensamento", termo utilizado pelo segundo contendor para designar a imprensa, deixo entre parênteses as metáforas bélicas – gladiador e guerrilheiro – para buscar no reino animal uma nomeação que remeta aos dois objetos e, por que não, aos também sujeitos desse texto. No caso de Machado de Assis, a tarefa parece fácil, já que o próprio se identifica ao lerdo caramujo, quase sempre imóvel, encolhido e protegido pela casca que lhe serve de moradia. Será? Digo *parece* porque, como se sabe, a folha impressa aceita de tudo, a começar pela mentira. E digo *parece* ao lembrar que o caramujo abandona a casca para se juntar ao povo, "em carruagem aberta" no dia 13 de maio de 1888.

Volto então minha lupa ao mundo animal em busca do guerreiro que ataca a presa para dela fazer seu alimento, da mesma forma que o Getulino feria de morte a reputação dos membros da elite escravocrata para com ela alimentar sua sátira. Viajo à região de onde veio o menino escravizado, peço auxílio à poesia e encontro o bico agudo do "Carcará" de João do Vale e José Cândido, que a minha geração aprendeu a cantar fazendo coro com Maria Betânia. Chego assim ao carcará Luiz Gama em contraponto ao caramujo Machado de Assis.

E de pronto ressalto a diferença que os afasta, mesmo quando falam a mesma língua, embora em tom e vocabulário distintos. O carcará tem na polêmica seu *modus operandi:* seja no contraditório das petições e da oratória inflamada, seja na sátira implacável e venenosa de seus versos e de muitos de seus artigos. Já o caramujo se abriga em disfarces de toda ordem – na imprensa, escondendo-se por trás de mais de vinte pseudônimos, na ficção fazendo da ironia o princípio construtivo de seus textos. Apesar disso, Machado não foge ao debate maior de seu tempo, mas o faz simulando aquele "tédio à controvérsia" que é marca registrada de um de seus personagens, o diplomata Aires. E simula tão bem a ponto de existirem leituras e afirmações atestando serem autor e personagem a mesma pessoa.

Enquanto isto, vejo o carcará, ainda no poema "Quem sou eu", vituperar seu libelo acusatório contra os patifes arrivistas de uma nobreza comprada, ao acusá-los explicitamente de "furtos" e de "tretas" utilizadas para subirem na vida "a passos curtos". De fato, o procedimento do poeta-carcará é o de quem "pega, mata e come", para ficarmos com os versos imortalizados por Maria Betânia. E o que faz a sátira senão se alimentar da destruição de seu alvo? Nessa linha, Luiz Gama, além de se declarar o primeiro poeta negro da língua portuguesa, o autonomeado "Orfeu de carapinha" ("Lá vai verso"), ataca de frente não só a herança literária ocidental, ao sobrepor a marimba africana à lira grega, mas, por outro lado, ataca também os "Borrachudos Barões da traficância" e os "malandros que fazem da Nação seu Montepio" ("Prótase"). E quem são estes? São "Deputados, Ministros, Senadores, Galfarros Diplomatas – chuchadores"[126]. E mais, são "Finórios traficantes – patriotas"; e ainda: "juízes de *trapaça,*/e outros que de honrados têm *fumaça,*/Mas que são refinados agiotas." ("Lá vai verso", grifo do autor). Este é o tom que prepondera quando o poeta trata das elites senhoriais e seus prepostos.

Mikhail Bakhtin (1987) situa as primeiras manifestações da sátira no

---

[126] Galfarros = vadios, interesseiros, exploradores.

território do gênero cômico-sério, onde também reside a carnavalização como procedimento construtivo, desde a literatura clássica. Investigando os começos da atitude satírica, chega às práticas primitivas do carnaval, na Idade Média Latina, onde a festa popular ocorria em consonância com o calendário agrícola, para nela destacar a figura do Rei-Momo. Este é, seguramente, o primeiro algoz do poder estabelecido de que se tem notícia na cultura popular. Bakhtin destaca sobretudo dois gestos básicos do carnaval primitivo: a bastonada e a cusparada. Consistiam estas em tomar o bastão do Rei Momo (em si mesmo uma paródia do cetro real) para, de posse dele, desferir uma cacetada no corpo daquele "rei" como vingança pela opressão sofrida. E, na outra performance, a gente do povo – servos devidamente mascarados – se aproximavam dançando para cuspir e escarrar no manto real, ao que o Rei Momo respondia rindo e dançando, de forma a autorizar o escárnio.

Podemos ir mais longe na memória literária do veneno e do deboche. E encontrar Petrônio, escritor romano do alvorecer da era cristã, autor do implacável rebaixamento do herói visível no *Satyricon*, para ficarmos numa referência mais conhecida. Desde então, o texto dos poetas-carcará busca pela palavra produzir o efeito da bastonada no corpo da autoridade, e da cusparada no manto que simboliza seu poder. Qual seja, o de matar pelo flagrante desrespeito ofensivo toda a autoridade que emana da figura que é alvo, tanto dos foliões quanto do deboche letal construído em verso ou prosa. E, ao dialogar com a herança satírica ocidental, nosso "Orfeu de carapinha" sinaliza ser um afrodescendente tão seguro de seu território de origem que não se inibe em atravessar o oceano e incluir em seu repertório exemplos paradigmáticos presentes na literatura branca ocidental, no intuito – antropofágico *avant la lettre* – de apropriação e superação.

Não custa lembrar que, em sua *Arte poética e arte retórica*, Aristóteles exclui a sátira ao confinar a comédia num livro à parte, gesto interpretado como condenação do procedimento a algo menor diante da verdadeira criação pela palavra. Vigorava então o mito da origem divina da obra de arte, sendo esta oriunda das musas, habitantes do Parnaso, o monte sagrado da inspiração. Passados os séculos, vale lembrar Luiz Gama, ao assumir seu lugar na cidade das letras, como situado do lado de fora, nas "abas do Parnaso"... Tal afirmação desde logo se configura como metalinguagem programática – de opção pela contra narrativa e pelo descentramento – logo, por um lugar de fala marginal no mundo das letras de então. Atitude esta que já indicia o apagamento de seu nome e de sua obra da história da literatura brasileira, bem como sua ausência nos programas de literatura em nossas faculdades de letras.

Outras foram as armas e táticas utilizadas pelo escritor caramujo. Acusado de absenteísmo e de denegar suas origens ao longo de praticamente todo o século XX, com as exceções de praxe, sobretudo nas últimas décadas, Machado se comporta, segundo Alfredo Bosi, com aquela "compostura" exigida dos "homens de cor" na ordem escravocrata. E constrói uma ficção de brancos e brancas, sabedor certamente de que estes e estas formavam a maioria esmagadora de seus leitores. Nesse contexto, impõe-se não esquecer a incrível marca de 84,25% de analfabetos no país registrada pelo censo de 1872.

Assim, põe-se o caramujo a tecer suas histórias e, nelas, delineia-se aos poucos uma sociedade desigual e injusta. E que parece estar com os dias contados. Mas vejamos quem são esses "heróis" brancos. O herdeiro Félix, médico sem vocação, de seu romance de estreia (*Ressurreição*)? O herdeiro Estácio, frágil e indeciso, coadjuvante de um enredo que tem na capa o nome *Helena*? Ou, quem sabe, o herdeiro Brás Cubas, morto-vivo sem sepultura? Ou o herdeiro Bento, futuro Casmurro? Ou ainda a dupla Pedro e Paulo, herdeiros de uma briga no ventre materno... Onde está mesmo o heroísmo desses janotas ou como quer Brás Cubas, desses estroinas? Antiépico por excelência, o romance machadiano expõe a debilidade moral e psicológica das elites de seu tempo, justo a partir da incapacidade destas em gerar homens fortes o suficiente para levar adiante a engrenagem responsável pela riqueza que ostentam.

E o faz daquela forma encaramujada preponderante nos primeiros contos e romances. À debilidade física e moral dos herdeiros, Machado opõe o crescente protagonismo feminino. Ao trazer a mulher para o centro da cena, apela à sensibilidade de suas leitoras, muitas delas com ideias mais avançadas que suas mães e tias, haja vista o grande número de jornais femininos e feministas no Brasil do século XIX. E, bem antes do feminismo negro do século XX, o caramujo opera com as interseções entre gênero e etnicidade para representar o lado mais cruel do abismo social promovido pelo sistema. E destaca o poder senhorial também como opressor da mulher.

Já Luiz Gama é responsável em toda a poesia brasileira pelas primeiras imagens da mulher negra isentas de estereótipos eurocêntricos. O poeta saúda sua mãe como "a mais linda pretinha / da adusta Líbia rainha, / e no Brasil pobre escrava!" Mesmo assim, ressalta "os olhos negros altivos" como "a luz derradeira / Das nossas crenças perdidas". ("Minha mãe"). E no poema "A cativa" exalta a beleza da mulher vítima do regime sem reduzi-la a objeto sexual. Nesses momentos, nota-se que o poeta-carcará assume gestos de rouxinol e bem-te-vi, marcados por respeitosa ternura. Tais momentos destoam flagrantemente do veneno satírico preponderante nas *Primeiras trovas burlescas de Getulino*. E que, dependendo do "alvo", retorna às garras do carcará, quando se volta para as "matronas", "Baronesas" e "Condessas" namoradeiras de janotas.

Por sua vez, o escritor-caramujo tem também seus achaques de cascavel, sobretudo a partir da década de 1880, quando a campanha abolicionista ganha corpo. Como exemplo da "poética da dissimulação", em vários momentos de *Memórias póstumas de Brás Cubas* é possível perceber o quanto a ironia dá lugar ao sarcasmo. Devidamente protegido pelo disfarce de autoria, prática testada com sucesso na imprensa, Machado se utiliza habilmente da primeira pessoa para fazer a crítica ganhar formato de autocrítica a fim de emoldurar as "confissões" do anti-herói.

E é mesmo Brás quem desde cedo cava a própria sepultura: "– fui um acadêmico estroina, tumultuário e petulante, dado a aventuras, fazendo romantismo prático e liberalismo teórico". O tom venenoso se manifesta também em outros textos. Da ironia corrosiva do conto "Teoria do medalhão", à sátira ao cientificismo presente no "humanitismo" de Quincas Borba e de sua completa realização em "O alienista", vê-se o caramujo injetar seu dito venenoso na fala da própria vítima. Ao final, Simão Bacamarte repete a autocrítica de Brás Cubas e decide se internar na Casa Verde, por se considerar o único maluco do pedaço.

Observada a presença dos dois autores na imprensa da época, muitas dessas estratégias se repetem. Nove anos mais velho, Luiz Gama parte de peito aberto para o enfrentamento. Em busca de um horizonte de leitores mais amplo, troca o livro pelo jornal e se faz presente em órgãos satíricos como *O Diabo Coxo* e *O Cabrião*, além de ter seus artigos e cartas impressos em praticamente todos os periódicos paulistas do tempo. E sempre no tom incisivo próprio ao carcará, denuncia, entre outros, padres e juízes que mantinham negros cativos em suas terras, em total desrespeito à Lei Feijó, de 1831.

Já Machado faz diferente, troca o repto e o texto panfletário pela crônica, em que mescla o sério com o jocoso. Capoeirista da palavra, junta o "útil" com o "fútil", inserindo a nota crítica em meio ao *fait divers* com o qual muitas e muitos se deleitavam. Mas vai além, e munido das precauções de praxe, denuncia a desumanidade do sistema, inclusive com a omissão interesseira da Igreja Católica e de senhoras e senhores bem postos na escala social. Machado ganha em definitivo suas leitoras ao trazer seus enredos em capítulos seriados à moda do *roman feuilleton*.

Além disso, circula desenvolto pelas folhas femininas – do *Jornal das Famílias* ao periódico de moda *A Estação*, do qual foi um dos editores. Em todos insere textos de toda ordem contra a escravidão, protegido sempre pelo pseudônimo ou pelo anonimato. E a estratégia dissimuladora chega ao ápice quando injeta parte de sua poupança na *Gazeta de Notícias*, órgão abolicionista dirigido por Ferreira de Araújo, do qual era acionista, segundo afirma seu biógrafo Magalhães Júnior. (1957, p. 143)

E, também na batalha jurídica das petições e pareceres, ambos se encontram. Advogado sem diploma, provisionado na primeira instância, Luiz Gama trabalha de graça na causa abolicionista e disso faz propaganda. Busca incessantemente fazer cumprir o emaranhado legal existente antes do 13 de maio, em grande medida instituído para favorecer o *status quo*. E enfrenta juízes escravocratas, sabedores todos do vasto repertório jurídico acumulado pelo impertinente advogado dos escravos, como demonstram os estudos de Lígia Ferreira e Nelson Câmara. Em sua antológica carta autobiográfica a Lúcio de Mendonça, declara ter retirado das senzalas perto de 500 homens e mulheres ilegalmente escravizados.

Já como funcionário e, depois, Chefe da 2ª Seção da Diretoria de Agricultura do Ministério da Agricultura, Comércio e Obras Públicas, Machado de Assis foi responsável por inúmeros pareceres favoráveis aos escravizados, por ocasião de demandas e contestações que chegavam ao órgão envolvendo a aplicação da Lei do Ventre Livre (Chalhoub, 2003). Para Magalhães Júnior, "excedia a 200.000 o número de indivíduos libertados graças a essa interpretação liberal das leis". E conclui: "aplicando uma 'lei de liberdade', como a chamou Machado de Assis, o Ministério da Agricultura foi uma trincheira avançada do abolicionismo". (1957, p. 196).

Como se pode perceber por esses breves apontamentos, apesar do que os distingue e afasta, muitas convergências ocorrem ao examinarmos vida e obra de ambos, a começar pela data em que vêm ao mundo: 21 de junho. Nascidos na pobreza e na exploração, órfãos de mãe, autodidatas, "homens de cor" antes e para além de serem considerados homens de letras, Machado e Gama convergem ainda no anticlericalismo e na crítica à classe senhorial, no que esta tinha de mais caro e precioso: a mercadoria humana. Nesse sentido, não deixa de ser intrigante o fato de, até agora, não se ter conhecimento de possíveis cartas trocadas entre eles, ou de textos publicados em que um se refira ao outro.

Para concluir, não custa lembrar que ambos convergem sobretudo na preparação do funeral dos escravocratas: se o carcará "pega, mata e come" com sua sátira a reputação dos "birbantes" da elite que insistia em manter seus privilégios, o caramujo encena em seus romances nada menos que o fim do senhor de escravos. Que o digam o Conselheiro Vale, morto nas primeiras páginas de *Helena;* o Barão de Santa-Pia, do *Memorial de Ayres,* morto logo após o 13 de maio; e o próprio Brás Cubas, fantasma insepulto a construir a grande alegoria da decadência e do desaparecimento da sociedade construída pela colônia e por seus herdeiros.

Fotos

Morro do livramento, onde nasceu Machado de Assis

Missa campal em 1888, celebrando em ação de graças pela Abolição da Escravatura no Brasil

Casa onde morou Machado de Assis, no Cosme Velho

Machado de Assis com Joaquim Nabuco

Machado de Assis aos 67 anos. Foto: Augusto Malta

Enterro de Machado de Assis

Machado de Assis em foto descoberta pelo pesquisador Felipe Rissato

Máscara mortuária de Machado de Assis : fotografia. IHGB

Referências Bibliográficas

Obras de Machado de Assis

A Estação, Rio de Janeiro, 1881 [15 e 31 de agosto, 15 e 30 de setembro, pp. 183, 195, 205 e 217, respectivamente.]

A Semana. Prefácio de Mário de Alencar. Rio de Janeiro: Garnier, s/d.

A Semana: crônica (1892-1893). Edição, introdução e notas de John Gledson. São Paulo: Hucitec, 1996.

Bons Dias! Crônicas 1888-1889. Edição, introdução e notas de John Gledson. São Paulo: Hucitec; Campinas: Editora da UNICAMP, 1990.

Casa velha. Pesquisa e Introdução de Lúcia Miguel Pereira. São Paulo: Martins, 1968.

Contos selecionados. Rio de Janeiro: Sedegra, 1962.

Contos sem data. Org. e prefácio de Raymundo Magalhães Junior. Rio de Janeiro: Civilização Brasileira, 1956.

Diálogos e reflexões de um relojoeiro, ed. Raymundo Magalhães Júnior. Rio de Janeiro: Civilização Brasileira, 1956.

Dispersos de Machado de Assis. Coligidos e anotados por Jean-Michel Massa. Rio de Janeiro: Ministério da Educação e Cultura; Instituto Nacional do Livro, 1965.

Memórias póstumas de Brás Cubas. Biografia, vocabulário, comentários, bibliografia por Letícia Malard. Belo Horizonte: Autêntica, 1999.

Notícia da atual literatura brasileira – Instinto de nacionalidade. *Obra completa*, Vol. III. Rio de Janeiro: Nova Aguilar, 1992.

Obra completa. Rio de Janeiro, Jackson, 1955. Col. Clássicos Jackson.

Obras de Machado de Assis. Edições Críticas preparadas pela Comissão Machado de Assis. 17 vol. 2 ed. Rio de Janeiro: Civilização Brasileira; Brasília: Instituto Nacional do Livro, 1977.

Obra completa. Rio de Janeiro: Nova Aguilar, 1992, 3 vol.

Obra completa. Rio de Janeiro: Nova Aguilar, 2008, 4 vol.

Recepção Crítica e Historiografia

AVELAR, Idelber. Machado de Assis on popular music: a case of Cultural Studies in Nineteenth--century Latin américa. In ROCHA, João Cezar de Castro (Org.). *The author as a plagiarist – the case of Machado de Assis.* Portuguese Literary & Cultural studies 13/14, Center of Portuguese Studies and Culture, University of Massachussets Dartmouth, 2005.

AZEVEDO, Célia Maria Marinho de. *Onda negra, medo branco.* Rio de Janeiro: Paz e Terra, 1987.

AUGUSTO, Ronald. Transnegressão. In: AFOLABI, N., BARBOSA, M., RIBEIRO, E. (Org.). *A mente afro-brasileira.* Trenton/Asmara: África World Press, 2007.

BAKHTIN, Mikhail. *A cultura popular na Idade Média e no renascimento:* o contexto de François Rabelais. São Paulo: Hucitec; Brasília: Editora da UnB, 1987.

BAPTISTA, Abel Barros. 2003. *A formação do nome.* Campinas: UNICAMP.

_____. 2003. *Autobibliografias:* solicitação do livro na ficção de Machado de Assis. Campinas: UNICAMP.

BLOOM, Harold. *Gênio: os 100 autores mais criativos da história da literatura.* Rio de Janeiro: Objetiva, 2003.

BOSI, Alfredo. *Machado de Assis: o enigma do olhar.* São Paulo: Ática, 2003.

_____. *Machado de Assis.* São Paulo: Publifolha, 2002.

BOURDIEU, Pierre. *A dominação masculina.* Rio de Janeiro: Bertrand Brasil, 2002.

CÂMARA, Nelson. *O advogado dos escravos:* Luiz Gama. São Paulo: Lettera.doc, 2010.

CAMPOLINA, Alda Maria Palhares, MELO, Claudia Alves, ANDRADE, Marisa Guerra de. *Cadernos do Arquivo 1: Escravidão em Minas Gerais.* Belo Horizonte: Arquivo Público Mineiro, 1988.

CHALHOUB, Sidney. *Machado de Assis historiador.* São Paulo: Companhia das Letras, 2003.

CARNEIRO, Edison. Golpes de capoeira. In: CARNEIRO, E. (Org.) *Antologia do negro brasileiro.* Rio de Janeiro/Porto Alegre/São Paulo: 1950.

EDMUNDO, Luiz. O capoeira carioca. In: CARNEIRO, E. (Org.) *Antologia do negro brasileiro.* Rio de Janeiro/Porto Alegre/São Paulo: 1950.

FANON, Frantz. 1968. *Os condenados da terra.* Rio de Janeiro: Civilização Brasileira.

_____. 1983. *Pele negra, máscaras brancas.* Salvador: Livraria Fator.

FREYRE, Gilberto. *Reinterpretando José de Alencar.* Rio de Janeiro: Ministério da Educação, 1955.

FERREIRA, Eliane Fernanda da Cunha. *Para traduzir o século XIX: Machado de Assis.* São Paulo: Anablume; Rio de Janeiro: Academia Brasileira de Letras, 2004.

GAMA, Luiz. *Primeiras trovas burlescas & outros poemas.* Organização e introdução Ligia Fonseca Ferreira. São Paulo: Martins Fontes, 2000.

GLEDSON, John. *Machado de Assis: ficção e história.* Rio de Janeiro: Paz e Terra, 1986.

_____. *Impostura e realismo: uma reinterpretação de Dom Casmurro.* São Paulo: Companhia das Letras: 1991.

_____. Introdução. In: MACHADO DE ASSIS, J. M. *Bons Dias! Crônicas 1888-1889.* São Paulo: Hucitec; Campinas: Editora da UNICAMP, 1990.

_____. Introdução. In: MACHADO DE ASSIS, J. M. *A Semana*: crônicas (1892-1893). São Paulo: Hucitec, 1996.

_____. Os contos de Machado de Assis: o machete e o violoncelo. In: ASSIS, Machado de. *Contos: uma antologia*. V. 1. São Paulo: Companhia das Letras, 1998.

GOMES, Heloísa Toller. *As marcas da escravidão*: o negro e o discurso oitocentista no Brasil e nos Estados Unidos. Rio de Janeiro: Ed. UFRJ/EDUERJ, 1994.

_____. *O negro e o Romantismo brasileiro*. São Paulo: Atual, 1988.

IANNI, Octávio. Literatura e consciência. In *Estudos Afro-asiáticos*, nº 15, Rio de Janeiro, 1988.

LIMA, Luiz Costa. Machado: Mestre de Capoeira. *Espelho: revista machadiana*. Virginia, EUA, v. 3, p. 37-43, 1997.

LOPES, Elisângela Aparecida. *Homem de seu tempo e de seu país*: senhores, escravos e libertos nos escritos de Machado de Assis. Dissertação de Mestrado. Belo Horizonte: POSLIT, Faculdade de Letras da UFMG, 2007.

LOPES, Nei. *Novo dicionário banto do Brasil*. Rio de Janeiro: Pallas, 2003.

LOPES, Nei. *Enciclopédia brasileira da diáspora africana*. São Paulo: Selo Negro, 2004.

MAGALHÃES JÚNIOR, Raymundo. *Machado de Assis desconhecido*. 3 ed. Rio de Janeiro: Civilização Brasileira, 1957.

_____. *Ao redor de Machado de Assis*. Rio de Janeiro: Civilização Brasileira, 1958.

_____. *Vida e obra de Machado de Assis*, 4 vols. Rio de Janeiro: Civilização Brasileira, 1981.

_____. Prefácio. In MACHADO de ASSIS, J.M. *Diálogos e reflexões de um relojoeiro*. Rio de Janeiro: Civilização Brasileira, 1956.

MATTOS, Mário. *Machado de Assis:* o homem e a obra – os personagens explicam o autor. São Paulo: Cia. Editora Nacional, 1930.

MBEMBE, Achille. *Crítica da razão negra*. Trad. Marta Lança. Lisboa: Antígona, 2014.

MEYER, Augusto. *Machado de Assis*. Porto Alegre: Globo, 1935.

_____. *Machado de Assis*. Rio de Janeiro: Organização Simões, 1952.

MEYER, Marlyse. *As mil faces de um herói canalha e outros ensaios*. Rio de Janeiro: UFRJ, 1998.

MEYER, Marlyse. *Caminhos do imaginário no Brasil*. São Paulo: EDUSP, 1993.

MIRANDA, José Américo (Org.). *Maio de 1888: poesias distribuídas ao povo, no Rio de Janeiro, em comemoração à Lei de 13 maio de 1888*. Rio de Janeiro: Academia Brasileira de Letras, 1999.

MOURA, Clóvis. *Dicionário da escravidão negra no Brasil*. São Paulo: EDUSP, 2004.

MURICY, Kátia. *A razão cética*: Machado de Assis e as questões do seu tempo. São Paulo: Companhia das Letras, 1988.

NASCIMENTO, Gizêlda Melo do Nascimento. Machado: três momentos negros. In *Terra roxa e outras terras* – Revista de Estudos Literários, Vol. 2, 2002. www.uel.br/cch/pos/letras/terraroxa

PEREIRA, Astrojildo. *Machado de Assis: ensaios e apontamentos avulsos.* 2 ed. Belo Horizonte: Oficina do Livro, 1991.

PEREIRA, Lúcia Miguel. *Machado de Assis: estudo crítico e biográfico.* 6 ed. Belo Horizonte: Itatiaia; São Paulo: EDUSP, 1988. 1ª edição 1936.

PEREIRA, Rubens Alves. *Fraturas do texto: Machado de Assis e seus leitores.* Rio de Janeiro: Sette Letras, 1999.

RAEDERS, Georges. *O Conde de Gobineau no Brasil.* Rio de Janeiro: Paz e Terra, 1997.

RODRIGUES, Ironides. Introdução à Literatura Afro-brasileira. In *Thoth*, nº 1. Brasília: Gabinete do Senador Abdias Nascimento, jan./abr. 1997, p. 255-266.

SANTIAGO, Silviano. *Uma literatura nos trópicos:* ensaios sobre dependência cultural. São Paulo: Brasiliense, 1978.

SCHMIDT, Afonso. *A marcha, romance da abolição.* São Paulo: Brasiliense, 1981.

SCHWARZ, Roberto. *Ao vencedor as batatas:* forma literária e processo social nos inícios do romance brasileira. São Paulo: Duas Cidades, 1977.

_____ *Um mestre na periferia do capitalismo.* São Paulo: Duas Cidades; Editora 34, 2000.

SODRÉ, Muniz. *A verdade seduzida:* por um conceito de cultura no Brasil. Rio de Janeiro: Francisco Alves Editora, 1988.

SOUSA, José Galante de. *Bibliografia de Machado de Assis.* Rio de Janeiro: Instituto Nacional do Livro, 1955.

VALE, João do; CÂNDIDO, José. "Carcará". Letra e música. Gravação de Maria Betânia. Rio de Janeiro, S/I, 1965.

WISNIK, José Miguel. Machado Maxixe: O Caso Pestana. In: *Sem receita.* São Paulo: Publifolha, 2004.

Nota Orelha

Eduardo de Assis Duarte integra o Programa de Pós-graduação em Letras: Estudos Literários e o NEIA – Núcleo de Estudos Interdisciplinares da Alteridade, da UFMG. Autor de *Jorge Amado: romance em tempo de utopia* (1996) e de *Literatura, política, identidades* (2005). Organizou, entre outros: *Literatura e afrodescendência no Brasil: antologia crítica* (4 vol., 2011); *Literatura afro-brasileira: 100 autores do século XVIII ao XXI* (2014) e *Literatura afro-brasileira: abordagens na sala de aula* (2014). Coordena a Comissão Editorial do literafro – Portal da Literatura Afro-brasileira – com informações biobibliográficas, críticas e excertos de dezenas de autoras e autores –, disponível no endereço: www.letras.ufmg.br/literafro

Esta obra foi composta em Arno pro light 13, e impressa em papel pólen bold 90 na gráfica Trio, para a Editora Malê, em março de 2025.